Operation am offenen System

Laura Dalhaus • Heinz Giesen

# Operation am offenen System

Wie zwei Hausärzte ein krankes Gesundheitssystem retten wollen

Laura Dalhaus
MaHM
Rhede, Deutschland

Heinz Giesen
Münster, Deutschland

ISBN 978-3-658-47123-1	ISBN 978-3-658-47124-8 (eBook)
https://doi.org/10.1007/978-3-658-47124-8

Die Deutsche Nationalbibliothek verzeichnet diese Publikation in der Deutschen Nationalbibliografie; detaillierte bibliografische Daten sind im Internet über https://portal.dnb.de abrufbar.

© Der/die Herausgeber bzw. der/die Autor(en), exklusiv lizenziert an Springer Fachmedien Wiesbaden GmbH, ein Teil von Springer Nature 2025

Das Werk einschließlich aller seiner Teile ist urheberrechtlich geschützt. Jede Verwertung, die nicht ausdrücklich vom Urheberrechtsgesetz zugelassen ist, bedarf der vorherigen Zustimmung des Verlags. Das gilt insbesondere für Vervielfältigungen, Bearbeitungen, Übersetzungen, Mikroverfilmungen und die Einspeicherung und Verarbeitung in elektronischen Systemen.
Die Wiedergabe von allgemein beschreibenden Bezeichnungen, Marken, Unternehmensnamen etc. in diesem Werk bedeutet nicht, dass diese frei durch jede Person benutzt werden dürfen. Die Berechtigung zur Benutzung unterliegt, auch ohne gesonderten Hinweis hierzu, den Regeln des Markenrechts. Die Rechte des/der jeweiligen Zeicheninhaber*in sind zu beachten.
Der Verlag, die Autor*innen und die Herausgeber*innen gehen davon aus, dass die Angaben und Informationen in diesem Werk zum Zeitpunkt der Veröffentlichung vollständig und korrekt sind. Weder der Verlag noch die Autor*innen oder die Herausgeber*innen übernehmen, ausdrücklich oder implizit, Gewähr für den Inhalt des Werkes, etwaige Fehler oder Äußerungen. Der Verlag bleibt im Hinblick auf geografische Zuordnungen und Gebietsbezeichnungen in veröffentlichten Karten und Institutionsadressen neutral.

Planung/Lektorat: Laura Spezzano
Springer ist ein Imprint der eingetragenen Gesellschaft Springer Fachmedien Wiesbaden GmbH und ist ein Teil von Springer Nature.
Die Anschrift der Gesellschaft ist: Abraham-Lincoln-Str. 46, 65189 Wiesbaden, Germany

Wenn Sie dieses Produkt entsorgen, geben Sie das Papier bitte zum Recycling.

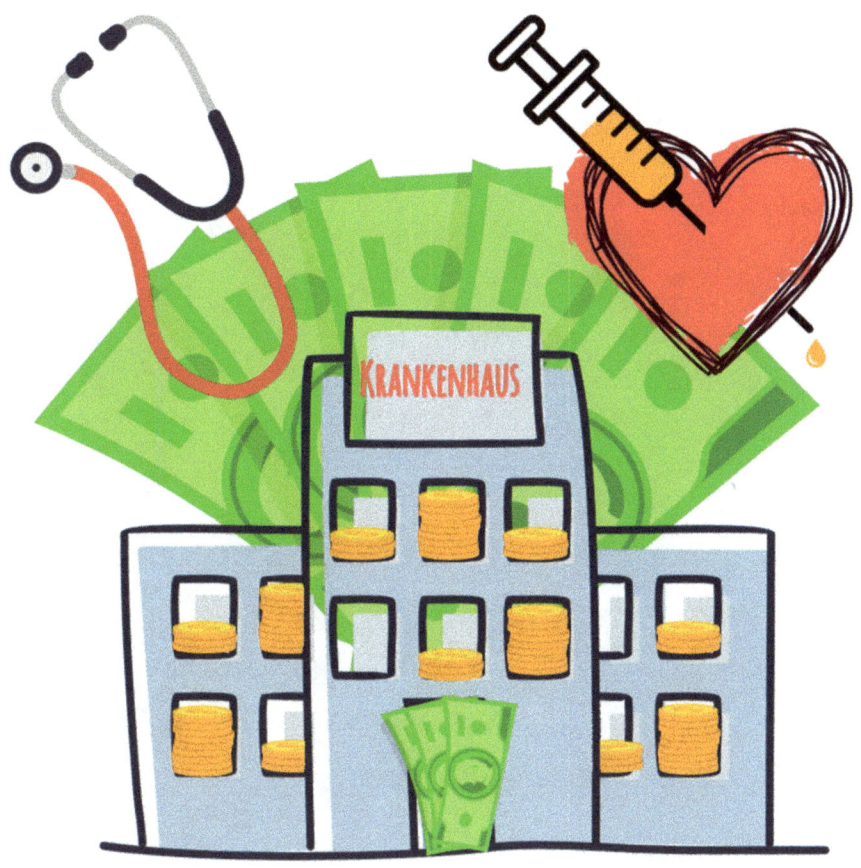

© Laura Dalhaus

# Geleitwort des Präsidenten der Bundesärztekammer Dr. med. (I) Klaus Reinhardt

Das Gesundheitswesen in Deutschland steht angesichts der wachsenden Zahl älterer Menschen mit steigendem Behandlungsbedarf und des gleichzeitig zunehmenden Fachkräftemangels vor enormen Herausforderungen. Die Bewältigung dieser Aufgaben sollte nicht allein der Politik überlassen werden. Auch die im Gesundheitswesen Tätigen müssen Antworten auf die Frage finden, wie wir die gesundheitliche Versorgung in unserem Land für die Zukunft sicher ausgestalten können.

Ärztinnen und Ärzte übernehmen hier in besonderer Weise Verantwortung. Viele engagierte Kolleginnen und Kollegen entwickeln mit ihrem Erfahrungswissen aus der Versorgung Vorschläge und Konzepte für die Ausgestaltung und Weiterentwicklung unseres Gesundheitswesens. Dies geschieht sowohl in den Gremien der ärztlichen Selbstverwaltung, als auch eigeninitiativ, wie die Arbeit von Dr. Laura Dalhaus und Dr. Heinz Giesen sehr eindrücklich belegt.

In der Debatte um die besten Antworten auf die gesundheitspolitischen Zukunftsfragen sind insbesondere innovative Konzepte und Ideen gefragt. Was zählt, ist die Kraft des Arguments. Der vorliegende Band liefert einen wichtigen und fantasievollen Beitrag zu dieser Debatte. Daher wünsche ich dem Buch zahlreiche interessierte Leserinnen und Leser und viel Erfolg.

*Dr. med. (I) Klaus Reinhardt, Präsident der Bundesärztekammer, Vorsitzender des Hartmannbundes – Verband der Ärztinnen und Ärzte Deutschlands e. V.*

# Geleitwort des Präsidenten der Ärztekammer Westfalen-Lippe Dr. med. Johannes Albert Gehle

In einer Zeit, in der die strukturellen und finanziellen Herausforderungen des deutschen Gesundheitssystems deutlicher denn je zutage treten, ist es von größter Bedeutung, innovative und nachhaltige Lösungen zu entwickeln, die sowohl die Patientenversorgung als auch die Arbeitsbedingungen der Gesundheitsberufe grundlegend verbessern. „Operation am offenen System" greift genau diese Herausforderungen auf und beleuchtet praxisnah die bestehenden Lücken im System.

Dieses Buch ist ein Weckruf an die Gesundheitspolitik, sich von der Kostenfokussierung zu lösen und stattdessen den Nutzen für Patientinnen und Patienten in den Mittelpunkt zu stellen. Mit detaillierten Fallstudien und konkreten Vorschlägen für eine nutzenorientierte Versorgung wird hier aufgezeigt, wie durch sektorenübergreifende Zusammenarbeit und digitale Innovationen die Qualität und Effizienz unseres Gesundheitssystems erheblich gesteigert werden kann.

Als Präsident der Ärztekammer Westfalen-Lippe sehe ich es als unsere gemeinsame Pflicht an, diese Lösungsansätze nicht nur zu diskutieren, sondern aktiv in die Praxis umzusetzen.

Lassen Sie uns gemeinsam den ersten Schritt in eine gerechtere und menschenwürdigere Gesundheitsversorgung gehen!

*Dr. med. Johannes Albert Gehle, Präsident der Ärztekammer Westfalen-Lippe und erster Vorsitzender des Marburger Bund Landesverbandes NRW/ Rheinland-Pfalz sowie Mitglied im Vorstand des Marburger Bund Bundesvorstands*

# Danksagung

Dieses Buch haben die Autoren in zunehmender Fassungslosigkeit über die Folgen der aktuellen Versorgungssituation geschrieben. Unser Dank gilt daher zuallererst unseren Praxisteams, die mit uns das Leitbild einer Patienten-zugewandten medizinischen Versorgung auf universitärem Niveau tagtäglich realisieren: Wir wissen, dass unsere Leidenschaft und das Nicht-akzeptieren-Wollen der systemseitigen Gegebenheiten für Euch auch eine Belastung sind. Umso mehr freuen wir uns über Eure Loyalität und Mitarbeit. Ihr seid Rückhalt und Motivation für uns und das (fast immer) strahlende nicht-ärztliche und ärztliche Gesicht unserer Praxen. Danke!!!

Die Ideen und Konzepte dieses Buches basieren auf langjähriger Auseinandersetzung und Diskussion mit vielen großartigen Menschen. Menschen, mit denen wir besonders stark gestritten haben, danken wir genauso wie unseren langjährigen Wegbegleitern.

Der besondere Dank der Autorin gilt Dirk Wilmers, Gesa Creutzenberg, Erik Minte und dem gesamten Team unserer Hausarztpraxis, die mein vielfältiges „nicht-curatives" Engagement überhaupt erst möglich machen. Ein großer Dank gilt den Kolleginnen und Kollegen aus dem Hausärzteverband WL, allen voran Claudia Diermann und Matthis Arndt für Unterstützung und ihre so wichtige Arbeit.

Ausdrücklich danken möchte der Autor seiner Frau Christiane Almering, Dr. Elmar Trunz, Dr. Michael Hägele, Dr. Olaf Tidelski, Detlef Lamm und Dr. Jens Baas, Dr. Dierk Heimann, Christoph Jaworski, Werner Terlohr, Claus-Dieter Gorr, Alexander Kehrmann, Manuel Gonzalez, Dr. Marc Heiderhoff, Herrn Andreas Oberhack, sowie den ärztlichen KollegInnen im Westmünsterland und den Gremien der Ärztekammer und des Hausärzteverbands. Vieles Bemerkenswerte ist entstanden, der Wert der hierbei erlebten Interaktionen für zukünftiges Handeln wird dagegen in der Regel erst spät offenkundig. Das vorliegende Buch wäre ohne die Reflexion des Erlebten und die Bereitschaft zur Diskussion von manchmal noch unsortierten Gedanken und neuen Ideen nicht möglich geworden.

Zuletzt wollen wir unseren Familien danken. Sie haben geduldig neue Ideen und alte Zweifel angehört sowie unsere Abwesenheit im „Auftrag einer höheren Mission" akzeptiert. Den Leitsatz, der Zeit mehr Leben zu geben, haben wir häufig vernachlässigt. Wir hoffen, dass wir am „Ende der Mission" noch Lebenszeit übrighaben, um unsere Liebe und Wertschätzung in angemessener Form zu zeigen.

Ein herzliches Dankeschön geht an das Team des Springer Gabler-Verlags sowie an Frau Isabelle Romann, die unserer Arbeit den „letzten Schliff" gegeben hat. Ohne die Expertise, den spürbaren Enthusiasmus und die Präzision wäre dieses Buch nicht das, was es heute ist:

Ein durchdringender Weckruf für einen schlafenden Riesen.

Schließlich möchten wir unseren zukünftigen Lesern danken: Danke dafür, dass Sie als Patient nicht die Beschränkung Ihrer Rechte akzeptieren. Danke dafür, dass Sie als Arzt die Möglichkeiten von Ethik und Profit wieder in ein ausgeglichenes Maß zurückführen. Danke an die zukünftigen Gesundheitspolitiker, Mitstreiter, Finanzierer und Digital-Enthusiasten, die mit uns gemeinsam die Sicherstellungsbörse in die Umsetzung bringen.

Dieses Buch ist aus Überzeugung entstanden und soll Motivation für neues Denken spenden:

Der blaue Ozean im Gesundheitswesen – zum Greifen nah!

Eines vorab:
Uns ist es wichtig, dass sich alle Menschen gleichermaßen angesprochen fühlen. Die gewählte männliche Form bezieht sich immer zugleich auf weibliche, männliche und diverse Personen. Wir haben zugunsten der besseren Lesbarkeit auf Sternchen, Binnen-I und Doppelpunkt verzichtet. Alle personenbezogenen Bezeichnungen sind geschlechtsneutral zu verstehen.

# Inhaltsverzeichnis

1 **Einleitung**   1
   Literatur   8

2 **Realitäten in der ambulanten Patientenversorgung heute – Konzept einer bedarfsorientierten Versorgungsstruktur**   11
   Fall 1: Der Weg in die Arbeitslosigkeit   11
   Fall 2: Am Ende der Bedarfsplanung   16
   Fall 3: Psychisch krank und keine Aussicht auf Hilfe   22
   Fall 4: Kein Standard – Patienten außerhalb einer Norm   37
   Fall 5: Prävention first – (k)ein Vorteil für die Sicherstellungsbörse   46
   Literatur   49

3 **Alleingelassen im System – menschenwürdigere Versorgung sicherstellen**   53
   Fall 6: Der Alleinerziehende – kein Geld für schnelle Termine = keine Hilfe?   54
   Fall 7: Jenseits aller Würde – besondere Fähigkeiten, aber keine Lobby?   61

Fall 8: Hirn durch Drogen und Alkohol zerstört –
Patient zweiter Klasse? 65
Fall 9: Komplexe Versorgung nötig – statt bürokratischen
Overkills sollte die Information den Nutzer finden und die
medizinische Behandlung sich selbst organisieren! 69
Fall 10: Versorgung in einer alternden Gesellschaft –
Unterversorgung als systemischer Anreiz muss beseitigt
werden! 79
Literatur 85

**4 Die Rolle der Politik und gesetzlichen Krankenkassen: eine kritische Betrachtung** 91
Fall 11: Vom Fehlersucher zum Case Manager mit eigener
Verantwortung 101
Literatur 105

**5 Transparenz – mehr als eine Google-Bewertung** 109
Fall 12: Zugriff auf die Besten spart Gesundheitsausgaben 114
Literatur 122

**6 Die Sicherstellungsbörse nach Beauchamp und Childress** 125
Fall 13: Respekt vor der Autonomie des Patienten 127
Fall 14: Prinzip des Nichtschadens 134
Fall 15: Prinzip des Wohltuns 136
Fall 16: Prinzip der Gerechtigkeit 140
Literatur 145

**7 Ausblick in die Zukunft – sektorübergreifende bedarfs- und nutzenorientierte medizinische Versorgung** 147
Fall 17: Die Zukunftsstrategie der „Meine-Gesundheit-
Versicherung" 152
Fall 18: Das Leitbild des „Gesund-leben-Unternehmens" 156

| | |
|---|---|
| Fall 19: Nachhaltige Verwaltung in der „Einfach-Bürgersein-Region" | 164 |
| Fall 20: Immer besser werden in einer alternden Gesellschaft | 171 |
| Literatur | 176 |

**8 Epilog: Ein Pilotprojekt zur Einführung der Nutzenorientierung in das deutsche Sozialsystem – Kongruenz von Ethik und Profit**     177

# Über die Autoren

**Dr. Laura Dalhaus**, MaHM ist niedergelassene Hausärztin in eigener BAG („Gemeinschaftspraxis") seit 2019. Zuvor war sie als Fachärztin für Chirurgie und Notfallmedizin in Münster und Krefeld tätig. Sie ist Mitglied des Vorstands des Hausärztinnen- und Hausärzteverbandes Westfalen-Lippe, Sprecherin des Bundesforums Hausärztin, Mitglied des Arbeitskreises Hausärztliche Versorgung der Ärztekammer WL, Mitglied des Ausschusses für Qualitätssicherung in KVWL und Autorin des Buches „Medizin zwischen Moral und Moneten".
Sie informiert eine immer größer werdende Anzahl an Followern regelmäßig in den Social-Media-Beiträgen über das aktuelle Gesundheitssystem und ist erreichbar unter:

- LinkedIn (@Dr. Laura Dalhaus, MaHM)
- Instagram (@lauradalhaus)
- TikTok (@laura.dalhaus)

**Dr. med. Dr. sportwiss. Heinz Giesen** ist verheiratet, stolzer Vater zweier Kinder und als Hausarzt niedergelassen in Münster und Ahaus. Als Mitglied im Hausärzteverband ist er Delegierter bei der Ärztekammer WL und Mitglied des Arbeitskreises Sektorenübergreifende Versorgung. Er engagiert sich für den Quereinstieg und die Weiterbildung zum Facharzt für Allgemeinmedizin als Referent, Weiterbilder und Mentor des KWWL.

Nach seiner Zeit als Unternehmer mit Erfolgen (Sieger StartUp-Wettbewerb der Sparkassen, von Stern und McKinsey 1998 in NRW; diverse Beratungs-/Förderprojekte) und Niederlagen (Insolvenz als Vorstand der med.iq AG 1999, Unbrauchbarkeit der nach erfolgreichem Start des Förderprojekt „der blaue Apfel – Telemedizin in der Pflege" 2013 entwickelten IT-Lösung), ist er seit 2018 als Hausarzt beruflich „angekommen". Seit 2022 leitet er als geschäftsführender Alleingesellschafter die Medcoo MVZ GmbH, die er kontinuierlich zum größten Anbieter hausärztlicher Versorgung in der Region Westmünsterland weiterentwickelt hat.

Nach dem IV-Vertrag „AOK aktiv & vital" als Hauptabteilungsleiter Integratives Leistungsmanagement bei der AOK Hessen und dem ersten bundesweiten HZV-Vertrag als Dezernent Verträge der Signal Iduna IKK (später Vereinigte IKK) will er mit der Einführung der Sicherstellungsbörse nun sein letztes, nachhaltig veränderndes Versorgungsprojekt etablieren und langfristig in das deutsche Gesundheitssystem implementieren. Gemeinsam mit Hrn. Andreas Oberhack, Zug, Schweiz, begleitet er mit der HealthFinTech AG die digitale Transformation des Projekts.

# 1

# Einleitung

Zwei Jahre sind vergangen, seit das Buch „Medizin zwischen Moral und Moneten" erschienen ist. Ein Jahr, in dem die Ärzteschaft auf der Straße und medial protestiert hat; ein weiteres Jahr, in dem der Gesundheitsminister Karl Lauterbach große Reformen versprochen hat und nach Bruch der Ampel-Koalition nun nicht zu Ende führen kann.

Als die ersten Zeilen dieses Buches entstehen, stellt sich der parlamentarische Staatssekretär des BMGs, Prof. Dr. Edgar Franke, kritischen Fragen der Ärzteschaft im Rahmen eines gesundheitspolitischen Austausches während einer Fortbildungswoche auf Borkum: Er spricht wenig überzeugend; bei der anwesenden Ärzteschaft entsteht angesichts der aktuell bedrohlichen Lage Wut und Enttäuschung. Man kann in diesen Zeiten zu Recht festhalten: Die Stimmung unter den Healthcare Professionals ist am Siedepunkt; Gesundheitsversorgung bricht zusammen, und am Horizont erscheinen keine Lösungen, sondern die völlige Resignation angesichts hochkomplexer bürokratischer Strukturen und divergierender Partikularinteressen aller Beteiligten. Im Ergebnis bleibt das oberste Ziel, die Kosten zu minimieren, statt Nutzen zu maximieren. Ist das im Sinne der Bürger?

Mit dem Gesundheitsversorgungsstärkungsgesetz (GVSG) (BMG, 2024b) und dem Krankenhausversorgungsverbesserungsgesetz (KHVVG) (BMG, 2024c) sollten richtige Wege eingeschlagen werden, die aber ihren eigenen Anspruch und den Bedarf der Gesundheitsversorgung in Deutschland nicht erfüllen. Den seitens des BMGs hochgepriesenen „Bundes-Klinik-Atlas" darf man vorsichtig formuliert als fehlerhaft und unvorsichtig formuliert als Flop bezeichnen. Mit dem „Gesundes-Herz-Gesetz" (BMG, 2024a) hatte der Minister sogar die medizinische Fachwelt gegen sich aufgebracht und kritische Worte der zuständigen Einrichtung provoziert (G-BA, 2024). Krankenkassen verschließen sich dringend notwendiger Korrekturen, weil sie allein den Beitragssatz zum Gesundheitsfonds als Maßstab nehmen (änd, 2024).

Wann fangen wir an, Gesundheitspolitik und -versorgung am medizinischen Nutzen zu orientieren, statt uns auf Kosten zu fokussieren? Wie kam es zur aktuellen Situation einer im internationalen Vergleich überdurchschnittlich kostenintensiven und wenig nützlichen Gesundheitsversorgung in Deutschland (Müller, 2020; State of health in the EU)?

Wir blicken zurück:

Eine staatliche Krankenversicherung existiert in Deutschland seit dem 15. Juni 1883 und wurde bekanntermaßen vom Reichskanzler Otto von Bismarck eingeführt. Schon damals war klar: Forschung und Entwicklung im Bereich der Medizin waren so umfangreich und gleichzeitig auch so kostenintensiv, dass nur ein staatlich finanziertes System allen Menschen einen Zugang zu dieser medizinischen Versorgung sichern können würde. An diesem Grundsatz hat sich eigentlich bis heute nichts geändert.

Im internationalen Vergleich werden Gesundheitsausgaben als prozentuale Kosten des Bruttoinlandsprodukts (BIP) angegeben. Das Statistische Bundesamt verzeichnet hier die aktuellen Zahlen aus dem Jahr 2018: Deutschland zeichnet sich im europäischen Vergleich mit 11,47 % als Branchenprimus ab, Frankreich folgt mit 11,26 %, Österreich mit 10,32 %, und Spanien und Italien liegen bereits unter 9 % (Bild der Wissenschaft, 2022). Leider führen die hohen Gesundheitsausgaben nicht zu einem vielleicht erwartbaren Erfolg: Die durchschnittliche Lebenserwartung in Deutschland liegt mit 81,1 Jahren zwar sechs Monate über dem EU-Durchschnitt, jedoch deutlich unter der Lebenserwartung der EU-Länder mit den höchsten Werten (Norwegen, Island,

Italien). Mit 8,0 Krankenhausbetten pro 1000 Einwohner ist auch die Bettendichte im internationalen Vergleich in Deutschland die höchste. Aufgrund der außergewöhnlich hohen Bettenzahl gibt es relativ wenige Ärzte und Krankenpflegekräfte pro Bett, was nachvollziehbarerweise die Qualität der Behandlung einschränkt. Die Analyse, dass unser System „ambulantisiert" werden muss, ist nicht neu, wenig überraschend und unglaublich überfällig. Dabei kommt ein Faktor in dieser Analyse noch nicht mal zum Tragen: Die aus Sicht der Gesundheitsausgaben teuersten Jahre eines Menschenlebens sind seine letzten. Und wir blicken auf eine immer älter werdende Gesellschaft, die durch immer weniger junge Menschen finanziert werden muss/soll.

Die zusammenfassende Beurteilung des deutschen Gesundheitssystems fällt damit eindeutig unbefriedigend aus: zu teuer bei mäßiger Ergebnisqualität und viel zu bürokratisch, wie die folgende Darstellung der Zuständigkeiten in diesem System veranschaulicht (Abb. 1.1).

Dabei wird gleichzeitig die Versorgungssituation immer schlechter: Trotz einer international nahezu einmaligen doppelten Facharztstruktur im ambulanten und stationären Sektor warten Patienten immer länger auf einen Termin beim Facharzt (Süddeutsche Zeitung, 2023). Und der größte Clou in diesem System: Die gleiche Leistung wird je nach Sektor – also ambulant oder stationär – auch noch unterschiedlich bezahlt. Operative Leistungen waren/sind in dem einen Sektor finanziell attraktiv und in dem anderen nicht mehr wirtschaftlich zu erbringen. (z. B. Tonsillektomie: Bertelsmann-Stiftung, 2013; Senka, 2015; IQWiG, 2022; Dt. Ärzteblatt, 2019). Die Einführung der Hybrid-DRG (BMG, 2023b), mit der für gleiche Leistung gleiches Geld bezahlt wird, ist somit der richtige Weg, allerdings mit erheblichen Folgen für die ambulante und stationäre Versorgung.

Dass Änderungen mit hohem Ressourcenbedarf für deren Umsetzung gesetzlich mit einem Stichtag am nächsten Tag oder in der Vergangenheit eingeführt werden, gab es zwar auch schon in der Coronapandemie bei den Testzentren (BMG, 2023a). Doch im Gegensatz zu der sehr gut finanzierten COVID-Testung hat dieser neue Politikstil bei den Hybrid-DRGs negative Folgen. Wir zitieren die KBV vom 07.03.2024: „Die Verordnung zu einer speziellen sektorengleichen Vergütung (Hybrid-DRG-V) des Bundesministeriums für Gesundheit (BMG) wurde

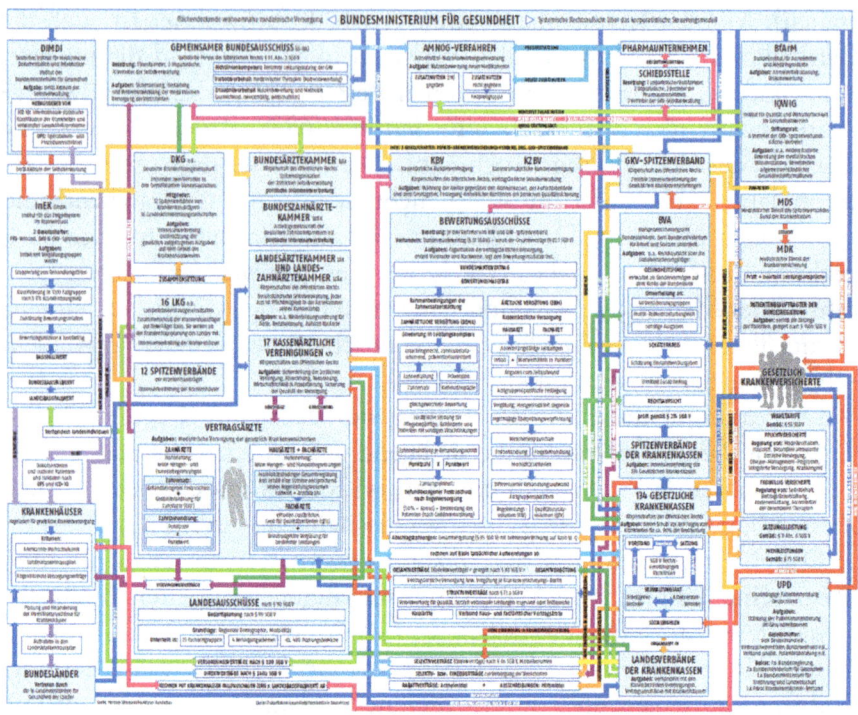

**Abb. 1.1** Aus: Zukunft Gesundheit – Gesundheitsversorgung an der Sektorengrenze 11/12.03.2020 von Wolf-Dietrich Trenner, Patientenvertreter im G-BA

Ende vorigen Jahres veröffentlicht und zum 1. Januar in Kraft gesetzt – obwohl es noch keine Abrechnungsbestimmungen gab. Für den vertragsärztlichen Bereich haben KBV und GKV-Spitzenverband diese nun festgelegt." Die Konsequenzen dieses politischen Handelns lassen sich leicht abschätzen: Krankenhäuser werden finanziell belastet, die medizinische Versorgung gerät stationär und ambulant noch mehr unter Druck, und die Menschen fühlen sich nicht geschützt, sondern von den handelnden Personen alleingelassen.

In der Konsequenz verliert der Gesundheitsminister Lauterbach seinen Rang als beliebtester Politiker im Dezember 2021 auf Platz 14 im März 2023. Seine Partei, die SPD, erzielt wie die gesamte Koalition mittlerweile historische Tiefstwerte (Forschungsgruppe e. V., 2024). Die Destabilisierung zeigt sich im Zuwachs der Wählergunst bei Parteien am linken und rechten Rand des Spektrums.

Obwohl das Geld im deutschen Haushalt fehlt, erntet der Finanzminister für seinen Sparkurs heftige Kritik, auch wenn die Schuldenbremse im Grundgesetz verankert ist (Wolf, 2023). Zu kurz gedachte, manchmal polemisch vorgetragene Parolen verunsichern weiter. Dabei wären Investitionen in strategisch gut durchdachte, zeitlich realistisch geplante und hinreichend mit qualifizierten Ressourcen ausgestattete Vorhaben sicher der richtige Weg. Aber sind diese „Projekte" durch eine Vielzahl an komplexen Gesetzen ohne konkreten Umsetzungsplan im Wettbewerb der Akteure implementierbar? Sollten nicht die allgemein anerkannten Regeln des Projekt- und Prozessmanagements auch für die (Gesundheits-)Politik gelten?

Die prinzipiell richtige Krankenhausreform droht bundesweit daran zu scheitern, dass die Mittel für die Umsetzungsarbeiten fehlen und die Komplexität und Bürokratie zu hoch sind. NRW ging bzw. geht einen anderen, langsameren und besser geplanten Weg, indem die Betroffenen zu Beteiligten gemacht wurden und miteinander nach Lösungen gesucht wird. Auch die Finanzierung der Umsetzungsarbeiten wurde geregelt (MAGS, 2023). Ist dieser pragmatische Ansatz, die Experten (hier aus Krankenhausgesellschaft und Ärztekammer) frühzeitig einzubinden nur „bauernschlau"? Oder entspricht dieses Vorgehen nicht viel mehr dem „Stand der Wissenschaft" des Change Managements? Ist der Kurs des langjährigen und ausgewiesenen Sozialpolitikers Karl-Josef Laumann vielleicht nachhaltiger und für die Menschen im Land besser, weil er nicht nur theoretisch gut ist, sondern auch praktisch funktioniert?

Unbestritten steht das deutsche Gesundheitssystem unter Druck, aber wie schon der Titel eines Klassikers des Zeitmanagements andeutet: „Wenn du es eilig hast, gehe langsam!" Meist ist es klüger, weniges gezielt und nachhaltig zum Ergebnis zu führen, als vieles zu beginnen und Chaos zu erzeugen. Wie wir als Hausärzte an der Basis jeden Tag erleben: Das Chaos ist im deutschen Gesundheitssystem bereits Realität. Was also tun?

Gemäß der Blue-Ocean-Strategie (Gabler Wirtschaftslexikon, 2018) sollten statt des Verharrens in der Kostenfokussierung (roter Ozean) neue Märkte (blauer Ozean) geschaffen werden.

Für das Gesundheitssystem ist ein solcher „Blue Ocean" die stufenweise Einführung der Nutzenorientierung (statt Kostenfokussierung) bei der gesundheitlichen Versorgung der Bürger über eine konsequente Digitalisierung und Entbürokratisierung aller damit verbundenen Prozesse. Unsere Idee für den ersten Schritt in diese Richtung: die „Sicherstellungsbörse"!

Wesentliche Ziele sind:

1. Der Bedarf an medizinischer Versorgung wird im Hinblick auf Nutzen und Kosten transparent gemacht, um eine Steuerung und Priorisierung zu ermöglichen.
2. Der dringlichste und gemäß Kriterien der Effizienz (Wirtschaftlichkeit) und Effektivität (medizinische Evidenz/Nutzen) wichtigste Versorgungsbedarf wird zuerst und als gesetzlich formulierter Anspruch sicher gewährleistet.
3. Für die Bereitstellung dieser Versorgung werden neben dem kosten-fokussierten aktuellen Vergütungssystem marktwirtschaftliche Instrumente mit einer sozial ausgewogenen Zusatzvergütung eingeführt.
4. Alle Interessengruppen (Stakeholder) an einer nutzenorientierten Versorgung können ihren Beitrag für die Finanzierung und/oder den Aufbau dieser Versorgungsstrukturen leisten.
5. Durch Prozessorientierung und Leistungsgewährung „ex ante" (vorab, nachfolgend auch „a priori") werden Bürokratie und Leistungsprüfung „ex post" ersetzt. *Der Bürger mit seinen Bedürfnissen und Rechten steht im Mittelpunkt und ist kein Mittel.*

## Der „Red Ocean" im Gesundheitswesen: Kostenfokussierung

Der Medizinische Dienst pflügt wie die Inquisition durch die Krankenhäuser und legt fest, welche Diagnostik und Therapie eigentlich ambulant durchzuführen sei; gleichzeitig sind aber diese ambulanten Strukturen in keiner Weise vorhanden und brechen aufgrund aberwitziger Bürokratie zusammen. Der niedergelassene Arzt verbringt 61 Arbeitstage am Schreibtisch ohne Patientenkontakt (KBV, 2022), nur um dem Formularwesen gerecht zu werden. Nach Quellen der Kassenärztlichen Bundesvereinigung entfielen im Jahr 2016 in deutschen Vertragsarztpraxen 52 Mio. Arbeitsstunden auf die Bürokratie, also Anfragen von Krankenkassen oder vom Medizinischen Dienst sowie Dokumentationen aller Art. 2019 stieg dieser Aufwand auf 56 Mio. Arbeitsstunden. Trotz aller Lippenbekenntnisse der Politik, die gerne „Bürokratieabbau" auf ihre Wahlplakate schreibt, nimmt der bürokratische Aufwand in unserem Land mittlerweile absurde Ausmaße an. Eine Pflegekraft eines von uns betreuten Pflegeheims berichtete über die Notwendigkeit, 18-mal pro Schicht das Hinauf- und Herunterlassen eines Bettgitters an einem Patientenbett zu dokumentieren – mit einer schriftlichen Begründung, falls die Uhrzeiten vom Vortag divergieren. Dies ohne Nutzen, allein für den Medizinischen Dienst der Krankenkassen. Der bundeseinheitliche Medikamentenplan, den wir elektronisch erstellen und an Pflegeeinrichtungen schicken, soll laut dem Medizinischen Dienst der Krankenkassen eine persönliche Unterschrift des Arztes enthalten – also doch wieder ausdrucken, unterschreiben und faxen?! Das konterkariert jede Digitalisierung. Ohne weitere Worte.

Unser Gesundheitssystem hat längst denjenigen aus dem Blick verloren, der vermeintlich im Zentrum aller Bemühungen steht: den Patienten. Nicht medizinisch notwendige Leistungen, sogenannte Individuelle Gesundheitsleistungen (IGeL), werden immer häufiger angeboten, um die nicht mehr kostendeckende medizinische Versorgung von GKV-Patienten (GKV = gesetzliche Krankenversicherung) zu decken. Privatversicherte können sich nicht mehr darauf verlassen, dass die angebotene Leistung wirklich ihnen und nicht dem die Leistung erbringenden Arzt dient wie z. B. Schilddrüsenuntersuchungen bei klinischer Beschwerdefreiheit. Denn ohne Privatversicherte lässt sich eine Hausarztpraxis nicht mehr finanzieren (änd, o. J.). Aus Sicht der Leistungserbringer wird der GKV-Patient zum Zeitfaktor, aus Sicht der Kostenträger zum Kostenfaktor und aus Sicht großer Konzernstrukturen zum Bestandteil einer möglichst umfassend abzubildenden Wertschöpfungskette. Das hat mit bedarfsorientierter und verantwortungsbewusster medizinischer Versorgung nicht mehr viel zu tun.

**Der „Blue Ocean" im Gesundheitswesen: konsequente Nutzenorientierung**
Die Autoren sind der festen Überzeugung, dass eine weniger kosten- und mehr am Bedarf und Nutzen orientierte medizinische Versorgung der Menschen in diesem Land realisierbar, finanzierbar und gleichzeitig kostensenkend möglich ist.

Die Fragen sind seit Langem gestellt. Pragmatische Antworten blieben bisher in der Theorie hängen. Wir wollen das in konstruktivem Dialog und gut geplanten Pilotprojekten, beginnend mit dem „Konzept der Sicherstellungsbörse", ändern.

Wie im ersten Buch wird die Problemschilderung und Lösungsbeschreibung anhand konkreter Fälle erfolgen. Dem Leser des ersten Buches wird die ein oder andere Geschichte bekannt vorkommen – allerdings folgt jedem geschilderten Problem nun die Darstellung des möglichen Nutzens durch unseren neuen Ansatz. Dessen zentrale Erkenntnis ist dabei recht einfach: Nur wer den aktuellen medizinischen Bedarf kennt, kann medizinische Versorgung nach Rangfolge des Nutzens steuern.

Mit unserem Ansatz wollen wir den Bedarf an Gesundheitsleistungen vorab qualitativ hochwertig feststellen, Versorgung gemäß medizinischer Notwendigkeit und Dringlichkeit organisieren sowie echte Anreize für Qualität und Wirtschaftlichkeit schaffen. Wir stellen vor: die „Sicherstellungsbörse" – für mehr soziale Gerechtigkeit!

## Literatur

Ärztenachrichtendienst (änd). (2024). *Kassen warnen vor steigenden Arzthonoraren.* https://www.aend.de/article/230403. Zugegriffen am 03.09.2024.

Ärztenachrichtendienst (änd). (o.J.). *„Ohne Privatpatienten funktioniert das System nicht".* https://www.aend.de/article/230035. Zugegriffen am 03.09.2024.

Bertelsmann-Stiftung. (2013). *Faktencheck Gesundheit – Regionale Unterschiede in der Gesundheitsversorgung im Zeitvergleich.* https://www.bertelsmann-stiftung.de/fileadmin/files/BSt/Publikationen/GrauePublikationen/Studie_VV_FCG_Regionale_Unterschiede__2015.pdf. Zugegriffen am 03.09.2024.

Bild der Wissenschaft. (2022). *Das deutsche Gesundheitssystem im europäischen Vergleich.* https://www.wissenschaft.de/gesundheit-medizin/das-deutsche-gesundheitssystem-im-europaeischen-vergleich/. Zugegriffen am 03.09.2024.

Bundesministerium für Gesundheit (BMG). (2023a). *Coronavirus-Testverordnung (TestV).* https://www.bundesgesundheitsministerium.de/service/gesetze-und-verordnungen/detail/coronavirus-testverordnung-testv.html. Zugegriffen am 03.09.2024.

Bundesministerium für Gesundheit (BMG). (2023b). *Verordnung zu einer speziellen sektorengleichen Vergütung (Hybrid-DRG-V)*. https://www.bundesgesundheitsministerium.de/service/gesetze-und-verordnungen/detail/hybrid-drg-v.html. Zugegriffen am 03.09.2024.

Bundesministerium für Gesundheit (BMG). (2024a). *Gesundes-Herz-Gesetz (GHG)*. https://www.bundesgesundheitsministerium.de/service/gesetze-und-verordnungen/detail/ghg.html. Zugegriffen am 03.09.2024.

Bundesministerium für Gesundheit (BMG). (2024b). *Gesundheitsversorgungsstärkungsgesetz (GVSG)*. https://www.bundesgesundheitsministerium.de/service/gesetze-und-verordnungen/detail/gvsg.html. Zugegriffen am 03.09.2024.

Bundesministerium für Gesundheit (BMG). (2024c). *Krankenhausversorgungsverbesserungsgesetz (KHVVG)*. https://www.bundesgesundheitsministerium.de/service/gesetze-und-verordnungen/detail/krankenhausversorgungsverbesserungsgesetz-khvvg.html. Zugegriffen am 03.09.2024.

Dalhaus, L. (2023). *Medizin zwischen Moral und Moneten. Wie eine Hausärztin das Gesundheitssystem erlebt und was sich ändern muss*. Springer.

Deutsches Ärzteblatt. (2019). *Streit um Vergütung der ambulanten Tonsillotomie*. https://www.aerzteblatt.de/nachrichten/107327/Streit-um-Verguetung-der-ambulanten-Tonsillotomie. Zugegriffen am 03.09.2024.

Forschungsgruppe Wahlen e. V. (2024). *Politik I*. https://www.forschungsgruppe.de/Umfragen/Politbarometer/Langzeitentwicklung_-_Themen_im_Ueberblick/Politik_I/#PolStimm. Zugegriffen am 03.09.2024.

Gemeinsamer Bundesausschuss. (G-BA). (2024). *G-BA nimmt Stellung zum „Gesundes-Herz-Gesetz" – Hecken: vorgeschlagene Lösungen konterkarieren das Ziel*. https://www.g-ba.de/presse/pressemitteilungen-meldungen/1198/. Zugegriffen am 03.09.2024.

Gabler Wirtschaftslexikon. (2018). *Blue-Ocean-Strategie*. https://wirtschaftslexikon.gabler.de/definition/blue-ocean-strategie-120549/version-370114. Zugegriffen am 16.11.2024.

IQWiG. (2022). *Tonsillektomie oder Tonsillotomie. Evidenzbericht zur S3-Leitlinie Therapie entzündlicher Erkrankungen der Gaumenmandeln /Tonsillitis*. https://www.iqwig.de/download/v21-09c_tonsillektomie-oder-tonsillotomie_evidenzbericht_v1-0.pdf#:~:text=Tonsillektomie%20oder%20Tonsillotomie. Zugegriffen am 03.09.2024.

Kassenärztliche Bundesvereinigung (KBV). (2022). *KBV Gesundheitsdaten – Bürokratieindex*. KBV – Bürokratieindex. https://gesundheitsdaten.kbv.de/cms/html/43204.php. Zugegriffen am 03.09.2024.

Kassenärztliche Bundesvereinigung (KBV). (2024). *Praxisnachrichten. Ärzte können neue Hybrid-DRG abrechnen – KBV und GKV-Spitzenverband einigen sich auf Abrechnungsverfahren.* https://www.kbv.de/html/1150_68194.php. Zugegriffen am 03.09.2024.

Ministerium für Arbeit, Gesundheit und Soziales (MAGS). (2023). *Gesundheitsministerium veröffentlicht Fördergrundsätze für die Umsetzung der neuen Krankenhausplanung.* https://www.mags.nrw/foerdergrundsaetze-umsetzung-der-neuen-krankenhausplanung. Zugegriffen am 03.09.2024.

Müller, M. (2020). Das deutsche Gesundheitssystem im internationalen Vergleich. *OECD Berlin Centre.*. https://blog.oecd-berlin.de/das-deutsche-gesundheitssystem-im-internationalen-vergleich. Zugegriffen am 03.09.2024.

Senka, G. (2015). Langzeitergebnisse der Tonsillektomie bei Erwachsenen. *Deutsches Ärzteblatt 50/2015.* https://www.aerzteblatt.de/archiv/173276/Langzeitergebnisse-der-Tonsillektomie-bei-Erwachsenen#:~:text=Die%20Tonsillektomie%20ist%20eine%20der. Zugegriffen am 03.09.2024.

State of health in the EU: Länderprofil Gesundheit 2021. (2021). In *Deutschland* [Report]. https://health.ec.europa.eu/system/files/2021-12/2021_chp_de_german.pdf. Zugegriffen am 03.09.2024.

Süddeutsche Zeitung. (2023). *Patientenschützer kritisieren lange Wartezeiten bei Kassenpatienten.* https://www.sueddeutsche.de/gesundheit/krankenkassen-arzttermin-wartezeit-patienten-1.5889719. Zugegriffen am 03.09.2024.

Wolf, S. (2023). Gute Schulden, schlechte Schulden. *Tagesschau.de.* https://www.tagesschau.de/wirtschaft/konjunktur/schuldenbremse-100.html. Zugegriffen am 03.09.2024.

# 2

# Realitäten in der ambulanten Patientenversorgung heute – Konzept einer bedarfsorientierten Versorgungsstruktur

## Fall 1: Der Weg in die Arbeitslosigkeit

Der 52-jährige Zweiradmechaniker Werner Uhlenbrock leidet unter einem Karpaltunnelsyndrom, d. h., ein Nerv wird auf Höhe des Handgelenks eingeengt und führt zu Schmerzen, Kribbeln in den entsprechenden Fingern und in seinem Fall zur Arbeitsunfähigkeit, weil Herr Uhlenbrock mit diesen Beschwerden keinen Schraubendreher halten kann. Ein Karpaltunnelsyndrom (KTS) ist aus medizinischer Sicht eine „Kleinigkeit": Eine Nervenleitgeschwindigkeitsmessung beim Neurologen sichert die Diagnose, ein Handchirurg behebt das Problem mit einer kleinen, ambulanten Operation. Theoretische Ausfallzeit als Zweiradmechaniker: etwa vier Wochen. Aber eben nur theoretisch. In der Realität war die Wartezeit auf den Termin beim neurologischen Facharzt so lange, dass nach sechs Monaten Arbeitsunfähigkeit die Kündigung im Briefkasten von Herrn Uhlenbrock lag.

Lange Wartezeiten bis zur Diagnostik und Therapie: Jenseits der medizinischen Dimension hat das für Patienten viel weitreichendere Konsequenzen – und das berücksichtigt unser System nicht. Wie in anderen Ländern auch wird Krankheit so zum größten Risikofaktor für Arbeitslosigkeit, so-

© Der/die Autor(en), exklusiv lizenziert an Springer Fachmedien Wiesbaden GmbH, ein Teil von Springer Nature 2025
L. Dalhaus, H. Giesen, *Operation am offenen System*,
https://doi.org/10.1007/978-3-658-47124-8_2

zialen Abstieg und Armut. Und in diesem Fall reden wir nicht von einer Krebserkrankung oder einem schweren Unfall – in diesem Fall ist unser Gesundheitssystem einzig und allein für diesen Verlauf verantwortlich. An dieser Stelle erlauben wir uns ein Zitat aus dem ersten Buch: „Hier muss die Politik nach meinem Dafürhalten dringend pragmatische Lösungen finden. Es kann nicht im Interesse von Politik und Gesellschaft sein, dass Menschen auf diese Weise ihren Job verlieren und in die Arbeitslosigkeit rutschen. Das ist aus der persönlichen Perspektive tragisch, aber eben auch aus volkswirtschaftlicher Sicht dramatisch" (Dalhaus, 2023, S. 18).

In diesem Buch wollen wir nun Antworten auf diese so dringende Fragen liefern: Was wäre, wenn an der Genesung eines Bürgers Interessierte für eine medizinisch notwendige Leistung, die ärztlich gesichert und dringlich ist, eine Zusatzvergütung ausloben könnten? Was wäre, wenn die gesetzliche Krankenkasse nicht mehr die Vergütung für eine ärztliche Leistung so unattraktiv machen müsste, dass kaum ein Arzt mehr bereit ist, diese Leistung zu erbringen? Was wäre, wenn die Krankenkasse stattdessen die Behandlung eines Patienten so attraktiv gestalten könnte, dass sich die Ärzte gegenseitig mit früheren Terminen unterbieten würden? In dieser Realität wäre es für einen Spezialisten medizinisch (Ethik) und wirtschaftlich (Monetik) interessanter, sich um die wirklich kranken Bürger zu kümmern, statt „unnötige IgeL-Angebote zu verkaufen" oder sinnlose Kontrolluntersuchungen durchzuführen. Der Bürger würde den für seine schwerwiegende Erkrankung frühestmöglichen Termin erhalten. Die von den Folgekosten der Krankheit betroffenen Kostenträger würden Geld sparen. Würden Sie einen solchen Ansatz gut finden? Falls ja, helfen Sie durch Ihre konstruktiven Rückmeldungen auf unser Buch mit, die Sicherstellungsbörse sozial gerecht und erfolgreich zu machen. Senden Sie uns gerne eine E-Mail an: feedback@sicherstellungsboerse.de.

Bei aller Emotion, die unser Denkansatz auf den ersten Blick (und auf den folgenden Seiten) vielleicht auslösen kann, reduzieren wir diesen ersten Fall im ersten Schritt einmal auf die volkswirtschaftlichen Fakten: Wir nehmen ein Gehalt von monatlich 3000 € brutto und 2333,66 € netto an. Daraus resultiert ein Krankengeldanspruch von 59,56 € pro Tag und 18,11 € Differenz zum Nettogehalt pro Tag, die in der Lohnfortzahlung (67,67 €/Tag) durch den Arbeitgeber gezahlt werden (Barmer, o. J.).

Für den Arbeitgeber bedeutet der Krankheitsverlauf des Patienten Uhlenbrock sechs Wochen Lohnfortzahlung ohne entsprechende Gegenleistung aus der Arbeit. Wenn gleichzeitig Kundenaufträge verloren gehen, ist der „Schaden" noch höher. Wir schätzen den Nutzen pro früheren Tag der Rückkehr aus der Arbeitsunfähigkeit auf 100 €/Tag und auf 35 €/Tag bei Krankengeldzahlung.

Aber auch die Versichertengemeinschaft wird belastet, denn es folgt die Krankengeldzahlung für 4,5 Monate, etwa 5000 €. Wir betrachten in Summe demnach einen volkswirtschaftlichen Schaden von etwa 8600 €, ohne die Arbeitslosigkeit in diese Überlegungen einzubeziehen.

Und was ist die Ursache? Durch eine nicht verfügbare neurologische Untersuchung, die im aktuellen System mit 24,94 € durch die gesetzlichen Krankenkassen vergütet wird, entstehen der Versichertengemeinschaft, dem Arbeitgeber und durch dessen nicht mehr gezahlte Steuern der Allgemeinheit ein mindestens 350-fach höherer Schaden. Würde diese Leistung zehnmal höher vergütet (249,40 €), so wären die Einsparungen noch immer mehr als 30-fach höher. Unglaublich? Nein, Realität, die mit ein wenig gemeinsamer Anstrengung von Kostenträgern (gesetzliche/private Krankenversicherung und Staat als Träger der Sozialversicherung und Daseinsvorsorge), Arbeitgebern, unterstützenden Dritten und den Betroffenen geschaffen werden kann.

Mit der Sicherstellungsbörse bieten wir folgende Lösung: Der Hausarzt stellt die Indikation zur Messung der Nervenleitgeschwindigkeit bzw. OP und bewertet ihre Dringlichkeit (hier Messung der Nervenleitgeschwindigkeit beim Neurologen spätestens innerhalb von zwei Wochen, Operation durch den Chirurgen nach spätestens drei Wochen, nämlich eine Woche nach der Nervenleitgeschwindigkeitsmessung, sodass der Handwerker nach etwa fünf Wochen zurück am Arbeitsplatz ist).

Hier die Realität des aktuellen Systems zum Vergleich: Die ausgestellte Überweisung führte zu einem Termin beim Neurologen mit Durchführung der Leistung nach 16 Wochen. Die Ineffektivität des aktuellen Systems hatte, wie im ersten Buch dargestellt, folgenden Effekt: „Ein halbes Jahr Arbeitsunfähigkeit wegen einer ‚Kleinigkeit', die sich mit einer ambulanten OP gut behandeln lässt. Dieses halbe Jahr in der Warteschleife unseres Gesundheitssystems hat Herrn Uhlenbrock den Job gekostet" (Dalhaus, 2023, S. 16). Darüber hinaus führte die Hausärztin viele Telefonate und hatte vermeidbare Arzt-Patienten-Kontakte, die aus einer Arzt-Patienten-Fallzeit von normalerweise sicher weniger als 60 min mehrere Stunden Arztaufwand und persönliche Frustration verursachten.

## Wie kann die Umsetzung in der Sicherstellungsbörse in Zukunft aussehen?

Die Hausärztin erkennt, dass die „Sicherstellung der Leistung" nicht mehr gegeben ist. Sie kann nun den definierten Versorgungsbedarf in die Sicherstellungsbörse einstellen. Stakeholder, d. h. an der schnellen Genesung des Handwerkers Interessierte (Arbeitgeber, Krankenkasse, der Patient selbst, ggf. noch weitere wie das Arbeitsamt oder Freunde, die den sozialen Abstieg des Betroffenen verhindern wollen) können für jeden früheren Tag der Leistung durch einen qualifizierten Neurologen einen kleinen Anteil ihres zu erwartenden Schadens über die sozial gerecht gestalteten Voreinstellungsmöglichkeiten der Sicherstellungsbörse als Zusatzvergütung anbieten.

Gibt nun ein Neurologe einen möglichen Termin in die digitale Plattform der Sicherstellungsbörse ein, errechnet sich der „aktuelle Preis" aus der Summe der Gebote bis zu einem Höchstpreis (gemäß aktueller Definition im Konzept maximal eine zehnfach höhere Vergütung). Wenn mehrere Neurologen Gebote abgeben, kann der Patient das für ihn „günstigste" Angebot auswählen. Mit der Terminbestätigung des Patienten ist der Vertrag geschlossen. Auch wenn der Handwerker nicht zum Termin erscheinen sollte, ist die Summe zur Zahlung fällig. Sobald die Leistung vollständig erbracht ist, erhält der Arzt seine Zusatzvergütung ohne Verzögerung ausgezahlt. Um das pünktliche Erscheinen des Patienten zu belohnen, können die Stakeholder einen Patientenbonus ausloben. Patient, Hausarzt und Facharzt können/müssen die Arbeit/den Prozess hierzu beurteilen, sodass das System sich ständig verbessern kann. Im Ergebnis verdienen Arzt und Patient an einer besseren Versorgungsqualität, die Stakeholder sparen einen Großteil eines ansonsten entstandenen Schadens. Zu schön, um wahr zu sein? Zu kompliziert erklärt? Wir fassen zusammen:

Der Arbeitgeber und die Krankenkasse können aufgrund des drohenden, für die Stakeholder messbaren finanziellen Schadens über die Sicher-

## 2 Realitäten in der ambulanten Patientenversorgung heute ...

stellungsbörse eine Zusatzvergütung anbieten, die umso höher ausfällt, je schneller die Leistung durch den Neurologen und Chirurgen erbracht wird. Ein zusätzlich ausgelobter Bonus für den Patienten synchronisiert die Interessen aller Beteiligten. Der Hausarzt steuert den Prozess und trägt die Verantwortung dafür, dass medizinische Notwendigkeit und Dringlichkeit korrekt und angemessen beurteilt werden. Der Spezialist bewertet die Arbeit des Hausarztes, der Hausarzt das Ergebnis der Spezialisten und der Patient die Arbeit der Ärzte. Über die zukünftig vielen tausend Überweisungen in der Sicherstellungsbörse pro Tag entsteht schon bald ein sehr guter Überblick für alle Beteiligten, welche Versorgung in einer Region dringend nötig ist. Das System kann sich auf diesen tatsächlichen Bedarf neu ausrichten und sich in Bezug auf Effizienz und Qualität kontinuierlich verbessern.

Die Stakeholder sparen aufgrund der definierten Obergrenze (hier Arbeitgeber 350 € bis zum 42. Tag, 150 € ab dem 43. Tag = 500 € pro Fall = 14 % der erwarteten Einsparungen; Krankenkasse 50 € bis zum 42. Tag und 450 € ab dem 43. Tag = 500 € = 10 % der erwarteten Einsparungen) den größten Teil der Lohnfortzahlung und des Krankengeldes, während Termine sinnvollerweise nach dem medizinischen Bedarf vergeben werden.

Der Neurologe erreicht in unserem aktuellen Vergütungsmodell der Sicherstellungsbörse eine um den Faktor 10 höhere Zusatzvergütung als im herkömmlichen System (+ 249,40 €). Der Chirurg kann seinen Verdienst bei einer üblichen Vergütung von etwa 380 € für den Eingriff ebenfalls um knapp 200 € weiter steigern (+ 50 %). Die Qualität der operativen Versorgung wird im weiteren Betrieb der Sicherstellungsbörse zunehmend zum Auswahlkriterium, mit dem sich auch der kostenträchtigere stationäre Sektor wirtschaftlich tragen und der im Versorgungsprozess optimierte Spezialanbieter trotz weiterer Entfernung für die Patienten zum Ort des operativen Eingriffs im Versorgungswettbewerb etablieren wird.

Der Arbeitgeber erhält für wenige Euros Investment (1000 € = 14 % des erzielten Nutzens) einen dankbaren und weiterhin leistungsfähigen Mitarbeiter viele Wochen früher zurück. Und an dieser Stelle sei noch einmal betont, dass es sich hier nur um die Berücksichtigung der direkten

Kosten handelt; Arbeitslosigkeit und Kundenverlust durch mangelnde Auftragsbearbeitung aufseiten des Arbeitgebers sind weitere wichtige Faktoren.

Die Krankenkasse spart durch die neue Strategie der ärztlichen Vergütung (bis zu zehnfach höhere Vergütung im Einzelfall als definiertes Maximum im Konzept der Sicherstellungsbörse und der von der Krankenkasse definierten Obergrenze von 500 € pro Fall = 10 % des erwarteten Nutzens bei Herrn Uhlenbrock). Die nutzenorientierte Vergütung schnellstmöglich einzuführen, wird nun „zusatzbeitragsrelevant". Es wird dagegen weniger wichtig werden, den Preis von 24,94 € um weitere Cents in den Honorarverhandlungen senken zu wollen und damit – wie wir nachfolgend aufzeigen werden – die ambulante Versorgung für die wirklich Bedürftigen weiter zu gefährden.

Diese Gegenüberstellung zeigt den Wahnsinn, den unser Gesundheitssystem derzeit tagtäglich produziert. Sie zeigt aber hoffentlich genauso eindrucksvoll den Effekt auf, der entsteht, wenn wir gemeinsam den „Red Ocean" der Kostenfokussierung verlassen und den „Blue Ocean" der Nutzenorientierung zielstrebig und konsequent vorantreiben.

## Fall 2: Am Ende der Bedarfsplanung

Kollege Schmidt arbeitet als Facharzt für Kardiologie in seiner eigenen Praxis und durfte im Rahmen eines ganzen Versorgungsauftrages bis zum Jahr 2020 pro Quartal (Drei-Monatsabschnitt eines Jahres, für den Ärzte ihre Leistungen abrechnen können) 1200 Patienten behandeln. Seit der Neubewertung des EBM (Zimmermann, 2020) bedeutet dieser Versorgungsauftrag jedoch für ihn nur noch eine Patientenzahl von 780 Patienten pro Quartal. Für „zu viel" oder „zu intensiv" behandelte Patienten erhält der Kollege aufgrund des „EBM-Zeitbudgets" in Verbindung mit der „Plausibilitätsprüfung" (Rothfuß, 2018) keine adäquate Vergütung bzw. ist mit möglichen Rückforderungsansprüchen konfrontiert; dieser Umstand führt dazu, dass so manche Facharztpraxis im Land nicht selten in den letzten beiden Wochen eines Quartals schließt. Wenn der maximal mögliche Verdienst durch ein Budget „gedeckelt" ist, ergibt es wirtschaftlich keinen Sinn, Kosten zu produzieren. Wenn die Praxis geöffnet bleiben soll, müssen Privatpatienten oder IGeL-Angebote die Kosten wieder einspielen. Ein perverser Anreiz, der dazu führt, dass Facharzttermine für gesetzlich krankenversicherte Patienten kaum noch in angemessener Zeit in Deutschland verfügbar sind (bzw. sein werden; siehe auch aktuell Belusa, 2024), Privatpatienten bei der Terminvergabe bevorzugt und individuelle Gesundheitsleistungen in unerträglich hohem Umfang angeboten werden müssen.

Was aber, wenn nun ein Hausarzt für einen herzkranken Patienten dringend einen Termin beim Herzspezialisten (Kardiologen) benötigt? Im aktuellen System wird dieser Umstand „außerhalb persönlicher Beziehungen" immer schwerer lösbar. Wir stellen daher auch die unbequeme Frage, wer aktuell für die GKV-Versicherten ohne Beziehungen und für die Bürger mit Migrationshintergrund/Sprachbarriere einsteht, für die häufig schon die Terminvereinbarung ein unüberwindbares Hindernis für eine angemessene Versorgung ist. Unser nächstes Beispiel beschreibt daher die Terminvermittlung einer medizinisch notwendigen Ultraschalluntersuchung des Herzens (Echokardiografie) durch die Sicherstellungsbörse:

Der 48-jährige Maler Herr Öztürk plagt sich seit ca. vier Wochen mit einem Leistungsknick. Er spricht nur gebrochenes Deutsch. Er schildert gebärdenreich, dass er sich deutlich schneller erschöpft fühle und immer mal wieder Luftnot habe, wenn er schwere Gegenstände tragen müsse. Dabei habe er auch den Eindruck, dass das Herz manchmal stolpern würde. Der Hausarzt beginnt mit einer entsprechend notwendigen Diagnostik: EKG, Langzeit-EKG, Blutdruck und Labor bleiben unauffällig. Ein Belastungs-EKG bestätigt jedoch die verminderte Belastungsfähigkeit des Herz-Kreislauf-Systems ohne weitere konkrete Hinweise. Zur Komplettierung der kardialen Diagnostik ist hier eine Herzultraschalluntersuchung (Echokardiografie) unbedingt notwendig. Die örtlichen Kardiologen haben jedoch Aufnahmestopp. Eine Terminvermittlung über die Einrichtung der Kassenärztlichen Vereinigungen, dem Patientenservice mit der Rufnummer „116 117" oder per Internet über www.116117.de, gelingt leidlich – mit einer Anfahrt von 70 km erhält der Patient einen Kardiologentermin in sechs Wochen. Aufgrund der unklaren kardialen Situation ist bis zur Klärung der Diagnose Arbeitsunfähigkeit für den Handwerker gegeben. Für den Arbeitgeber bedeutet dieser Umstand sechs Wochen Lohnfortzahlung mit der Begründung, dass eine Leistung, die in unserem Gesundheitssystem mit nicht mal 30 € vergütet wird, nicht schneller verfügbar ist. Als Arbeitgeber kann man an diesem System, das unternehmerischen Erfolg gefährdet, nur verzweifeln. Die direkten Kosten des Unternehmens belaufen sich auf zusätzlich etwa 5500 € („Arbeitgeberbruttokosten"), bei einem angenommenen Bruttogehalt von monatlich 3000 €. Und nun stellen wir uns vor, dass der Arbeitgeber mit einem Investment von 100 € die Arbeitsfähigkeit seines Mitarbeiters in einer Woche wiederherstellen kann. Ein Traum?

Die Sicherstellungsbörse ist technologisch so aufgebaut, dass die Leistungserbringer ihre Qualifikationen im Registrierungsprozess strukturell erfassen müssen. Neben Facharzt- und Zusatzbezeichnung sind die besonderen Qualifikationen und zur Abrechnung gegenüber der GKV von der KV genehmigte Leistungen anzugeben. Die vom Arzt dokumentierten Angaben müssen über einen Beleg „objektiviert" werden, sodass eine berechtigte dritte Person diese Angaben „validieren" kann. Sind die Angaben durch den „Validator" freigegeben, so können Termine für Leistungen, die zulasten der GKV erbracht werden dürfen, angeboten und vereinbart werden.

Der Hausarzt wiederum stellt mit seiner Überweisung für ein Fachgebiet (Arzt für …) einen Auftrag aus. Welche „Aufträge" in der Sicherstellungsbörse ausgelobt werden können, ist im System eindeutig vorgegeben. Die in einer Region möglichen Aufträge zur Leistungserbringung können eingeschränkt und sogar krankenkassenindividuell hinterlegt werden. Das System sieht die Anbindung an Selektivverträge (Hausarztzentrierte Versorgung oder „Besondere Versorgung"), die Nutzung von ePA oder KIM-/TIM-Diensten ebenso vor wie die elektronische Terminvereinbarung in definierten Zeitfenstern. Im Ergebnis könnte damit auch ein Krankenhausarzt oder ein Facharzt für Kardiologie, der als Hausarzt tätig ist (und somit eine Echokardiografie zwar durchführen könnte, aber nicht abrechnen darf) die Leistung anbieten. Stellen Sie sich einmal vor, welche Möglichkeiten sich durch ein solches Modell ergeben könnten! Dazu müsste „nur" in einem digitalen System in Echtzeit zugreifbar abgebildet sein, wer welche Leistungen erbringen darf. Eine Anforderung, die umsetzbar scheint.

Aufträge der hausärztlichen Überweisung sind einzelne Leistungen wie z. B. die „Messung der Nervenleitgeschwindigkeit", die „Echokardiografie" oder die „gebietsärztliche Beurteilung". Mit dem Auftrag der „gebietsärztlichen Beurteilung" kann ein spezialisierter Kollege vom Hausarzt für einen dringlichen Rat mit Beurteilung des Sachverhalts und Einleitung der Therapie beauftragt werden. Eine wesentliche Neuerung der Sicherstellungsbörse ist die *Dokumentation der Dringlichkeit*, also des Zeitraumes, in dem dieser Auftrag abgeschlossen sein muss. Eine Verzögerung, wie sie z. B. im Fall 1 dadurch entstanden ist, dass der erste Termin in kassenärztlicher Vermittlung nur zum ersten Kontakt mit dem Neurologen (gebietsärztliche Beurteilung), nicht aber direkt zur Messung der Nervenleitgeschwindigkeit geführt hat (diese erfolgte in einem weiteren Termin sechs Wochen später), ist in der Sicherstellungsbörse nicht bzw. nur durch Missbrauch des Systems möglich. Im Gegensatz zur aktuellen Situation bei den Terminservicestellen der KVen würde aber die zwingende Evaluation durch Ärzte und Patient diesen Missbrauch aufdecken. Mit dem einfachen Grundsatz, dass eine gute Bewertung eines Arztes im Wettbewerb der Angebote dazu führt, dass ein Termin vereinbart wird, entsteht über den Feedbackmechanismus der Sicherstellungsbörse aus dem aktuellen „Anbietermarkt" („Verkäufermarkt" und knappes Angebot an Anbietern mit der wissenschaftlich gesicherten Folge der Qualitätsminderung als Folge des Prinzips „Adverse Selektion"; Gabler Wirtschaftslexikon, 2018c, a) auch wieder etwas mehr „Käufermarkt" (Gabler Wirtschaftslexikon, 2018b) mit der Folge der Stärkung der Patientenrechte. Dies gelingt nun – statt durch noch mehr oder differenziertere Vorschriften (Gutmann, 2021) – durch Synchronisierung der Interessen auf den evidenzbasierten Nutzen der medizinischen Versorgung: Blue Ocean statt Bürokratie – wäre das nicht ein erstrebenswertes Ziel?

Die Plattform der Sicherstellungsbörse nutzt eine patentierte Technologie, mit der eine pseudonymisierte Datenverarbeitung, das Anlegen von zentralen Fallakten und die Nutzung der Telematikinfrastruktur möglich wird. Sobald die elektronische Patientenakte (ePA) eines Patienten verfügbar ist, kann diese den Beteiligten für die Fälle der Sicherstellungsbörse bereitgestellt werden. KIM-(Kommunikationsstruktur für die Leistungserbringer in der Telematikinfrastruktur) und TIM-Dienst (Messengerdienst der Telematikinfrastruktur für die Kommunikation mit dem Patienten) sind durch Nutzung der gleichen Technologie bereits jetzt verfügbar und müssen nach Einführung der Dienste für die

Patientenkommunikation allein noch angebunden werden. Die Technologie nutzt einen identifizierenden QR-Code für die Auftragsdatenverarbeitung und das Erteilen von Berechtigungen zur Datennutzung. Das System ist mehrsprachig angelegt (derzeit auf Deutsch und Englisch). Sollte sich das System etablieren, können alle Funktionen innerhalb weniger Wochen in die bevorzugte Sprache der Nutzer übersetzt werden.[1]

Ein weiteres wichtiges Merkmal der Plattform ist die Nutzung von „Smart Contracts". Alle Leistungen, die ein Arzt erbringt, sind bei rechtskräftigem Abschluss „leistungsfällig". Eine vereinbarte Vergütung wird ohne Rückforderungsmöglichkeit zur Zahlung angewiesen. Die Zahlung erfolgt am Tag der Leistungserbringung durch Belastung/Gutschrift des Kontos der Beteiligten. Warum betonen wir dies explizit?

Im aktuellen System erhält ein im ambulanten Sektor tätiger Arzt seine Vergütung frühestens zwei Monate (Hausarztzentrierte Versorgung und andere Selektivverträge), in der Regelversorgung nach fünf Monaten über die Kassenärztlichen Vereinigungen.

Die abgerechneten Leistungen werden für den Arzt unvorhersehbar gekürzt (Überschreitungen beim „Wirtschaftlichkeitsbonus" oder dem „Regelleistungsvolumen") oder sind durch „Änderungen des Punktwertes" einfach weniger wert. Der Wert einer Leistung ist damit nicht nur nicht selbst durch den Arzt bestimmbar, sondern kann auch noch Jahre nach der Leistung auf geringere Preise korrigiert werden. Prinzipiell ist es natürlich nicht zu beanstanden, dass zu Unrecht erbrachte Leistungen nicht abgerechnet und auch zurückgefordert werden dürfen. Die Realität hat allerdings eine Abstrusität erreicht, die keinem Außenstehenden mehr plausibel erklärbar ist: Einzelne Krankenkassen können im Rahmen der „Individualprüfung" Leistungen anzweifeln und z. B. auch die Kosten für ein Medikament zurückfordern, wenn die Praxis/der Arzt die Voraussetzung der Verschreibung nicht beachtet hat. Der Praxisinhaber wird in einem solchen Fall für die Kosten der Kranken-

---

[1] Wir planen, die Finanzierer der Übersetzungen dem Nutzer bekannt zu machen, sodass für die Kostenübernahme auch ein gewisser Werbeeffekt möglich wird. Besser als eine Sponsorenfinanzierung wäre die öffentliche Förderung der Multilingualität des Systems für derzeit benachteiligte Bürger in Deutschland, sodass die Plattform auch für andere Sprachen werbefrei bleiben kann. Kontakt für die Finanzierung einer Sprache gerne per E-Mail an: sicherstellung@medcoo.de.

kasse „in Regress" genommen. Dies gilt für Impfungen, die außerhalb des sogenannten „Sprechstundenbedarfs" verimpft wurden, ebenso wie für Medikamente, die außerhalb der Zulassung (off label) verordnet wurden. Für solche Fälle muss der Arzt die gesamten Kosten für seinen Fehler tragen. Gerade die Off-Label-Use-Verordnung kann leicht datenbasiert geprüft werden. Fehlt die Diagnose, für die ein teures Medikament zugelassen ist, kann die Krankenkasse die Ärzte durch einfache Suchläufe über ihren Datenbestand identifizieren und im zweiten Schritt für die Kosten in Anspruch nehmen. Ob der Anspruch berechtigt ist oder nicht, kann der Krankenkasse egal sein. Jeder einzelne „erfolgreiche Fall" spart Geld für die Versichertengemeinschaft. Beauftragt mit einer solchen Prüfung werden die Prüfungsstellen (Einrichtung der Krankenkassen und KVen zur Vermeidung von Missbrauch gem. § 106c SGB V). Aufforderungen einer Krankenkasse zur Durchsetzung von Einzelfallregressen können diese nicht ablehnen. So entstehen Vorgänge wie der der Viactiv Krankenkasse zur „Hyposensibilisierung" (Deutscher Berufsverband der Hals-Nasen-Ohrenärzte e. V., 2022) bzw. zuletzt zu Entresto®, ein Mittel gegen Herzschwäche. Ärzte, die dieses Medikament verordnet hatten, ohne dass die Diagnose „Herzinsuffizienz" mit den Abrechnungsdaten übermittelt wurde, sollen die Kosten des Medikaments nun an die Krankenkasse zurückzahlen. Dabei ist die Unterstellung der Krankenkasse, ein Hausarzt würde einem Patienten ohne medizinisch hinreichenden Grund ein nachweislich lebensverlängerndes Medikament verordnen, der eigentliche Skandal. Dem Arzt obliegt nun die Pflicht, der Krankenkasse darzustellen, warum er korrekt gehandelt hat, z. B., indem er einen Beleg für die Diagnose (Arztbrief des Krankenhauses oder Ähnliches) liefert. Die Beantwortung eines solchen Einzelfalls dauert etwa 60 min, die wiederum nicht für die eigentlichen Aufgaben des Arztes verfügbar sind. Wollen wir wirklich in der Versorgung tätige Ärzte und Mitarbeitende in den Prüfeinrichtungen mit diesen Aufgaben belasten? Sollte nicht in Zeiten, in denen ein Gesundheitsminister die Zukunft der KI preist (ÄrzteZeitung, 2024), erst einmal gewährleistet werden, dass datenbasiert eine Genehmigungsprüfung von medizinisch notwendigen Leistungen vorab automatisiert realisiert wird? Wollen wir wirklich mit einer Abrechnungsprüfung „ex post" Ressourcen verschwenden? Oder sollten wir nicht beginnen, mit einer Genehmigung „a priori/ex ante" Vergütungssicherheit und eine sehr gute medizinische Versorgung für unsere Bürger nutzenorientiert zu organisieren? Wir sind der Überzeugung, dass der Ansatz der Sicherstellungsbörse die medizinischen Prozesse „a priori" organisieren und sich das Gesundheitssystem am Bedarf der Bürger und Nutzen der Gesundheitsversorgung orientieren kann. Zwingende Voraussetzung hierfür ist die Dokumentation des medizinischen Versorgungsbedarfes „dem Grunde nach" (Leistung und Dringlichkeit). Je nachdem, wie „knapp" die Ressource für diese medizinisch notwendige Leistung ist, kann dann die Vergütung „der Höhe nach" nutzenorientiert festgelegt werden.

## Fall 3: Psychisch krank und keine Aussicht auf Hilfe

Die Bundespsychotherapeutenkammer berichtet auf Datengrundlage des GKV-Spitzenverbandes, dass Patienten im Durchschnitt 142,5 Tage auf einen Psychotherapieplatz in Deutschland warten. Herr Stellmann ist ein 22-jähriger Handwerker und seit sechs Monaten aufgrund einer Depression krankgeschrieben. Bei uns auf dem Land liegt die Wartezeit auf einen Therapieplatz noch einmal deutlich über dem Bundesdurchschnitt. Die Anzahl der Arbeitsunfähigkeitstage aufgrund von psychischen Erkrankungen explodiert, die Coronapandemie wirkte hier als Brennglas.

„Die volkswirtschaftlichen Kosten durch psychische und Verhaltensstörungen lagen bei 17,2 Mrd. €" berichtet die Tagesschau am 26.12.2023 und bringt das Thema damit in die Hauptnachrichten. Das Statistische Bundesamt hat zu diesem Thema erschreckende Zahlen veröffentlicht, wie nachfolgende Abb. 2.1 demonstriert.

Die Anzahl der AU-Tage kennt seit Jahren nur eine Richtung: steigend. Dabei erweist sich das bestehende System wieder einmal als wenig flexibel und unfassbar bürokratisch: Mehrfach hat die Autorin als Hausärztin eine Online-Psychotherapie bei den gesetzlichen Krankenkassen beantragt – jedes Mal ohne Erfolg. Online-Psychotherapie wäre theoretisch bei uns auf dem Land ein echter Gamechanger – hätten unsere Patienten doch plötzlich Zugriff auf Online-Therapieplätze im ganzen Bundesgebiet. Doch so flexibel und praktisch sind die gesetzlichen

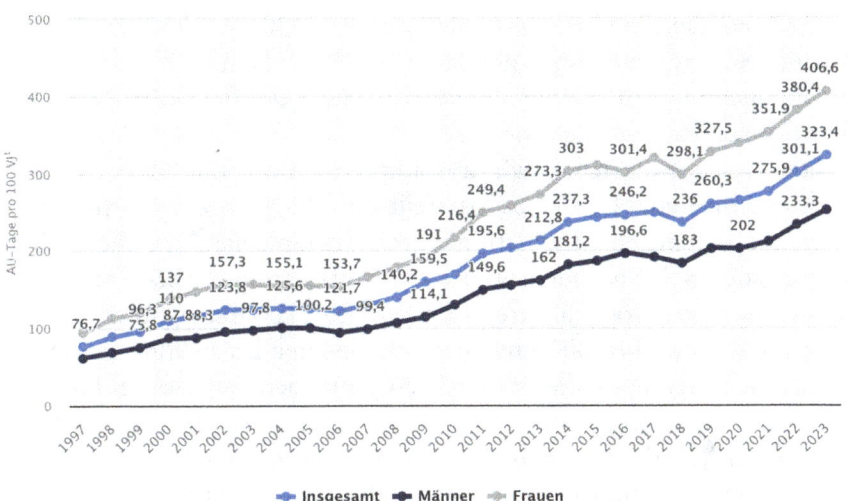

**Abb. 2.1** Arbeitsunfähigkeitstage aufgrund psychischer Diagnosen in Deutschland in den Jahren 1997 bis 2023. (Statista, 2024)

Krankenversicherungen nicht, daher gibt es einfach keinen Therapieplatz. Umso skurriler und aberwitziger erscheint dann die Präsentation der Nationalen Suizidpräventionsstrategie von Karl Lauterbach im Mai 2024. Jeder Health Care Professional, der in unserem Gesundheitssystem mit von psychischen Erkrankungen Betroffenen zu tun hat, kann angesichts der realen Versorgungssituation von Menschen, die eine Psychotherapie benötigen, nur fassungslos staunen. Man muss kein Experte für depressive Erkrankungen sein, um zu erkennen, dass die beste Suizidprävention in einem einfachen und niedrigschwelligen Zugang zur psychotherapeutischen Intervention besteht. Dabei muss das System in der Lage sein, auch notfallmäßig Krisenintervention leisten zu können. Gerade im Falle der Erstdiagnose einer depressiven Erkrankung gelingt eine professionelle Krisenintervention leider am wenigsten, da der Patient nirgendwo schon „bekannt und eingeloggt" ist.

Der 22-jährige Herr Stellmann kann nur müde auf die Äußerungen zur Suizidpräventionsstrategie blicken. Nach sechs Wochen Lohnfortzahlung erhielt er von seiner Krankenkasse Krankengeld, mittlerweile seit viereinhalb Monaten. Als Schreiner verdient er monatlich 2320 €. Siebzig Prozent davon bezahlt die Krankenkasse als Krankengeld, im Fall von Herrn Stellmann in viereinhalb Monaten also 7308 € – und ein Ende ist nicht in Sicht, auch weil nach einem halben Jahr keine suffiziente Therapie möglich ist. Wir meinen: Gerade aus Sicht der Kostenträger besteht hier dringender Handlungsbedarf!

Für diesen Fall stellen wir uns folgende Situation für die Sicherstellungsbörse vor: Der Hausarzt stellt die Diagnose einer psychischen Erkrankung und die Indikation zum „Therapieplatz" in die Sicherstellungsbörse ein, nachdem in der Regelversorgung der erste Termin in sieben Monaten möglich wäre. Aufgrund der „Psychodiagnose" und der Leistung „Psychotherapie" greifen die besonderen Einstellungen, die von den Kostenträgern für alle Berechtigten gleich definiert werden können.

Will z. B. ein Arbeitgeber, der sich der besonderen psychischen Belastung seiner Mitarbeiter bewusst ist, die psychotherapeutische Versorgung seiner Mitarbeiter im Falle einer hausärztlich festgestellten medizinischen Notwendigkeit verbessern, kann er eine (oder mehrere) „Zuweisungsregel" für F-Diagnosen (ICD-Kapitel für psychische Erkrankungen) in seinem Online-Portal der Sicherstellungsbörse erstellen. Dabei kann er für einen definierten oder neu zu definierenden „Health Plan" seine vollständige oder teilweise Kostenübernahme erklären und/oder den berechtigten Mitarbeitern Bonuszahlungen gewähren.

Nicht-technologisch dargestellt, könnte eine solche Regel heißen:

*Für alle auf der Sicherstellungsbörse registrierten Mitarbeiter meines Unternehmens, die an einer validierten Diagnose aus dem Komplex „Depression" und/oder „Angststörung" leiden, soll je Tag früherer Versorgung mit der Leistung „Richtlinien-Psychotherapie – 5x Psychotherapeutische Akutbehandlung" ein Betrag von 10 € pro Tag in Aufteilung von 90 % für den Leistungserbringer und 10 % als Bonus für den Mitarbeiter bei Inanspruchnahme und einem Gesamtbetrag von bis zu 600 € pro Jahr pro Mitarbeiter als Zahlung in 20 % je Termin an die Sicherstellungsbörse bereitgestellt werden. Mir werden die personenbezogenen Daten des Mitarbeiters, der die Leistung in Anspruch nimmt, oder seine Gesundheitsdaten nicht bekannt gegeben. Ich erhalte einmal jährlich für alle Mitarbeiter in Summe dargestellt eine gesundheitsökonomische Auswertung, die aufgrund meiner Angaben zu Lohn (Arbeitgeberkosten) und Produktionsausfallkosten je Mitarbeiter im System hinterlegt wurden.*

### Technischer Exkurs zum „Regelwerk-Editor" der Sicherstellungsbörse

Die Höhe der Finanzierung einer Zusatzvergütung kann durch Regeln definiert und an Bedingungen geknüpft werden. Als Parameter für das Regelwerk sind die Fachgebiete, Diagnosen und Leistungen im ersten Schritt verfügbar. Im zweiten Schritt werden über die ePA des Patienten auch Befunddaten verwertbar. KI-Anwendungen, die auf den Datenbestand der Krankenkasse zugreifen oder die auf der Sicherstellungsplattform verfügbaren Daten analysieren, können zukünftig automatisiert den „Gewichtungsscore" berechnen und die Ressourcenzuteilung noch effektiver gestalten. Im Ergebnis können für die Zusatzvergütung von Terminen bei der Behandlung von „Husten/Schnupfen/Heiserkeit" andere Bedingungen gelten als für sehr dringende und kostenintensive Termine wie z. B. beim Psychiater oder zur Durchführung von medizinisch notwendiger Psychotherapie.

Der Finanzierer (Arbeitgeber für seine Mitarbeitenden, Krankenkasse für alle Versicherten einer Region, Sozialkasse für registrierte Anspruchsberechtigte etc.) definiert die Bedingungen für seine ausgelobte Zusatzvergütung immer für alle ihm zugeordneten Nutzer gleich. Somit erhält auch der gesetzliche versicherte Geschäftsführer eines Unternehmens seinen Psychotherapie-Termin unter gleichen Bedingungen wie sein in Teilzeit tätiger Kollege der unteren Lohnklasse. Obwohl die Krankenkasse für alle die gleiche Zusatzvergütung auslobt, kann sie für den Migranten mit Posttraumatischer Belastungsstörung eine höhere Zusatzvergütung zahlen müssen als für einen deutschsprachigen Angstpatienten (Psychotherapietermin in Fremdsprache nicht erhältlich, damit maximale Termindifferenz). Möglich wird dies durch die Berechnungsgrundlage der Zusatzvergütung: Der Börsenpreis der Leistung berechnet sich aus der Anzahl an Tagen zwischen dem Termin in der Regelversorgung und dem angebotenen Termin eines Leistungserbringers in der Sicherstellungsbörse. Ist der Termin sehr spät, kann auch bei geringer Zusatzvergütung pro Tag eine hohe Zusatzvergütung für den Leistungserbringer resultieren. Die maximale Zusatzvergütung pro Leistung (voreingestellt ist der Faktor 10 zur in der GKV üblichen Vergütung) kann über den Gewichtungsscore verändert werden. Werden also Regeln definiert, die einen hohen Gewichtungsscore erzielen, so können bis zur definierten Obergrenze der Vergütung höhere Börsenpreise erzielt werden. Im Ergebnis wird sich das Leistungsangebot (z. B. Psychotherapie in anderen Sprachen; Schlaflabor-Termine zur Versorgung mit APAP-Therapie etc.) dem Bedarf der Bevölkerung in einer Region anpassen. Die Möglichkeiten der Telemedizin und die bedarfsgerechte Genehmigung von Leistungen werden zu einer Umsetzung des Grundsatzes „wer kann, der darf" führen. Telemedizin wird zum Schlüssel von bestehender Unterversorgung. Sozial gerechte, nachvollziehbare und überprüfbare Ressourcenverteilung wird ermöglicht, und die implizite Rationierung (Noll & Wolf, 2017) des aktuellen Systems wird korrigiert.

Auch die Krankenkasse kann den o. g. „Regelwerk-Editor" des Systems über die Einstellungen als Finanzierer des registrierten Versicherten nach gleichem Muster nutzen. Dabei kann sie die Berechtigung auf den Wohnort der Versicherten beschränken. Ein Beispiel für eine sinnvolle Regel einer Krankenkasse könnte nicht-technologisch formuliert sein:

*Für alle auf der Sicherstellungsbörse registrierten Versicherten unserer gesetzlichen Krankenversicherung, die an einer validierten Diagnose aus dem Komplex „rezidivierende schwere Depression" leiden, von einem Arzt als „arbeitsunfähig" beurteilt (krankgeschrieben) wurden und eine Überweisung für eine psychotherapeutische Behandlung erhalten haben, soll je Tag früherer Versorgung mit der Leistung „Richtlinien-Psychotherapie – 5x Psychotherapeutische Akutbehandlung" ein Betrag von 20 € pro Tag in Aufteilung von 90 % für den Leistungserbringer und 10 % als Bonus für den Versicherten bei Inanspruchnahme und einem Gesamtbetrag von bis zu 1200 € pro Jahr pro Versicherten als Zahlung in 20 % je Termin der psychotherapeutischen Akutbehandlung an die Sicherstellungsbörse bereitgestellt werden. Uns werden die personenbezogenen Daten des Versicherten, der die Leistung in Anspruch nimmt, oder seine Gesundheitsdaten nicht bekannt gegeben. Die Versicherung erhält einmal jährlich für alle Versicherten in Summe je Diagnose dargestellt eine gesundheitsökonomische Auswertung, die aufgrund der Angaben zu üblicher Dauer der Arbeitsunfähigkeit der Diagnose, Krankengeldanspruch des Versicherten und Gesundheitskosten je Versicherten (durchschnittliche Krankheitskosten der Diagnose pro Jahr) im System hinterlegt wurden.*

Dabei können mittels der historischen Daten der Krankenkasse auch eine für die gestellte Diagnose „übliche" Dauer der Arbeitsunfähigkeit je Krankenkasse ermittelt werden.

Warum ist die Kenntnis der üblichen Krankheitsdauer so wichtig? Als zertifizierter Lean Six Sigma Black Belt (IFSS, 2024) hat der Autor gelernt, ineffektive Prozesse zu erkennen und Wertschöpfung zu steigern. Kosten zu reduzieren (Lean Management) gelingt, indem z. B. Wartezeiten ohne Wertschöpfungsbeitrag konsequent eliminiert werden. Wartezeiten in der Medizin sind „ungenutzte" und gleichzeitig „die Gesamtbehandlungsdauer verkürzende" Zeiten in einem üblichen Behandlungsprozess. In den Beispielen 1 und 2 waren dies die Zeiten bis zur Durchführung der Diagnostik. Je früher diese erfolgt, desto schneller kann die Therapie beginnen. Bei einer psychischen Erkrankung, aber auch bei jeder anderen Behandlung, bestimmt dagegen im Wesentlichen die Behandlungsqualität den Erfolg, die Dauer der Arbeitsunfähigkeit und den Grad der Genesung. Die Qualität einer Leistung zu fördern, ist damit unter vielerlei Hinsicht genauso wertvoll wie Wartezeiten/Verschwendung zu reduzieren. Um sie zu gewährleisten, müssen komplexe Regelwerke integriert werden können.

Der folgende Abschnitt erläutert, wie Arbeitgeber, die Krankenkasse und der Patient selbst eine Zusatzvergütung ausloben und sich der Börsenpreis errechnet:

## Behandlungsdiagnose und Dringlichkeit

Die bestmögliche Einschätzung der Dringlichkeit einer medizinischen Leistung zur Diagnostik und Behandlung einer Erkrankung wird zukünftig maßgeblich für die Steuerung im Gesundheitssystem sein. Nur die Berücksichtigung der individuellen Gesundheitskonstellation (WHO-Definition: WHO, 1948) eines Patienten bei gleichzeitig vorhandenem Wissen um die Evidenz, Chancen und Risiken einer Intervention kann eine Nutzenorientierung sozial gerecht werden lassen. Diese Steuerungsrolle obliegt derzeit dem Haus- oder Primärarzt der HZV nach § 73b SGB V. Gleichzeitig fehlt es aber an Mechanismen, die Qualität der Steuerung zu verbessern und bessere Steuerung zu belohnen. Im Konzept der Sicherstellungsbörse wird die Zusatzvergütung an die Healthcare Professionals verteilt, die wertschöpfend am Versorgungsprozess beteiligt sind. Zu Beginn ist dieser Anteil zu zwei Dritteln auf den Leistungserbringer und zu einem Drittel auf den Überweiser aufgeteilt. Der Überweiser definiert dabei den Bedarf und evaluiert die erbrachte Leistung. Der Leistungserbringer verantwortet die Wertschöpfung im Prozess und erhält daher den größeren Anteil an der Vergütung. In Abhängigkeit von den Wertschöpfungsbeiträgen der Beteiligten lässt sich die Aufteilung der Vergütung weiter differenzieren oder der Höhe nach verändern.

## Üblicher Krankheitsverlauf

Auf Basis der Diagnose des Überweisenden und der individuell vorliegenden Patientendaten wird die übliche Dauer bis zur Genesung bestmöglich geschätzt. Diese Abschätzung wird anfänglich grob, zukünftig kann sie KI-basiert (Nutzung Technologien der künstlichen Intelligenz) in Auswertung der Daten der ePA des Patienten (elektronische Patientenakte) möglich sein.

## In der Regelversorgung möglicher Krankheitsverlauf

In der Sicherstellungsbörse ist der Termin, an dem eine beauftragte Leistung in der Regelversorgung durchgeführt werden kann, einzugeben. Im effizienten Fall sind Dringlichkeit und vereinbarter Termin deckungsgleich. Für den Fall, dass die Sicherstellung in der Regelversorgung für dringliche Fälle nicht mehr gegeben ist, überschreitet die Dauer bis zum Termin der Regelversorgung das Intervall der Dringlichkeit deutlich. Unter diesen Bedingungen wird der Zugang zur Sicherstellungsbörse ermöglicht. Der Patient und/oder Überweiser erfasst die Überweisung (den Auftrag) mit dem Datum des Termins und der Angabe des Namens des zugelassenen Leistungserbringers, der im Rahmen der Regelversorgung die medizinische Leistung erbringen kann. Dies gelingt durch das Fotografieren der Überweisung sowie die anfängliche manuelle Angabe der weiteren obligaten Daten. Aus den erfassten Daten wird das Defizit im Sicherstellungsauftrag aus „KANN-Datum" der Leistung (vereinbarter Termin in der Regelleistung) und „SOLL-Datum" der Leistung (Dringlichkeitsintervall der Überweisung) errechnet.

## Preisberechnung

Wie in den o. g. Fällen bereits gezeigt, errechnet sich die Zusatzvergütung aus dem Anteil am erwarteten Nutzen, den Stakeholder weitergeben. Stakeholder sind Arbeitgeber, Kostenträger der gesetzlichen Krankenversicherung, weitere Kostenträger sozialer Leistungen in Deutschland, der Patient selbst sowie Sonstige wie Sponsoren, Stiftungen oder Interessengemeinschaften. Indem Obergrenzen für die Zusatzvergütung und den Gesamtpreis je Fall von den Stakeholdern definiert werden können, bleiben die Kosten kalkulierbar. Wesentliche Treiber für die Höhe einer Zusatzvergütung in der Sicherstellungsbörse sind die Differenz zwischen dem Termin in der Regelversorgung (KANN-Termin) und dem angebotenen Termin in der Sicherstellungsbörse (IST-Termin) sowie der pro Tag verlorene Nutzen der Versorgung, die sekundären Krankheitskosten. Das Ausmaß, erstmals berechnet im Satellitenkonto für die Gesundheitswirtschaft (Henke et al., 2009), ist beträchtlich. Gleichzeitig sind die damals (2011) identifizierten Chancenfelder für „neue Produkte" (Krankenhaus, E-Health, Versorgungsmanagement und zweiter Gesundheitsmarkt; Kartte & Neumann, 2011) noch weitestgehend ohne Effekt auf oder Zugang in die deutsche Regelversorgung geblieben.

## Synchronisation der Interessen

Das System sieht vor, dass sowohl Stakeholder als auch der Leistungserbringer einen Bonus an den Patienten ausschütten kann, der die frühe Terminwahrnehmung veranlasst. Mit anderen Worten: Der Patient erhält das Interesse, zügig wieder zu genesen, und wird hierfür belohnt. Den erzielten Bonus kann er verwenden für Gesundheitsleistungen (Sportkurse, Ernährungsberatung, Physiotherapie, d. h. Leistungen nach § 20 SGB V) oder andere sinnvolle Leistungen, die bisher nicht in der Regelversorgung der GKV vorgesehen sind (wie die einmalige Bestimmung des Laborwertes „Lipoprotein a", der als Screening-Parameter für die Prädiktion des Risikos für Herz-Kreislauf-Erkrankungen leider nicht Einzug in das „Gesunde Herz-Gesetz" (BMG, 2024a) gefunden hat, aber gem. (Ciffone et al., 2024 oder Nordestgaard et al., 2024 wichtig wäre). Mit diesem Bonus und den in einem „Gesundheitsshop" der Sicherstellungsbörse angebotenen Leistungen wird ein sinnvoller Anreiz und eine Zusatzfinanzierung für Prävention und Gesundheit gesetzt werden.

## Digitalisierung

Der komplette Abwicklungsprozess der Sicherstellungsbörse erfolgt automatisiert, mit fester, nicht mehr änderbarer Vergütung, und ist in allen Facetten transparent. Die Möglichkeiten der Voreinstellungen im System werden sozial gerecht gestaltet. Wir streben an, dies schrittweise über Pilotprojekte diskriminierungsfrei bis zur Überführung in die Regelversorgung zu implementieren.

## Kontinuierliche Verbesserung

Beginnend mit den Daten und Prozessen im Gesundheitswesen, werden aus der Patientenperspektive die Anforderungen der Bürger erfasst und in Finanzierung durch einen Strukturfonds kontinuierlich um andere bürokratische Prozesse erweitert. Für den Strukturfonds und den Betrieb der Plattform sind aktuell ein Drittel der Gesamtkosten je Fall – neben zwei Dritteln für die Healthcare Professionals – vorgesehen. Es werden absolut 25 % des Finanzvolumens, das über die Sicherstellungsbörse abgewickelt wird, für die Weiterentwicklung und kontinuierliche Verbesserung des Systems verwendet.

## Regionalisierung

Das System wird regional erprobt, um lokale Besonderheiten zu berücksichtigen. Dies gewährleistet eine höchst differenzierte und nur dadurch sozial gerechte Mittelverteilung. Die Automatisierung der Prozesse lässt die Differenzierung erst auf der Ebene enden, in der die Anpassungskosten höher als der Nutzen für die Betroffenen ist. Gerechte Ressourcenverteilung außerhalb von Bürokratie und ressourcenvertilgenden Verwaltungsprozessen erscheint wieder möglich.

\* \* \*

**Nun zurück zu unserem Beispiel**

Selbstverständlich ist die Vermittlung eines Online-Therapieplatzes über die Sicherstellungsbörse schon heute möglich. Das Profil der Leistungserbringer sieht vor, dass jeder Vertragsarzt/-psychotherapeut sein eigenes, von der KBV zertifiziertes System mit einem „Link auf die zugehörige URL seines Anbieters" verknüpft. Über die mögliche Zusatzvergütung wird die Vermittlung von telemedizinischen Terminen am Wochenende ökonomisch interessant. Der Arzt/Psychotherapeut im Homeoffice/in Elternzeit/am Aufenthaltsort seiner Wahl wird Realität, ohne dass „Rosinenpickerei" möglich wird.

> **Erschreckend, wie einfach eine Lösung sein kann, wenn man beginnt, in neuen Rahmenbedingungen zu denken, oder?**

Dies betonen wir deshalb, weil im aktuellen System sehr zweifelhafte Angebote vonseiten des Staates erlaubt und von Krankenkassen sogar gefördert werden. Um die Perversion im aktuellen System zu verstehen, wollen wir die budgetierte Vergütung ärztlicher Leistung im ambulanten und stationären System kurz erläutern.

Im Krankenhaus werden die Leistungen nach Diagnosis-Related Groups (DRGs) vergütet. Karl Lauterbach, der an der Einführung des DRG-Systems maßgeblich beteiligt war, hat die nun überwiegenden negativen Effekte angesprochen und ist bereit, mit der Krankenhausreform mehr Qualität in der Versorgung zu ermöglichen (BMG, 2024b). Dies ist sehr lobenswert, obgleich es im Detail viel Kritik gibt (Deutsches Ärzteblatt, 2024).

Allerdings ist der Bürger in Deutschland darüber hinaus von einem anderen, ihm in der Regel vollkommen unbekannten Vergütungsmechanismus beeinträchtigt: der Budgetierung der ambulanten ärztlichen Versorgung. In dieser zahlen die Krankenkassen mit „befreiender Wirkung" pro Jahr einen festen Betrag pro Versicherten an die Kassenärztlichen Ver-

**Fallwerte für RLV und QZV**

nach dem Honorarverteilungsmaßstab (HVM) der KVWL zum 01.01.2021 (Abschnitt II, Ziffer 7.4.1)
Quartal 2/2024

Hausärztlicher Versorgungsbereich                                                                 Seite 1/2

| Arztgruppe | RLV-Fallwerte nach Altersklassen (AK) in Euro | | | | | QZV | Fallwert in Euro | Quote |
|---|---|---|---|---|---|---|---|---|
| | AK 1 0.-4. Lebensjahr | AK 2 5.-18. Lebensjahr | AK 3 19.-54. Lebensjahr | AK 4 55.-75. Lebensjahr | AK 5 ab 76. Lebensjahr | | | |
| Hausärzte | 32,40 | 22,05 | 21,75 | 30,58 | 37,82 | Chirotherapie | 0,72 | |
| | | | | | | Psychosomatische GV, Übende Verfahren | 1,76 | |
| Hausärzte Selektivvertragsteilnehmer | 29,51 | 20,08 | 19,81 | 27,85 | 34,44 | Richtlinienpsychotherapie 1 | 2,16 | |
| | | | | | | Sonographie 1 | 1,01 | |
| | | | | | | Sonographie 3 | 0,49 | |

**Abb. 2.2** Fallwerte für RLV und QVZ. (KVWL, 2024)

einigungen (KVen) auf Basis des sogenannten Honorarvertrags. Mit diesem Geld müssen die KVen alle Leistungen der für GKV-Patienten zugelassenen Ärzte vergüten.[2] Dies gelingt mit einem relativ komplizierten Verteilungsschlüssel durch den sogenannten Honorarverteilungsvertrag einer KV-Region (Abb. 2.2). Für den Betrag des sogenannten Regelleistungsvolumens (RLV), ergänzt um das sogenannte Qualitätsbezogene Zusatzvolumen (QZV), müssen die niedergelassenen Ärzte die vorgesehenen „budgetären Leistungen" ein ganzes Quartal (drei Monate) lang erbringen. Diese RLV-Werte betragen in der KV-Region „Westfalen-Lippe" je nach Alter des Patienten und Status des Hausarztes zwischen 19,81 und 37,82 €. Mit dem maximalen QZV (6,14 €) konnte ein Hausarzt in Westfalen-Lippe im zweiten Quartal 2024 daher nur einen Betrag von nicht mehr als 43,96 € pro Patient für drei Monate als *Umsatz* erzielen (KVWL, 2023). Für diesen Umsatz sind vorgesehen:

- Alle Arztkontakte der Grundversorgung (RLV ohne MGV/EGV-Leistungen) inkl. dringender Hausbesuche oder dringende Besuche im Pflegeheim und die Inanspruchnahme am Wochenende und außerhalb der regulären Praxiszeiten
- Alle manual- oder chirotherapeutischen Leistungen
- Alle psychosomatischen Gespräche
- Alle Ultraschall-Untersuchungen des Hausarztes

---

[2] Sehr lohnenswert ist das Video unter https://www.kbv.de/html/1019.php (KBV, 2022).

- Alle Diagnostik (Blutentnahme zur Routine-Labordiagnostik, EKG-, Langzeit (LZ)-EKG-, Langzeit-Blutdruck (LZ-RR)-, Lungenfunktion (LuFu)-Untersuchung, kardiorespiratorische Polygrafie (PG) u. a.)
- Therapeutische Leistungen wie Hyposensibilisierung und Elektrotherapie sowie die Versorgung von akuten (inkl. Wundnaht) oder chronischen Wunden.

Für dieses Geld, das um die Kosten der Praxis noch reduziert wird, muss der Praxisinhaber seine Leistung, „so oft der Patient die Praxis betritt", anbieten. Dies entspricht einer „Flatrate", die zwingend dazu führen muss, dass Termine schwer zu bekommen und Leistungen in immer kürzerer Zeit erbracht werden müssen.

Stellen Sie sich einmal vor, ein Bäcker müsste für einen Betrag von 20 € drei Monate lang immer wieder Brot ausgeben, wenn der 19- bis 54-jährige Kunde dies wünscht. Um dies zu finanzieren, würde der Gesetzgeber ihm aber erlauben, Brötchen anzubieten (extrabudgetäre Leistungen) oder sogar Kuchen und Gebäck (individuelle Gesundheitsleistungen, die nicht medizinisch notwendig sind und sogar schädlich sein können) auszuloben. Wäre dies nicht ein krankes System? Im System der ambulanten ärztlichen Versorgung in Deutschland ist dies seit mehr als 30 Jahren als Ergebnis des sogenannten „Kompromisses von Lahnstein" (Staeck, 2017) Realität. Dabei ist im Gesundheitswesen zusätzlich noch der Preis für die extrabudgetäre Leistungen („Brötchen") vorgeben und knapp bemessen, sodass nur durch den ungehemmten Verkauf der nicht medizinische notwendigen und z. T. gesundheitsschädlichen IGeL-Angebote noch Möglichkeiten der Preisgestaltung bestehen. Absurd? Unglaublich, dass Ärzte so etwas so lange mit sich machen lassen? JA, das denken wir auch! Daher ist eine gemeinsame Initiative von Patienten und Ärzten für ein am Nutzen orientiertes Gesundheitswesen dringend nötig.

Denn es steht nicht weniger als die heimatnahe freiberufliche ärztliche Versorgung auf dem Spiel. Der Autor hat im oben genannten Quartal 2/2024 an vier seiner fünf Praxis-Standorte höhere Ausgaben als Einnahmen (negativer Gewinn = Verlust) verzeichnen müssen. Wesentlicher Grund hierfür war die Überschreitung des Regelleistungsvolumens (RLV). In seinem MVZ betrug diese Überschreitung 15.519,84 € und damit 14 % der angeforderten Leistungen innerhalb des RLV. Die über das o. g., RLV hinaus erbrachten und mit der Abrechnung am Ende des Quartals „angeforderten" Leistungen wurden im Quartal 2–2024 in Westfalen-Lippe mit 25 % vergütet. Das heißt, alle Leistungen dieser Art waren bei einer Personalkostenquote von 50 bis 80 % sicher defizitär. Im Ergebnis blieb für das MVZ mit einem Betrag von ohne Vergütung (75 % von 15.519,84 € = 11.939,88 €):

- Jede Diagnostik (Blutentnahmen, EKG, LZ-EKG, LZ-RR, PG, LuFu: 4158,37 €)
- Jedes psychosomatische Gespräch (4974,48 €)
- Nahezu jede Sonografie (97 % mit 2807,03 von 2902,09 €).

Das Regelleistungsvolumen für die Basisversorgung der Bevölkerung ist in der gesetzlichen Regelversorgung der Bevölkerung so unerträglich knapp bemessen, dass bereits nach dem ersten Arzt-Patienten-Kontakt des Hausarztes mit einem chronisch kranken Patienten ausgeschöpft ist. Denn für diesen Kontakt sieht der einheitliche Bewertungsmaßstab (EBM) die Abrechnung der Versichertenpauschale (03003: 13,60 € für 19. bis 54. Lebensjahr; 03004: 17,66 € für 55. bis 75. Lebensjahr und 03005: 23,87 € ab dem 76. Lebensjahr) zzgl. der Chroniker-Pauschale (03220: 15,51 €) vor.

Als Überschreitung der Behandlung eines chronisch kranken Patienten bereits beim ersten Kontakt mit dem Arzt errechnen sich somit:

19.–54. Lebensjahr:   29,11 € EBM vs. 21,75 € RLV = 7,36 €
55.–75. Lebensjahr:   33,17 € EBM vs. 30,58 € RLV = 2,59 €
Ab. 76. Lebensjahr:   39,38 € EBM vs. 37,82 € RLV = 1,56 €

Im Ergebnis ist nur der erste Kontakt ohne Diagnostik oder weitere Leistung bei einem gesunden GKV-Patienten innerhalb der Regelversorgung wirtschaftlich möglich (dies aber auch nur dann, wenn eine Behandlungszeit von etwa 10 min nicht überschritten wird).

Chronisch Kranke oder Patienten mit einem erhöhten Versorgungsbedarf haben im deutschen gesetzlichen Gesundheitssystem außerhalb der Hausarztzentrierten Versorgung (HZV nach § 73b SGB V) damit keine angemessene medizinische Versorgung zu erwarten, denn auch die Regelleistungsvolumina der Gebietsärzte sind nicht üppiger ausgestattet (für > 60 Jährige von 12,84 € für MKG-Chirurgen bis 75,95 € pro Patient und Quartal für Kardiologen; KVWL, 2024).

Was ist nun aber die Konsequenz aus diesem Dilemma aus ärztlicher Berufsethik und den perversen Zwängen der Leistungsfinanzierung? Soll der Autor seinen angestellten Ärzten anweisen, zukünftig keine der o. g. Leistungen für KV-Patienten zu erbringen? Dies verstöße gegen die Berufsordnung der Ärzte. Da der Autor als Delegierter der Kammerversammlung in Westfalen-Lippe und z. T. auf Bundesebene gerade eben dieses Berufsrecht repräsentiert, ist die Option undenkbar. Sollen also die vier unwirtschaftlichen Standorte geschlossen und 17 angestellte Ärzte damit nicht mehr der ambulanten ärztlichen Versorgung zur Verfügung stehen? Oder sollten in der Regelversorgung der KV ihre Leistungen in Anspruch nehmende GKV-Patienten für den zweiten Arztkontakt gesperrt bzw. nur noch im Rahmen der HZV behandelt werden? Ein Vergütungssystem, das durch seine Budgetierung, einen ganzen Berufsstand in ein solches Dilemma führt, gehört abgeschafft. Es ist daher nicht nur ein Wortbruch, dass die von Karl Lauterbach im Koalitionsvertrag zugesagte Entbudgetierung der hausärztlichen Versorgung (IWW, 2021) noch nicht eingeführt wurde. Es ist eine politisch akzeptierte systematische Veranreizung einer impliziten Rationierung, die die Gesundheit der Bevölkerung gefährdet und motivierte Ärzte systematisch demotiviert.

Aber wir wollen nicht weiter klagen und nur „mehr Geld fordern", sondern gestalten, ausprobieren und besser werden. Regional, real und sofort! Machen Sie mit unter www.sicherstellungsboerse.de.

Im Ergebnis des aktuellen Systems tragen die niedergelassenen Ärzte das gesamte Risiko für einen Mehrbedarf an medizinischer Versorgung in Deutschland. Deckt sich die Steigerung des Honorars nicht mit der Inflation der Kosten oder dem Zuwachs an medizinischer Leistung, verfällt der Preis für eine medizinische Leistung. Dies ist mittlerweile so ausgeprägt, dass für eine Leistung wie die psychosomatische Diagnostik (GOP 35.100), für die mindestens 15 min vorgesehen ist (KBV, 2024), nur sieben bis acht Minuten aufgewendet werden dürfen (Medcoo MVZ GmbH, 2023). Im Ergebnis entsteht ein immer „schneller drehendes Hamsterrad", in dem der Arzt immer mehr Leistungen in immer kürzerer Zeit an immer mehr Patienten erbringen muss. Und zu allem Überfluss wird dieser Effekt noch verstärkt durch „innovative Angebote" wie die der *teleclinic* (Teleclinic, o. J.). Hier erhält der Patient „Arztgespräch, Rezept und Krankschreibung in Minuten". Mit über 1,8 Mio. Behandlungen (Website des Unternehmens, Stand Juni 2024) ist das der börsennotierten *Zur Rose-Gruppe* (Boerse.de, 2024) gehörende **Unternehmen** nach eigenen Angaben Marktführer und nur im geringen Umfang lobbyistisch aktiv (Deutscher Bundestag, 2024). Umso erstaunlicher ist es, dass bisher nur die Apothekerschaft per Gerichtsbescheid das wettbewerbswidrige Verhalten des Unternehmensverbunds in seine Schranken verweisen konnte (Schulz, 2024). Denn der vermeintliche Vorteil des Angebots wirkt wie ein „Brandbeschleuniger" auf die Unterfinanzierung des Vergütungssystems in der gesetzlichen Krankenversicherung. Ärzte, die sich für das Angebot registrieren, erhalten pro Quartal immer nur ein einziges Mal den gleichen Patienten zugeteilt. Für diesen Patienten erhalten diese Ärzte die oben erläuterte „Quartalspauschale", die in der normalen hausärztlichen Versorgung die Leistung für ein gesamtes Quartal abdecken muss. Da Ärzte, die besonders gute Bewertungen bekommen, bevorzugt werden, besteht die Verlockung, den Wünschen der Patienten nach einer Krankschreibung oder einem bestimmten Medikament nachzugeben. Interessenkonflikte entstehen, die zu Recht bei der Einflussnahme durch pharmazeutische Unternehmen unterbunden wurden und werden (Blaga, 2022). Wenn man statt drei Monate Versorgung eines chronisch Kranken für das gleiche Geld auch Husten, Schnupfen und Heiserkeit behandeln kann, mag das für das Unternehmen (das etwa 25 % des Arzthonorars als Vergütung für seine „Leistung" pro Fall einbehält), den einzelnen Arzt und den Patienten gut sein, aber für das System hat es katastrophale Folgen: Denn jeder Euro kann bei der „Zahlung mit befreiender Wirkung" (siehe oben) nur einmal ausgegeben werden. Wenn 1,8 Mio. Fälle mehr im System entstehen, wird jeder einzelne Fall anteilig schlechter vergütet. Für die Versorgung der Kranken und Bedürftigen steht also immer weniger Geld und damit auch immer weniger Zeit zur Verfügung. Wollen wir das wirklich? Soll der gesunde, internetaffine Bürger mit Bagatellerkrankung bequem „24/7", d. h. zu jeder Zeit und von jedem Ort, seine nicht immer medizinisch notwendigen Leistungen in Anspruch nehmen können und stattdessen der hilfsbedürftige Kranke auf seinen Facharzt- oder Folgetermin beim Hausarzt warten müssen? Die Autoren glauben: NEIN!

Mit der Sicherstellungsbörse soll der Mechanismus der Kostenfokussierung durchbrochen und die Nutzenorientierung zurück in das Gesundheitssystem gebracht werden. Solidarisch zu finanzierende Leistungen sollen streng getrennt werden von Eigeninteressen. Implizite und explizite Rationierung sollen verhindert sowie bestehende Bedarfe der medizinischen Versorgung transparent gemacht werden. Die Versorgung der Kranken und Bedürftigen muss wieder attraktiver sein als das Erfüllen von nicht durch die Solidargemeinschaft zu finanzierenden Bedürfnissen einer immer anspruchsvoller werdenden Wohlstandsgesellschaft.

## Fall 4: Kein Standard – Patienten außerhalb einer Norm

Eine große Herausforderung in der täglichen Praxis stellen Patienten „außerhalb eines Standards" dar – eben nicht „der klassische Fall aus dem Lehrbuch". Hier ist es notwendig, sich Zeit zu nehmen, gegebenenfalls zu recherchieren und „Kollegen mit ins Boot zu holen". So ein Fall war der von Jule Euting: Blutarmut (Anämie), vaginale Dauerblutungen, Eisenmangel. Der örtliche Gynäkologe fand keine Ursache und rezeptierte schließlich mehrere „Pillen" gleichzeitig. Da die Patientin dies zum Glück für keine gute Idee hielt, wurde der Hausarzt mit ins Boot geholt.

Für derartige Fälle bietet der Alltag leider keine Zeit, und da jeder Patient wie „der Standard" vergütet wird, fallen diese Patienten häufig in doppelter Weise „hinten rüber": Sie sind ohnehin nicht wirtschaftlich und kosten dabei auch noch deutlich mehr Zeit, die sowieso schon mal gar nicht vorhanden ist. Von den ersten Symptomen einer Endometriose mit menstruationsabhängigen Bauchschmerzen bis zur Diagnosestellung vergehen in diesem hoch entwickelten Land 7,5 Jahre! Während dieses Buch entsteht, veröffentlicht „Der Spiegel" am 01.05.2024 ein Interview mit einer Gynäkologin aus der Berliner Charité, die die völlig insuffiziente Versorgung von Patientinnen mit Endometriose formuliert: „Das liegt auch daran, dass die Mediziner etwa maximal 50 € abrechnen können, wenn jemand mit Regelschmerzen zu ihnen kommt. Nach fünf bis sieben Minuten müssen die Patientinnen wieder raus sein, sonst ist die Behandlung nicht kostendeckend. Diese wenigen Minuten reichen aber offensichtlich nicht aus, um die Situation einzuschätzen und eine ordentliche Schmerzanamnese zu machen" (Schindler, 2024). Aus Sicht der Autoren ist dies ein Armutszeugnis für das bestehende System angesichts der Gesundheitsausgaben, die in diesem Land getätigt werden. Nun stellen wir uns vor: Der Hausarzt stellt fest, dass es sich hier um einen Fall „außerhalb der Norm" handelt, und ruft in der Sicherstellungsbörse den vorhandenen Diagnostikpfad „Vaginale Blutung unklarer Genese" auf: „Speziallabor", Vorstellung beim Gynäkologen, Termin beim Endokrinologen und – bleiben wir beim Beispiel Endometriose – Gastroenterologen zur Darmspiegelung, da der Verdacht besteht, dass Endometriose-Herde aus dem Darm bluten könnten. In diesem Fall hat weniger die Krankenkasse oder ein Arbeitgeber das Interesse an einer schnellen diagnostischen und therapeutischen Klärung, sondern in erster Linie die Patientin.

Soll nun aber etwa die Patientin eine Zusatzvergütung von z. B. je 100 € pro Termin ausloben, damit die zweifellos vorhandenen Spezialisten das Gesundheitsproblem lösen? Nicht jede Frau könnte oder wollte sich diese Mehrkosten von sicher mehr als 500 € pro Jahr leisten. Aber eine Frau, die es sich leisten kann, soll auch ihren Beitrag leisten dürfen, ohne dass sie sich einen Termin in der „Privatsprechstunde" mit unklaren Kosten auf der später eintreffenden Rechnung bucht (Verbraucherzentrale, 2023). Was wäre, wenn die Zusatzkosten dokumentiert würden, sodass später die Krankenkasse auch eine „Kostenerstattung im Einzelfall" gemäß § 13 Abs. 3 SGB V vornehmen kann? Für diese Möglichkeit möchten wir im Rahmen der Sicherstellungsbörse sorgen.

## 2 Realitäten in der ambulanten Patientenversorgung heute ...

**Sozialgesetzbuch (SGB) Fünftes Buch (V) - Gesetzliche Krankenversicherung - (Artikel 1 des Gesetzes v. 20. Dezember 1988, BGBl. I S. 2477)**
**§ 2 Leistungen**

(1) Die Krankenkassen stellen den Versicherten die im Dritten Kapitel genannten Leistungen unter Beachtung des Wirtschaftlichkeitsgebots (§ 12) zur Verfügung, soweit diese Leistungen nicht der Eigenverantwortung der Versicherten zugerechnet werden. Behandlungsmethoden, Arznei- und Heilmittel der besonderen Therapierichtungen sind nicht ausgeschlossen. Qualität und Wirksamkeit der Leistungen haben dem allgemein anerkannten Stand der medizinischen Erkenntnisse zu entsprechen und den medizinischen Fortschritt zu berücksichtigen.

(1a) Versicherte mit einer lebensbedrohlichen oder regelmäßig tödlichen Erkrankung oder mit einer zumindest wertungsmäßig vergleichbaren Erkrankung, für die eine allgemein anerkannte, dem medizinischen Standard entsprechende Leistung nicht zur Verfügung steht, können auch eine von Absatz 1 Satz 3 abweichende Leistung beanspruchen, wenn eine nicht ganz entfernt liegende Aussicht auf Heilung oder auf eine spürbare positive Einwirkung auf den Krankheitsverlauf besteht. Die Krankenkasse erteilt für Leistungen nach Satz 1 vor Beginn der Behandlung eine Kostenübernahmeerklärung, wenn Versicherte oder behandelnde Leistungserbringer dies beantragen. Mit der Kostenübernahmeerklärung wird die Abrechnungsmöglichkeit der Leistung nach Satz 1 festgestellt.

(2) Die Versicherten erhalten die Leistungen als Sach- und Dienstleistungen, soweit dieses oder das Neunte Buch nichts Abweichendes vorsehen. Die Leistungen werden auf Antrag durch ein Persönliches Budget erbracht; § 29 des Neunten Buches gilt entsprechend. Über die Erbringung der Sach- und Dienstleistungen schließen die Krankenkassen nach den Vorschriften des Vierten Kapitels Verträge mit den Leistungserbringern.

(3) Bei der Auswahl der Leistungserbringer ist ihre Vielfalt zu beachten. Den religiösen Bedürfnissen der Versicherten ist Rechnung zu tragen.

(4) Krankenkassen, Leistungserbringer und Versicherte haben darauf zu achten, daß die Leistungen wirksam und wirtschaftlich erbracht und nur im notwendigen Umfang in Anspruch genommen werden.

In Umsetzung des § 2 SGB V, in dem das sogenannte Subsidiaritätsprinzip verankert ist, stellen wir hier das Umsetzungskonzept der Sicherstellungsbörse zur Diskussion vor:

Das Subsidiaritätsprinzip entstammt der katholischen Soziallehre und ist neben dem Solidaritätsprinzip zu einem Grundpfeiler des deutschen Sozialstaats geworden. Es besagt, dass der Staat dann unterstützen soll, wenn das Individuum, die kleinste Gruppe oder die kleinste Organisationsebene keine Möglichkeit hat, die Aufgabe selbst zu erledigen. In der Sicherstellungsbörse gewährleisten wir dies, indem ein Patient für sich selbst, andere registrierte Nutzer für einen oder mehrere Patienten oder eben der Staat für eine medizinische notwendige Heilbehandlung, deren Leistung nicht mehr sichergestellt ist, eine Zusatzvergütung ausloben kann. In unserem Fall könnte zur Umsetzung des Subsidiaritätsprinzips z. B.

- die Patientin für sich selbst Beträge pro Termin ausloben,
- der Freundeskreis oder Angehörige der Patientin für deren frühere Termine Geld spenden,
- oder eine Selbsthilfegruppe, eine Stiftung oder ein anderer Mäzen unterstützend tätig werden.

In Umsetzung des Solidarprinzips ermöglichen wir es aber auch dem Staat selbst, seinen Bürgern den Zugang zur medizinisch notwendigen Versorgung im Einzelfall zu ermöglichen. Hierdurch wird es unabhängig von den bürokratischen Hürden des Antragswesens möglich, regional oder themenbezogen Bürgern in Not zu helfen.

Uns ist bewusst, dass es Zeit benötigt, bis die gesetzlichen Grundlagen für die Umsetzung dieser unkomplizierten Hilfe geschaffen sind. Daher führen wir mit dem regionalen Probebetrieb der Sicherstellungsbörse den oben beschriebenen Strukturfonds ein, mit dem unbürokratisch „Patienten außerhalb der Norm" Unterstützung erhalten können. Im Sinne eines kontinuierlichen Verbesserungsprozesses werden wir Schritt für Schritt symptomspezifische, auf einer Verdachtsdiagnose beruhende Versorgungspfade (Health Plans) definieren und im IT-System der Sicherstellungsbörse abbilden.

Die Software der Sicherstellungsbörse wird einen Probebetrieb von anfänglich drei, dann mindestens zehn Hausarztpraxen in Westfalen-Lippe durchlaufen. Es werden eine gesundheitsökonomische Evaluation und eine Kundenbefragung vor und nach Erreichen der Zielzahl an abgeschlossenen Terminen durchgeführt. Bei der gesundheitsökonomischen Evaluation werden Vertreter der Wissenschaft mit privaten Unternehmen zusammenarbeiten. Die *Driven by GmbH* (Tochtergesellschaft der *Allianz SE*; https://www.driven-by.digital) führt die Kundenbefragungen durch und begleitet den kontinuierlichen Verbesserungsprozess mit dem eigenen Ansatz des *Datasign Thinking*, der eine datenbasierte, ausschließlich auf die Kunden eines Prozesses gerichtete Sichtweise der Prozessoptimierung und auf diesem Weg eine Maximierung der Kunden- und Mitarbeiterzufriedenheit bei gleichzeitiger Kostensenkung ermöglicht. Mit einer unabhängigen Einrichtung wollen die Autoren ein Gütesiegel für Ärzte entwickeln, die die medizinische Versorgung der GKV sicherstellen. Denn es ist wichtig, dass diesen „Hidden Champions" der täglichen und in den unterversorgten Gebieten tätigen Praxisteams die Aufmerksamkeit zuteilwird, die sie aufgrund ihrer täglichen Arbeit abseits von IGeL- und privatärztlicher Leistung verdient haben. Die Kosten für den Pilotbetrieb tragen die Autoren derzeit noch selbst. Finanzielle Unterstützer sind herzlich willkommen.

## Aufteilung der ausgelobten Zusatzvergütung in der Sicherstellungsbörse

*1/3 des Gesamtzahlbetrags fließt bis auf Weiteres in den Strukturfonds der Sicherstellungsbörse.* Mit einem Anteil von absolut 25 % werden Rücklagen für die Ausgaben für Patienten außerhalb der Norm gebildet und die Umsetzung des kontinuierlichen Verbesserungsprozesses finanziert. 5 % erhält der Betreiber der IT-Infrastruktur für seine Dienste und den zugehörigen Service des Plattformbetriebs. 3,33 % erhält das Unternehmen, das Technologie und Software zur Verfügung stellt.

*2/3 des Gesamtzahlbetrags erhalten die Leistungserbringer.* Der Primärarzt erhält 33,33 %, der per Überweisung konsultierte Experte 66,67 % des Betrags für die Leistungserbringung. In der Sicherstellungsbörse wird die Zusatzvergütung, die der Experte erhält, angezeigt. Alle Zahlungen werden fällig, auch wenn der Termin durch den Patienten nicht wahrgenommen wird. Die Gutschrift der Zusatzvergütung kann an dem Banktag, der dem Leistungsdatum folgt, erfolgen, kann aber auch per Voreinstellungen angespart oder später zur Auszahlung gebracht werden.

Durch die Konzeption der IT-Plattform ist ein Online-Berichtswesen möglich. Die Wirtschaftlichkeit der Sicherstellungsbörse wird in anfangs jährlichen, später monatlichen Berichten erhoben. Sowohl Kostenträger als auch Arbeitgeber können für ihre registrierten Nutzer das anonymisierte Online-Berichtswesen buchen und erhalten, wenn zur Wahrung der Anonymität mindestens fünf Nutzer in einem Zeitraum zusammengefasst sind.

Um die Arbeitgeber als Partner der Sicherstellungsbörse zu gewinnen, gibt es zwei wesentliche Umsetzungshindernisse, die überwunden werden müssen:

**1) Fehlendes Budget** Stand heute gibt es in den meisten Unternehmen im Personalwesen keine finanziellen Rückstellungen für den Posten von kranken Mitarbeitern. Somit müsste die Kostenrechnung umgestellt werden. Allerdings ebnet die Sicherstellungsbörse auch die Chance, Produktionsausfallkosten durch erkrankte Mitarbeiter zu berechnen und diese mit Gegenmaßnahmen zu beeinflussen.

Neben der schnelleren Terminvergabe ist die hierfür wesentliche Leistung der Sicherstellungsbörse die Verbesserung der gesundheitsbezogenen Kompetenzen des Mitarbeiters zum jeweiligen Problemfeld seiner akuten oder chronischen Erkrankung:

Über den Mehr Info-Service der Sicherstellungsbörse erhält der Mitarbeiter Zugriff auf über 2000 Informationsschriften zu Krankheiten und Medikamenten sowie einen digitalen „Personal Trainer". Mit diesem können Dehn- und Kräftigungsübungen sowie ein Trainingsplan zur Verbesserung der kardio-pulmonalen Leistungsfähigkeit auf Basis der individuellen Voraussetzungen zusammengestellt werden. Darüber hinaus werden krankheitsbezogene „Informierungspfade" zu den Themen Diabetes mellitus, Asthma bronchiale, „Raucherlunge" (COPD), Schädigung der herzversorgenden Gefäße (KHK) und Krebserkrankung angeboten. Das Modul „Ernährung" und krankheitserläuternde Informationsschriften zu den häufigsten Ursachen von Arbeitsunfähigkeit erläutern die Möglichkeiten der Gesundung und Gesunderhaltung. Die Sicherstellungsbörse setzt damit für den Bereich der Gesundheitsförderung und Prävention die im § 20 Abs. 3 SGB V geforderten und nachfolgend genannten Gesundheitsziele um:

1. *Diabetes mellitus Typ 2: Erkrankungsrisiko senken, Erkrankte früh erkennen und behandeln,*
2. *Brustkrebs: Mortalität vermindern, Lebensqualität erhöhen,*
3. *Tabakkonsum reduzieren,*
4. *gesund aufwachsen: Lebenskompetenz, Bewegung, Ernährung,*
5. *gesundheitliche Kompetenz erhöhen, Souveränität der Patientinnen und Patienten stärken,*
6. *depressive Erkrankungen: verhindern, früh erkennen, nachhaltig behandeln,*
7. *gesund älter werden und*
8. *Alkoholkonsum reduzieren.*

*Bei der Berücksichtigung des in Satz 1 Nummer 1 genannten Ziels werden auch die Ziele und Teilziele beachtet, die in der Bekanntmachung über die Gesundheitsziele und Teilziele im Bereich der Prävention und Gesundheitsförderung vom 21. März 2005 (BAnz., S. 5304) festgelegt sind. Bei der Be-*

rücksichtigung der in Satz 1 Nummer 2, 3 und 8 genannten Ziele werden auch die Ziele und Teilziele beachtet, die in der Bekanntmachung über die Gesundheitsziele und Teilziele im Bereich der Prävention und Gesundheitsförderung vom 27. April 2015 (BAnz. AT 19.05.2015 B3) festgelegt sind. Bei der Berücksichtigung der in Satz 1 Nummer 4 bis 7 genannten Ziele werden auch die Ziele und Teilziele beachtet, die in der Bekanntmachung über die Gesundheitsziele und Teilziele im Bereich der Prävention und Gesundheitsförderung vom 26. Februar 2013 (BAnz. AT 26.03.2013 B3) festgelegt sind. Der Spitzenverband Bund der Krankenkassen berücksichtigt auch die von der Nationalen Arbeitsschutzkonferenz im Rahmen der gemeinsamen deutschen Arbeitsschutzstrategie nach § 20a Absatz 2 Nummer 1 des Arbeitsschutzgesetzes entwickelten Arbeitsschutzziele.*

Im Probebetrieb der Sicherstellungsbörse werden die im letzten Abschnitt des § 20 Absatz 3 SGB konkreten Vorgaben des Gesetzgebers in Zusammenarbeit mit Pilotbetrieben weiter ausgearbeitet. Digitale Gesundheitsanwendungen (DiGA, wie Mebix für Diabetes, Breazy Health für Asthma & COPD sowie weitere Produkte anderer Anbieter) werden über die Plattform angebunden und damit individuell und bedarfsorientiert verfügbar. Die derzeitigen Probleme der Anbieter von digitalen Gesundheitsanwendungen, mit sehr hohem Marketingaufwand Patienten und Ärzte überzeugen zu müssen, werden durch datenschutzkonform ausgestaltete Informationsangebote ersetzt. Gleichzeitig ermöglicht die Sicherstellungsbörse der Krankenkasse als Kostenträger, die Bedingungen für die Genehmigung der DiGA a priori zu definieren und den Genehmigungsprozess zu automatisieren, sowie dem Arzt als Verordner, nur die zur Genehmigung notwendigen und nicht bereits in der ePA des Patienten vorhandenen validierten Daten bereitstellen zu müssen. Im Ergebnis werden die bürokratischen Prozesse auch bei der Bereitstellung von DiGA reduziert, sodass günstigere Preise und damit Preisnachlässe der Anbieter für diesen Versorgungsweg möglich werden.

Die Autoren sprechen somit ausdrücklich interessierte DiGA-Anbieter an, dieses Versorgungsangebot zu testen und den Krankenkassen der geplanten Pilotregion (Kreise Borken, Coesfeld, Steinfurt und der Stadt Münster) Preisnachlässe anzubieten sowie den Einsatz der digitalen Angebote entsprechend der gesetzlichen Vorgaben zu evaluieren.

Im Ergebnis könnte über das Angebot der Sicherstellungsbörse zukünftig der Personalbereich eines Unternehmens neben den Rückstellungen für Posten wie Urlaubs- und Weihnachtsgeld eine neue Position „Gesundheitsmanagement" verwalten. Im ersten Schritt könnte hierzu der Prozess für die betriebliche Gesundheitsförderung (Birgel, 2024) verwendet werden. Im zweiten Schritt kann das betriebliche Gesundheitsmanagement mit der primärärztlichen Versorgung eng verknüpft und zu einem betrieblichen Disease-Management-Programm mit eigenen privaten Zusatzversicherungen ausgebaut werden.

Im Blue Ocean einer nutzen-orientierten, digitalisierten Gesundheitsversorgung sind noch viele weitere Anwendungsgebiete möglich. Viele Synergien können identifiziert und kooperative Geschäftsmodelle erprobt werden. Im Unterschied zu vielen anderen Visionen eines besseren Gesundheitssystems sind die Autoren fest entschlossen, den Ansatz in der o. g. Region mit etwa 1,4 Mio. Bürgern in den eigenen Strukturen auch umzusetzen. Hierzu wurde bereits die technische Infrastruktur aufgesetzt und in seinen Kernprozessen entwickelt. Das Programm der Betrieblichen Gesundheitsförderung ist konzipiert, drei Praxen mit mehr 30 Ärzten der hausärztlichen Versorgung an 10 über die Region verteilten Standorten bilden das Kernteam der regionalen Pilotierung. Dabei motiviert der Gedanke, dass eine „Allianz der Willigen" aufzeigt, dass Innovation von der Basis in kontinuierlicher Verbesserung nachhaltiger Gesundheitsversorgung verändern kann als dies im herkömmlichen System möglich wäre. Wer sich ab dem 01.07.2025 an der Projektinitiative beteiligen möchte, kann sich gerne zeitnah an die Autoren wenden.

**2) Datenschutz** Um einem üblichen Gegenargument an dieser Stelle direkt den Boden zu entziehen: Der Datenschutz in der Sicherstellungsbörse für die verarbeiteten Gesundheitsdaten übersteigt das derzeit in der ePA etablierte und vom Gesetzgeber geduldete Niveau deutlich.

Im Betrieb der Sicherstellungsbörse erfährt der Arbeitgeber weiterhin nicht, woran seine Mitarbeiter erkrankt sind. Dagegen kann der Arbeitgeber aber Regeln (Bezugsrechte) definieren, nach denen seine Mitarbeiter (für alle einheitlich und damit diskriminierungsfrei) Vorteile erfahren können. Dem Arbeitgeber wird nicht bekannt gemacht, welcher

Mitarbeiter welche Vorteile gewährt bekommt. Allerdings wird ihm aufgezeigt, welche wirtschaftlichen Vorteile durch seine Interventionen für ihn selbst direkt (Lohnfortzahlung und Produktionsausfallkosten) und für die Kostenträger der gesetzlichen Krankenversicherung insgesamt (damit indirekt zu knapp 50 % für den Arbeitgeber als Finanzierer der GKV für abhängig beschäftige Versicherte) entstanden sind.

Dies gelingt, indem alle in der Sicherstellungsbörse gespeicherten Daten mit einem individuellen Schlüssel verschlüsselt sind und nur der Patient selbst entscheiden kann, welche Daten für welchen Nutzer zugreifbar sind. Die Zugriffs- und Verarbeitungsrechte können für jeden personenbezogenen Datensatz selbst definiert werden. Personenidentifizierende Daten und Gesundheitsdaten werden in unterschiedlichen Datenentitäten gespeichert. Die Zugriffsrechte werden mit personen-individuellen und teilverschlüsselten QR-Codes zentral und dezentral verwaltet. Der Autor will im Pilotprojekt zeigen, dass mit diesem Verfahren die Forderungen der Ärzteschaft, formuliert auf dem Deutschen Ärztetag in Bremen, (Bundesärztekammer, 2022) eingehalten oder gar übertroffen werden und gleichzeitig alle Möglichkeiten zur wissenschaftlichen oder KI-Nutzung erhalten bleiben. In der o. g. Pilotregion sollen Forschungs- und Pilotprojekte zu folgenden Themenschwerpunkten möglich werden:

- Patientenzufriedenheit (Net Promoter Score als branchenübergreifende Kennzahl)
- Health Literacy (Gesundheitskompetenz erheben und Maßnahmen evaluieren)
- KI-Anwendungen (Versorgungsdaten validieren und KI-Instrumente entwickeln/evaluieren)
- DiGA (Unter-, Fehl- und Überversorgung minimieren & Kosten für GKV & PKV minimieren)
- DMP (Bürokratiekosten der Disease-Management-Programme senken und Nutzen steigern)
- BGM (Leistungen nach § 20b SGB V mit anderen SGB V-Leistungen vernetzen)
- Krankengeld-Management (Steuerungsmaßnahmen der Kostenträger digitalisieren)
- Primärärztliche Steuerung (Pay for Performance-Ansätze entwickeln und testen)

Kontinuierliche Verbesserung, Forschung und Entwicklung sowie maximale Kundenorientierung (Patienten und Leistungserbringer) sind wesentliche Merkmale der Sicherstellungsbörse. Sie wollen sich beteiligen? Sprechen Sie die Autoren gerne an. Sie sind offen für die Zusammenarbeit mit Gesundheitsökonomen, KI-Experten, Start-ups in der Gesundheitswirtschaft und anderen Digitalpionieren.

## Fall 5: Prävention first – (k)ein Vorteil für die Sicherstellungsbörse

Herr Lebegern geht regelmäßig zum Check-up, er ist 62 Jahre jung, sportlich und in seiner Freizeit „kein Kind von Traurigkeit". Er raucht nicht, feiert aber gerne mit seinen Freunden. Im Sommer und manchmal auch im Winter veranstaltet er fast wöchentlich ein üppiges „Gourmet-Grillen". Sein Impfstatus ist vollständig, sowohl COVID-19- als auch Grippeimpfung erhält er jährlich. Nur „den Schlauch im Hintern" will er sich nicht zumuten. Der „Blut-im-Stuhl-Test" muss reichen.

Jetzt hat er einen künstlichen Darmausgang und fürchtet um sein Leben.

Den Blut-im-Stuhl (IFOBT-)Test hatte Herr Lebegern gemacht, und dieser blieb unauffällig, denn der kleine Tumor in seinem Dickdarm blutete nicht. Damit war für Herrn Lebegern das Thema Darmkrebs abgehakt. Leider hat sich binnen 48 Monaten der kleine Tumor zu einem metastasierten Darmkrebs ausgeweitet. Der Tumor im Dickdarm führte zu einem Darmverschluss mit unvermeidbarer Notfall-OP und Anlage eines künstlichen Darmausgangs. Eine Darmspiegelung mit umgehender Entfernung des kleinen Tumors vor zwei Jahren hätte diesen Verlauf verhindert.

Die Autoren glauben an den Nutzen der Prävention! Sie sind davon überzeugt, dass die wissenschaftlichen Ergebnisse der Darmspiegelung (Koloskopie) noch besser wären, wenn nicht nur die Gesundheitsbewussten, sondern eben auch die Risikopatienten an der Vorsorge teilnehmen würden. Dies setzt Verständnis beim Patienten und damit Zeit für Beratung und gute Kommunikation voraus. Mit der Sicherstellungsbörse wollen wir auch den größten Hebel für die Kostenreduktion im Gesundheitswesen, die Vorbeugung teurer Erkrankungen, datenbasiert und systematisch angehen.

Der erste Schritt des neuen Konzeptes ist dabei, dass jeder registrierte Nutzer in der App der Sicherstellungsbörse auf seinem Smartphone (Apple und Android) unter „Gesundheitsshop" die Übersicht über seine noch offenen Vorsorge- und Früherkennungsleistungen erhält. Wird eine Präventionsleistung nach Empfehlung von Gemeinsamem Bundesausschuss (GBA), Ständiger Impfkommission oder einer anderen verbindlichen Quelle fällig, so wird der Nutzer der Sicherstellungsbörse informiert. Die Terminanfrage beim eigenen Hausarzt ist nur noch einen Klick entfernt: per Messenger der Telematikinfrastruktur (TIM) oder wie früher üblich per Telefon. Wenn die Integration der elektronischen Patientenakte (ePA, ab 01.01.2025 Pflicht) möglich wird, erfolgt der Abgleich von „KANN" und „IST" der Vorsorge- und Früherkennungsleistungen über diesen Datentopf. Aber auch die „manuelle Eingabe" (durch Hausarztpraxis/Patient) ist möglich, sodass die Erinnerungsfunktion auch bei erneuter Verschiebung oder Unbrauchbarkeit der ePA funktioniert. Um die Motivation zur Teilnahme zu erhöhen, bedienen sich die Autoren der Erfahrung der Experten von *Driven by*. Die *Allianz SE* ermöglicht es durch ihre Tochtergesellschaft, dass Unternehmen anderer Geschäftsbereiche von ihren Erkenntnissen lernen, um diese dann im eigenen Betrieb anzuwenden. Die Autoren sind der Modellpartner für das Gesundheitswesen und haben ehrgeizige Pläne: Unter DSGVO-konformer Datenverarbeitung, d. h. die Persönlichkeitsrechte vollständig wahrender Datenverarbeitung, wollen sie in konkreter Ansprache der „Vorsorge-Muffel" (Reiferscheid, 2019).

- die Impfquote im Vergleich zum Bundesdurchschnitt um > 25 % übertreffen,
- die Teilnahme an Check-up und Hautkrebsscreening bei > 80 % der GKV-Versicherten im Intervall der GKV erreichen,
- die Inanspruchnahme der Krebsvorsorge kontinuierlich mit allgemeinen und individuellen Nachrichten unter Nutzung von KI-Werkzeugen verbessern,

- die Inanspruchnahme der Disease-Management-Programme gegenüber dem Durchschnitt der GKV verdoppeln und die Ereignisrate von Folgekrankheit oder Tod halbieren.

Warum sind die Autoren zuversichtlich, die Ziele zu erreichen? Ob eine Praxis Prävention für wichtig erachtet oder nicht, hängt von den handelnden Personen ab: Ist der Praxisinhaber ein Vorsorgefreund, ist es egal, ob er primärärztlich in der HZV oder im herkömmlichen System arbeitet – die Quote seiner Präventionspatienten bleibt gleich (interne Auswertungen einer Krankenkasse, mündlich kommuniziert). Gleichzeitig ist die Inanspruchnahme von Präventionsleistungen bei der Gruppe am geringsten, die das höchste Risiko hat (Menschen mit Migrationshintergrund und aus bildungsfernen Schichten; Altgeld, 2021). Aber wollen wir wirklich, dass die Inanspruchnahme von Vorsorge- und Präventionsleistung von der Einstellung des Arztes und der Herkunft und Ausbildung eines Mitbürgers abhängt? Sollte nicht jeder Bürger unabhängig von anderen Faktoren Zugang zur Prävention haben? Digitale Kommunikation und KI-Anwendungen eröffnen hier große Möglichkeiten. Die Autoren informieren in der Sicherstellungsbörse multilingual und zielgruppenspezifisch (KI-übersetzt und -multimedial) und erarbeiten mit den Experten der *Driven by GmbH* neue Konzepte von Patientenansprache und Risikoprädiktion. Diese Grundlagenarbeit wird durch Semester-, Studienabschluss- und Promotionsarbeiten wissenschaftlich in verschiedenen Studiengängen begleitet. Die Autoren glauben, ihre Ziele in fünf Jahren erreichen zu können. In spätestens zehn Jahren soll die gesamte IT-Plattform entwickelt, evaluiert und nicht profitorientiert betrieben werden. Denn aus ihrer Grundüberzeugung sollte Gesundheitsversorgung kein marktwirtschaftliches Wettbewerbsfeld, sondern ein Teil der Daseinsvorsorge sein. Damit sprechen sie sich nicht für ein ausschließlich staatliches Gesundheitssystem, sondern ausdrücklich für die ärztliche Tätigkeit als „freien Beruf" aus. Gemäß § 1 Abs. 2 PartGG ist bestimmt, dass der Freiberufler durch „besondere berufliche Qualifikation oder schöpferische Begabung die persönliche, eigenverantwortliche und fachlich unabhängige Erbringung von Dienstleistungen höherer Art im Interesse der Auftraggeber und der Allgemeinheit" zum Inhalt hat.

Damit ist das Interesse der Patienten beim freiberuflich tätigen Arzt höher zu werten als die eigene Gewinnmaximierungsabsicht. Mit der Sicherstellungsbörse möchten die Autoren den ökonomischen Druck bei der Berufsausübung der Ärzteschaft mit den Interessen der Patienten wieder in Einklang bringen. Das jetzige System verleitet zu sehr, die Prinzipien der Freiberuflichkeit zu verletzen. Mit der Sicherstellungsbörse soll sich der freiberuflich tätige Arzt mit seiner ganzen Expertise wieder zuerst den Fällen widmen können, die den höchsten Nutzen für den Patienten und die Gemeinschaft der Beitragszahler haben. Nutzenmaximierung statt Kostenfokussierung, Vorsorge passgenau und zielgruppengerecht sowie Orientierung an den Interessen von Patienten und Leistungserbringern bei der Ausgestaltung der regulatorischen Prozesse – dies sind die Kernelemente dieses Ansatzes. Haben die Autoren wichtige Punkte vergessen? Sprechen Sie sie an!

Laura Dalhaus unter: dalhaus@sicherstellungsboerse.de

Heinz Giesen unter: giesen@sicherstellungsboerse.de

## Literatur

Altgeld, T. (2021). Präventionsparadox und Präventionsdilemma: Konsequenzen für die Praxis. In H. Schmidt-Schemisch & F. Schorb (Hrsg.), *Public Health. Disziplin – Praxis – Politik* (S. 215–231). Springer VS.

ÄrzteZeitung. (2024). *Lauterbach: „Künstliche Intelligenz wird sein wie ein geduldiger Arzt".* https://www.aerztezeitung.de/Wirtschaft/Lauterbach-KI-wird-sein-wie-ein-geduldiger-Arzt-450346.html. Zugegriffen am 03.09.2024.

Barmer. (o.J.). *Krankengeldrechner.* https://www.barmer.de/formClient/barmer-de/unsere-leistungen/leistungen-a-z/krankengeld/arbeitnehmer/1003770/krankengeldrechner,step=eingabe-gehaltsbasis.html. Zugegriffen am 03.09.2024.

Belusa, A. (2024). *Jetzt wird zugesperrt, wenn die reguläre Sprechstundenzeit vorbei ist.* https://www.aend.de/article/230955. Zugegriffen am 27.09.2024.

Birgel, K. (2024). *Steuerfreie betriebliche Gesundheitsförderung.* https://www.haufe.de/finance/steuern-finanzen/lohnsteuerfreue-gesundheitsfoerderung-im-eigenen-betrieb/steuerfreie-betriebliche-gesundheitsfoerderung_190_161184.html. Zugegriffen am 27.09.2024.

Blaga, R. (2022). Interessenkonflikte im Ärzte-Alltag. *Transparency International e. V.* https://www.transparency.de/fileadmin/Redaktion/Aktuelles/2022/22-05-11_Vortrag_Interessenkonflikte_Rolf-Blaga_TI-DE.pdf. Zugegriffen am 04.09.2024.

Boerse.de. (2024). *Zur Rose Group Aktie.* https://www.boerse.de/aktien/Zur-Rose-Group-Aktie/CH0042615283. Zugegriffen am 04.09.2024.

Bundesärztekammer. (2022). *126. Deutscher Ärztetag – Beschlussprotokoll.* https://www.bundesaerztekammer.de/fileadmin/user_upload/BAEK/Aerztetag/126.DAET/2022-06-17_Beschlussprotokoll.pdf. Zugegriffen am 04.09.2024.

Bundesministerium für Gesundheit (BMG). (2024a). *Gesundes-Herz-Gesetz. https://www.bundesgesundheitsministerium.de/service/gesetze-und-verordnungen/detail/ghg.html.* Zugegriffen am 03.09.2024.

Bundesministerium für Gesundheit (BMG). (2024b). *Krankenhausreform.* https://www.bundesgesundheitsministerium.de/themen/krankenhaus/krankenhausreform. Zugegriffen am 03.09.2024.

Ciffone, N., et al. (2024). Lipoprotein(a): An important piece of the ASCVD risk factor puzzle across diverse populations. *American Heart Journal Plus: Cardiology Research & Practice, 38*, 100350. https://doi.org/10.1016/j.ahjo.2023.100350. Published online 2023 Nov 24. https://www.ncbi.nlm.nih.gov/pmc/articles/PMC10945898/. Zugegriffen am 03.09.2024

Dalhaus, L. (2023). *Medizin zwischen Moral und Moneten. Wie eine Hausärztin das Gesundheitssystem erlebt und was sich ändern muss.* Springer.

Deutscher Berufsverband der Hals-Nasen-Ohrenärzte e. V. (2022). *Massenregress der Viactiv – „Unverschämtheit gegenüber Patienten und Ärzten".* Pressemitteilung. https://www.hno-aerzte.de/presse/pressemitteilungen/details/massenregress-der-viactiv-unverschaemtheit-gegenueber-patienten-und-aerzten/. Zugegriffen am 03.09.2024.

Deutscher Bundestag. (2024). *TeleClinic GmbH.* Lobbyregister für die Interessenvertretung gegenüber dem Deutschen Bundestag und der Bundesregierung. https://www.lobbyregister.bundestag.de/suche/R005826. Zugegriffen am 04.09.2024.

Deutsches Ärzteblatt. (2024). *Vielstimmige Kritik am Kabinettsbeschluss zur Krankenhausreform.* https://www.aerzteblatt.de/nachrichten/151473/Vielstimmige-Kritik-am-Kabinettsbeschluss-zur-Krankenhausreform. Zugegriffen am 03.09.2024.

Gabler Wirtschaftslexikon. (2018a). *Adverse Selektion.* https://wirtschaftslexikon.gabler.de/definition/adverse-selection-26952. Zugegriffen am 03.09.2024.

Gabler Wirtschaftslexikon. (2018b). *Käufermarkt.* https://wirtschaftslexikon. gabler.de/definition/kaeufermarkt-38163/version-261589. Zugegriffen am 03.09.2024.
Gabler Wirtschaftslexikon. (2018c). *Verkäufermarkt.* https://wirtschaftslexikon. gabler.de/definition/verkaeufermarkt-46956#:~:text=Lexikon%20Online%20 %E1%90%85Verk%C3%A4ufermarkt. Zugegriffen am 03.09.2024.
Gutmann, T. (2021). *Stärkung und Weiterentwicklung der Patientenrechte in Deutschland.* Sozialverband Deutschland. https://www.sovd.de/fileadmin/ bundesverband/pdf/attachments/gutachten-patientenrechte/SoVD-gutachten-patientenrechte-barrierefrei.pdf. Zugegriffen am 03.09.2024.
Henke, K.-D., Georgi, A., Bungenstock, J., Neumann, K., Baur, M., Ottmann, S., Schneider, M., Krauss, T., & Hofmann, U. (2009). *Erstellung eines Satellitenkontos für die Gesundheitswirtschaft in Deutschland. Forschungsprojekt im Auftrag des Bundesministeriums für Wirtschaft und Technologie (BMWi). Kurzfassung des Abschlussberichts.* https://www.bmwk.de/Redaktion/DE/Downloads/Studien/satellitenkonto-gesundheitswirtschaft-kurzfassung-abschlussbericht.pdf?__blob=publicationFile&v=1. Zugegriffen am 03.09.2024.
IFSS. (2024). *Lean Six Sigma Black Belt.* https://www.ifss-academy.net/ifss-trainings/lean-six-sigma-black-belt-training/. Zugegriffen am 16.11.2024.
IWW. (2021). *Ampel-Parteien legen sich auf Entbudgetierung im hausärztlichen Bereich fest.* https://www.iww.de/aaa/recht/koalitionsvertrag-ampel-parteien-legen-sich-auf-entbudgetierung-im-hausaerztlichen-bereich-fest-f141985. Zugegriffen am 16.11.2024.
Kartte, J. & Neumann, K. (2011). *Weltweite Gesundheitswirtschaft – Chancen für Deutschland. Studie im Auftrag des Bundesministeriums für Wirtschaft und Technologie.* file:///C:/Users/mail/Downloads/Roland_Berger_Weltweite_ Gesundheitswirtschaft.pdf. Zugegriffen am 03.09.2024.
Kassenärztliche Bundesvereinigung (KBV). (2022). *Honorarberechnung in 300 Sekunden* [Video]. https://www.kbv.de/html/1019.php. Zugegriffen am 03.09.2024.
Kassenärztliche Bundesvereinigung (KBV). (2024). *Differentialdiagnostische Klärung psychosomatischer Krankheitszustände.* https://www.kbv.de/tools/ebm/htm l/35100_2903245834061958274368.html. Zugegriffen am 04.09.2024.
Kassenärztliche Vereinigung Westfalen-Lippe (KVWL). (2024). *Fallwerte für RLV und QVZ.* https://www.kvwl.de/fileadmin/user_upload/pdf/Mitglieder/ Abrechnung_und_Honorar/Fallwerte_fuer_RLV_und_QZV/Endgueltige_ Fallwerte_RLV_QZV_Quartal_2_2024.pdf. Zugegriffen am 16.11.2024.

Medcoo MVZ GmbH. (2023). *#PraxenKollaps verhindern. Zum Hausarzt Wüllen*. https://www.zum-hausarzt.de/news-wullen/praxenkollaps-verhindern. Zugegriffen am 04.09.2024.

Noll, B., & Wolf, S. G. (2017). Rationalisierung und Rationierung im Gesundheitswesen aus ethischer Perspektive. *Wirtschaftsdienst, 97*(4), 272–278.

Nordestgaard, B. G., et al. (2024). Lipoprotein(a) and cardiovascular disease. *The Lancet, 404*(10459), 1255–1264. https://www.thelancet.com/journals/lancet/article/PIIS0140-6736(24)01308-4/abstract. Zugegriffen am 04.09.2024

Reiferscheid, E. (2019). *Deutsche sind Vorsorge-Muffel*. https://www.gelbe-liste.de/nachrichten/deutsche-vorsorge-muffel. Zugegriffen am 04.09.2024.

Rothfuß, S. (2018). *Plausibilitätsprüfungen: Das ist bei Zeitprofilen zu tun*. https://www.aerzteblatt.de/archiv/196384/Plausibilitaetspruefungen-Das-ist-bei-Zeitprofilen-zu-tun#:~:text=Aufgrund%20dessen%20wurden%20f%C3%BCr%20alle. Zugegriffen am 04.09.2024.

Schulz, L. (2024). Gericht stoppt Teleclinic und DocMorris. *Apotheke adhoc*. https://www.apotheke-adhoc.de/nachrichten/detail/markt/gericht-stoppt-teleclinic-und-docmorris/. Zugegriffen am 04.09.2024.

Staeck, F. (2017). Waterloo für Vertragsärzte. *ÄrzteZeitung*. https://www.aerztezeitung.de/Politik/Waterloo-fuer-Vertragsaerzte-304593.html. Zugegriffen am 04.09.2024

Statista. (2024). *Arbeitsunfähigkeitstage aufgrund psychischer Diagnosen in Deutschland in den Jahren 1997 bis 2023*. https://de.statista.com/statistik/daten/studie/253972/umfrage/au-tag-aufgrund-psychischer-diagnosen-in-deutschland/. Zugegriffen am 03.09.2024.

Tagesschau. (2023). *Mehr Krankheitstage wegen psychischer Probleme*. https://www.tagesschau.de/inland/gesellschaft/krankheitstage-psychische-erkrankungen-100.html. Zugegriffen am 07.09.2024.

Teleclinic. (o.J.). *Website*. https://www.teleclinic.com/. Zugegriffen am 04.09.2024.

Verbraucherzentrale. (2023). *Selbstzahlerleistungen beim Arzt und Zahnarzt*. https://www.verbraucherzentrale.de/wissen/gesundheit-pflege/aerzte-und-kliniken/selbstzahlerleistungen-beim-arzt-und-zahnarzt-55427. Zugegriffen am 04.09.2024.

WHO. (1948). *Präambel der Verfassung*. https://leitbegriffe.bzga.de/alphabetisches-verzeichnis/gesundheit/. Zugegriffen am 16.11.2024.

Zimmermann. (2020). *Neubewertungen im EBM – damit müssen Kardiologen und Angiologen ab April rechnen*. https://www.medical-tribune.de/praxis-und-wirtschaft/abrechnung/artikel/neubewertungen-im-ebm-damit-muessen-kardiologen-und-angiologen-ab-april-rechnen. Zugegriffen am 03.09.2024.

# 3

# Alleingelassen im System – menschenwürdigere Versorgung sicherstellen

Im vorherigen Kapital wurde an Beispielen aufgezeigt, wie Anspruch und Wirklichkeit im deutschen Gesundheitssystem derzeit auseinanderdriften. Das nachfolgende Kapitel behandelt Probleme, die zum jetzigen Zeitpunkt noch nicht vollständig durch die nutzenorientierte medizinische Versorgung gelöst werden können. Die Autoren sind jedoch zuversichtlich, dass ihr Ansatz in Zukunft deutlich dem bisherigen System überlegen sein wird. Zunächst also ein Blick zurück: Der deutsche Sozialstaat wird in über 13 Sozialgesetzbüchern (SGB I bis XII siehe Abb. 3.1; SGB XIV = Soziale Entschädigung) und vielen weiteren bürokratischen Vorschriften geregelt.

Leistungen werden in der Regel beantragt oder mittels „Berechtigungsschein" gewährt. Elektronische Gesundheitskarte (eGK), der „Schwerbehindertenausweis" oder „Amtsschreiben" in verschiedenster Ausprägung berechtigen zur Inanspruchnahme einer Leistung oder regeln deren Erstattung im Nachhinein. Allen voran geht ein mehr oder minder aufwendiges Antragsverfahren, in dem Person und Anspruch geprüft, Sachverständige befragt und gegebenenfalls Sozialgerichte nachträglich angerufen werden. Fast alle Verfahren haben aus Sicht der Autoren etwas gemeinsam: Sie sind nicht selbsterklärend, ressourcenaufwendig und an-

**Gesetzliche Grundlagen der sozialen Sicherung**

| | | |
|---|---|---|
| SGB I | Allgemeiner Teil | Die Leistungen der Sozialwirtschaft sind im Sozialgesetzbuch (kurz SGB) geregelt |
| SGB II | Grundsicherung für Arbeitssuchende | |
| SGB III | Arbeitsförderung | |
| SGB IV | Gemeinsame Vorschriften für die Sozialversicherung | |
| SGB V | Gesetzliche Krankenversicherung | Ausnahmen sind: |
| SGB VI | Gesetzliche Rentenversicherung | - Ausbildungsförderung |
| SGB VII | Gesetzliche Unfallversicherung | - Erziehungs- |
| SGB VIII | Kinder- und Jugendhilfe | - Kinder- |
| SGB IX | Rehabilitation und Teilhabe behinderter Menschen | - Betreuungs- und |
| SGB X | Sozialverwaltungsverfahren und Sozialdatenschutz | - Wohngeld |
| SGB XI | Soziale Pflegeversicherung | |
| SGB XII | Sozialhilfe | |

**Abb. 3.1** Gesetzliche Grundlagen der sozialen Sicherung. (Eigene Darstellung)

fällig für Missbrauch. Besonders Menschen, die gerade mit einer Krankheit kämpfen und deshalb Unterstützung benötigen, sind häufig eben aufgrund der Krankheit nicht in der Lage, ihr eigenes Sekretariat zu sein.

Dass Menschen mit Sprachbarriere oder aus bildungsfernen Schichten Probleme mit dem Ausfüllen der Anträge haben (u. E. aber auch bei Akademikern nicht unüblich), ist sozial ungerecht und benachteiligt jene, die Hilfe am nötigsten haben, wie die folgenden Beispiele zeigen.

# Fall 6: Der Alleinerziehende – kein Geld für schnelle Termine = keine Hilfe?

Der Alleinerziehende Andrej Petrovic hat vier Kinder aus einer glücklichen Ehe mit seiner Frau, die kurz nach der Geburt ihres jüngsten Kindes an Krebs erkrankt und innerhalb von zwölf Monaten verstorben ist. Er arbeitet als selbstständiger Handwerker, macht so viele Stunden, wie er kann, aber das Geld reicht nicht. „Harzen" allein, was bei Bezug von Bürgergeld (Arbeitsagentur, 2024) vielleicht günstiger für ihn wäre (Feil, 2024), will er nicht, denn er will seinen Kindern ein Vorbild sein. Er ist mit seinen Kindern freiwillig gesetzlich versichert. Bei der Terminvergabe hört man ihm die Sprachbarriere an. Da immer mal wieder kurzfristig ein Kind krank ist und er den Arzttermin nicht oder erst kurzfristig absagt, ist er bei den Kinderärzten der Region, aber auch bei einigen Spezialisten „auf der schwarzen Liste". Er erhält häufig Antworten wie: „Nein, wir haben erst wieder einen Termin in zwei Monaten. Probieren Sie es doch nächstes Quartal wieder, wir sind vollständig ausgebucht." Mal ganz unabhängig davon, dass der „Fiebersaft" auch nicht immer zu bekommen ist (Deutschlandfunk, 2023b). Er hat sich daher nun einen Antibiotikavorrat „für alle Fälle" für sich und seine Kinder angelegt – trotz der Bitte des Gesundheitsministers, keine „Hamsterkäufe" bei Medikamenten zu tätigen (Deutschlandfunk, 2023a). Denn zuverlässig kommt es immer wieder zu massiven Medikamentenmangel aufgrund von Lieferengpässen: „Am 25. April 2023 wurde der Versorgungsmangel nach § 79 Absatz 5 Arzneimittelgesetz (AMG) für antibiotikahaltige Säfte für Kinder durch das Bundesministerium für Gesundheit (BMG) bekanntgegeben" Bundesministerium für Gesundheit 2023.

Das älteste Kind ist „verhaltensauffällig", weshalb er an das Sozialpädiatrische Zentrum (SPZ) überwiesen wurde. Dort wurden ihm viele Fragen gestellt und Fragebögen sowie Anträge überreicht. Der Konflikt, mit der Bearbeitung überfordert zu sein, und gleichzeitig das Beste für sein Kind zu wollen, bringt ihn an den Rand seiner Kräfte. Als „Mann in Not" ist er nicht immer entspannt; im Gegenteil: Mit seinem ureigenen Temperament eckt er so manches Mal an. Auch in seiner Hausarztpraxis ist er als schwieriger Patient bekannt, aber genießt aufgrund seiner Leidensgeschichte und des fürsorglichen Umgangs mit seinen Kindern eben auch einen besonderen Status. Kurz: Die „harte Schale umschließt den weichen Kern" in einem „Leben, das kein Zuckerschlecken ist".

Wie die Realität und unser Beispiel zeigen, ist es für viele, insbesondere aber für Alleinerziehende und Menschen mit Migrationshintergrund kaum möglich, zuverlässig zeitnahe Termine beim Arzt zu bekommen. Was ist, wenn Termine für akute Krankheiten gebraucht werden? Wie soll die Sicherstellungsbörse helfen, wenn kein Arbeitgeber oder die Krankenkasse durch frühere Termine Geld spart? Wie soll der Kleinstunternehmer, der kaum seine eigene Altersvorsorge zahlen kann, das Geld für die Zusatzvergütung seiner Termine oder der seiner Kinder auftreiben? Wie soll ein Alleinerziehender in einer solch komplexen Situation die Fragebögen des SPZ, die Anträge für Schulbegleitung oder ähnliche Maßnahmen ausfüllen, ohne am System zu verzweifeln?

**Vorab** Das derzeit bestehende System lässt aktuell sehr viele Menschen verzweifeln. Es kommt immer häufiger zu Gewalttaten gegenüber Ärzten (Deutsches Ärzteblatt, 2022). Eltern wollen und können nicht akzeptieren, dass Termine beim Kinderarzt rar sind. Hausärzte springen immer wieder ein. Auch die Notaufnahmen und Rettungsdienste werden als „Notlösung" für Alltagskrankheiten in Anspruch genommen (Deutscher Bundestag, 2023). Wenn dann Hilfe nicht in gewünschter Art oder Frist erfolgen kann, können Situationen zwischen dem Patienten in Not und seinem Arzt eskalieren.

Darüber hinaus hat die Bürokratie so große Ausmaße angenommen, dass nun Gesundheitskioske, Beratungsangebote für Patienten in sozial benachteiligten Regionen, als Lösung ausgerufen werden, um soziale Ungleichheit bei Zugang zu Sozial- und Gesundheitsleistungen zu beseitigen (BMG, o. J.). Dies ist genauso sinnvoll, wie die unerwünschten Arzneimittelwirkungen eines Medikaments mit einem neuen Medikament zu bekämpfen. Nach dem Grundsatz „nihil nocere" (siehe unten) würde ein Arzt klugerweise das erste Medikament absetzen und eine besser geeignete Therapie beginnen. So wären die unerwünschte Arzneiwirkung und auch die Folgekosten für deren Behebung vermieden. „Übersetzt" auf das Konzept der Sicherstellungsbörse wollen die Autoren Schritt für Schritt die Kostenfokussierung mit erdrückender Bürokratie abbauen und die Ressourcenverteilung auch für Akuttermine besser organisieren.

Als wesentlichen Beitrag zum Bürokratieabbau sollen die Antragsverfahren vollständig digitalisiert und automatisiert werden. Statt bürokratischem Antragsverfahren wollen die Autoren eine automatisierte Leistungsgewährung etablieren (eine ganz neue Therapie statt der nicht zielführenden jetzt), um Überforderung und Verzögerung in der Leistungsbereitstellung zu vermeiden. Dies soll gelingen durch:

1. **Einmaliges Erfassen der personenbezogenen Daten** in den Einstellungen der Sicherstellungsbörse, Objektivierung dieser Daten im Bearbeitungsprozess und digitale Validierung durch eine autorisierte Person (oder bei Bedarf mehrere).
2. **Definition der Regeln**, die **für die digitale Genehmigung einer Leistung** nötig sind. Hier vertrauen die Autoren auf die Methode des *System Thinking*, die sie mit den Entscheidungsverantwortlichen im Prozess in verschiedenen Modellprojekten angehen wollen. Dies ist die größte Hürde und setzt eine „Koalition der Willigen" voraus. Ohne Beteiligung aller im System Entscheidungsbefugten wird der Bürokratieabbau nicht gelingen. Die Autoren sind skeptisch, ob den aktuellen parteipolitischen Ankündigungen des Bürokratieabbaus wirklich Taten folgen. Wenn Interesse besteht, können in der Modellregion gerne staatliche Testfelder etabliert werden.
3. **Erfassen der „Transaktionsdaten", die für die digitale Genehmigung einer Leistung nötig sind.** Dieser Punkt ist wiederum aus eigener Kraft realisierbar. Für die Teilnehmenden an einer Maßnahme des kontinuierlichen Verbesserungsprozesses (KVP, siehe insbesondere Fall 20) werden die Autoren alle entscheidungsrelevanten Daten digital erfassbar machen. Sobald für ein bisher sehr aufwendiges Antragsverfahren die Regeln gemäß Punkt 2 festgelegt sind, kann für alle anderen Prozesse dieser Art die Leistungsgewährung zukünftig automatisiert erfolgen.

Als Alleinstellungsmerkmale der Sicherstellungsbörse entstehen:

- nur einmaliges Erfassen der Personendaten (Zeitersparnis durch Vermeiden eines wiederholten Ausfüllens von personenidentifizierenden Daten)
- bedarfsgerechtes Erfragen entscheidungsrelevanter Daten (Umsetzung des Grundsatzes der Datensparsamkeit, da nur die Daten erfasst werden müssen, die Bestandteil der Genehmigungsprüfung sind)
- sofortige Leistungszusage (kein Zeitverzug zwischen Bedarf und Genehmigung)

### Exkurs in eigener Sache

Liebe KVWL und Krankenkassen, wollen wir nicht in einem Pilotprojekt das Antragsverfahren für den Zulassungsausschuss der Vertragsärzte und -psychotherapeuten nach dem gleichen Konzept reformieren? Ein steter Quell des Ärgers für junge Ärztinnen und Ärzte mit dem Wunsch der Niederlassung als Hausarzt könnte damit beseitigt werden.

\* \* \*

## Nun zurück zum Fall

Die Ressourcenverteilung bei Akutterminen ist neben dem komplizierten Antragsverfahren das größte Problem des Alleinerziehenden. Für sich und seine Kinder bekommt er seines Erachtens für die (zumindest gefühlte) Notsituation nicht in angemessener Zeit Hilfe. Damit ist er nicht allein (Grabbe, 2024). Aus diesem Grund nutzt er wie viele andere Bürger die „Zugangsmöglichkeiten ohne Zugangsbeschränkung". Dies sind die Hausarztpraxen über Tag, den KV-ärztlichen Notdienst (116 117) (Verbraucherzentrale, 2024) und die Notaufnahmen an den Krankenhäusern. Auch wenn an diesen Orten kein Spezialist (der Kinderarzt) die Versorgung gewährleistet, gibt es zumindest die gewünschte zeitnahe Ersteinschätzung. Aber ginge dies nicht auch anders? Brauchen wir die Praxisgebühr für die Notaufnahme (Deutsches Ärzteblatt, 2023b)? Wären mehr Studienplätze die Lösung (Billmayer, 2024)? Oder könnten eine bessere Verteilung der Patienten, die konsequente Steuerung und die bedarfsorientierte Versorgung durch Ärzte und nicht-ärztliches Personal das Problem lösen? Die Autoren glauben, dass Letzteres ein Ansatz für die Zukunft ist und wieder Daten den entscheidenden Unterschied ausmachen. Sie fordern:

1. **Pflicht zur Akutsprechstunde, wenn das Gütesiegel einer Versorgerpraxis erteilt werden soll:** Für jeden Hausarzt ist es selbstverständlich, dass kurzfristige Termine für Patienten in ausreichender Anzahl bereitgestellt werden. Wenn Facharztpraxen sich entsprechend dem Bedarf organisieren, muss dies sichtbar und auch bei der

Vergütung spürbar sein. Ein Gütesiegel „Versorgerpraxis", das in Abhängigkeit von Versorgungskennzahlen und dem Einsatz von akademisiertem, nicht-ärztlichem Personal gewährt wird, wäre wünschenswert. Wenn darüber hinaus dieses Gütesiegel eine zusätzliche Basisvergütung und damit eine langfristige Planbarkeit für den Praxisinhaber bedeuten würde, wären die Interessen zwischen Patienten und Praxisinhaber wieder besser in Einklang gebracht. Wer Qualität liefert, bekommt mehr Geld. Wer Qualität bekommen möchte, kann diese Praxen von anderen Praxen durch das Gütesiegel unterscheiden.

2. **PA/akademisierte MFA als Unterstützung des Arztes:** Bagatellerkrankungen können in Kenntnis der sogenannten „abwendbar gefährlichen Verläufe" auch durch nicht-ärztliches, aber intensiv geschultes Personal behandelt werden. Die gefährlichen Verläufe erkennt ein Arzt durch Abfrage der „Red Flags", d. h. der Warnzeichen, die mit einer relativen Sicherheit auf einen komplizierten oder durch die akuten Symptome „maskierten" Verlauf hinweisen. Krankheitszeichen, die auf einen abwendbar gefährlichen Verlauf hinweisen, müssen erkannt, und Fragen, mit denen dieser Verlauf sicher ausgeschlossen werden kann, müssen gestellt werden. Damit dies für viele Krankheitsbilder „in Fleisch und Blut" übergeht, sind viele Jahre Ausbildung nötig. Beschränkt man die Diagnostik und Behandlung dagegen auf wenige Anlässe, kann die Ausbildung auch weniger lange dauern. Dennoch dürfen wir uns an diesem Punkt keine Illusionen machen. KI-gestützt gestellte Verdachtsdiagnosen, ergänzt um die strukturierte Befunderhebung durch Nichtärzte, benötigen viele Durchläufe bei standardisierten Bedingungen. Die Autoren sind der Überzeugung, dass dies im Wettbewerb schwerer, in organisierter Form eines datengestützten, in Pilotprojekten organisierten Gesundheitswesens besser zu erreichen wäre. Sie wünschen sich daher, dass mehr als 25 Jahre nach der berühmten Rede von Roman Herzog (Der Bundespräsident, 1997) „ein Ruck durch Deutschland geht". Innovation im Gesundheitswesen hat in Deutschland eine lange Tradition. Gestartet als „Apotheke der Welt", haben wir mittlerweile keine gesicherte Arzneimittelversorgung mehr (Lenhard-Schramm,

2018). Wissenschaftlich haben uns andere Länder den Rang des vorherigen Jahrhunderts abgelaufen. Organisatorisch und in der Prozessoptimierung bis hin zum „make-to-order-assembly" sind wir noch immer Weltklasse (Venohr, 2015), auch wenn selbst die Autoindustrie derzeit stark schwächelt (ZDF, 2024). Die Autoren glauben daran, dass mit einem gut organisierten Förderrahmen nicht nur Gesundheitskosten gespart, sondern auch deutsche (Digital-/KI-)Produkte für den Weltmarkt entwickelt werden können.

3. **Monitor freier Termine in einer Region:** Wenn Ressourcen besser verteilt werden sollen, muss die Fehlerrate der Inanspruchnahme reduziert werden. Für einen Patienten ist es ein „Glücksspiel", ob der Leistungserbringer für sein Gesundheitsproblem „die beste Wahl" ist. Ein Beispiel aus dem Bereich der Partnersuche zeigt: Wenn eine Vielzahl an verschiedenen Konstellationen (Charaktereigenschaften eines Menschen, der eine Beziehung wünscht) auf eine Vielzahl an Optionen trifft (andere Menschen, die in Beziehung sind, andere Neigungen haben oder keine Beziehung wünschen), dann ist eine Internetplattform (Partnerportal mit Eingangsfragen zum Charakter und Vorlieben) häufig die bessere Wahl als das Aufsuchen von Orten, an denen viele Menschen sind (Disko-, Restaurant- oder Kneipenbesuch). Hat jedoch über die Partnersuche-Plattform vorher eine Steuerung stattgefunden (Chat-Funktion mit weiterer „Datenerhebung", die die „Vortestwahrscheinlichkeit" eines Dates verbessern), ist der nachfolgend vereinbarte Disko-, Restaurant- oder Kneipenbesuch (bzw. der Arztkontakt mit erfolgreicher medizinischer Behandlung) viel erfolgversprechender. Mit anderen Worten: Mit der Sicherstellungsbörse wird die aktuell diskutierte Steuerung von Akutpatienten unterstützt, die eine „Triage" und die Zuweisung zu den Versorgungsebenen verbindlich festlegt und damit eine *zentrale Steuerung der Inanspruchnahme nach gleichen Kriterien vorsieht.*

Bei der Nutzung der Technologie und der organisatorischen Prinzipien der Sicherstellungsbörse kann die oben beschriebene Versorgung chronisch Kranker mit digitalisiertem Auftrag (Überweisung bzw. Beratungsanlass) und Prozess mit Feedbacksystem auch um Akuttermine erweitert werden. Dies wird nicht sofort flächendeckend und nur stufenweise erreichbar sein. Die Autoren wünschen sich daher Pilotprojekte auf einer einheitlich strukturierten und in Bezug auf Technologie und Region staatlich legitimierten Plattform.

## Fall 7: Jenseits aller Würde – besondere Fähigkeiten, aber keine Lobby?

Gustav Höing ist 57 Jahre alt und hat das Downsyndrom, also Trisomie 21. Er hat die üblichen Herz- und Gefäßerkrankungen, die dieser Gendefekt mit sich bringt, führt aber ein weitestgehend selbstständiges Leben. Die Autorin kennt ihn und seine Betreuerin Frau Frank, seit sie in der Praxis arbeitet, und schätzt beide sehr. Herr Höing hat immer mal wieder Bauchschmerzen aufgrund einer Magenschleimhautentzündung, kennt das auch ganz gut und nimmt daher regelmäßig Medikamente für den Magen ein. Herr Höing arbeitet in einer integrativen Werkstatt, kauft für sich ein und ist in der Lage, seine Bedürfnisse zu erkennen und sich bei Bedarf Hilfe zu suchen. In der Notaufnahme des örtlichen Krankenhauses scheiterte er jedoch und fand kein Gehör, als er dort allein mit starken Bauchschmerzen in der Silvesternacht aufschlug. Er wurde mit einer Magenblutung nach Hause geschickt, ohne als Patient dokumentiert worden zu sein, und lag zwei Tage im Bett, bis er von seiner Betreuerin schließlich gefunden wurde. Inwiefern Menschen mit Handicap in diesem Gesundheitssystem Hilfe finden, ist aufgrund der Überlastung aller leider vom Engagement Einzelner und von der Tageszeit abhängig, da sie selbst nicht im ausreichenden Maße für sich einstehen können. Genauso verhält es sich mit der medizinischen Versorgung im ambulanten Setting. Hier steht die Durchsetzungsfähigkeit der Betreuer im Vordergrund, und wenn diese ebenfalls überlastet und für zu viele Klienten verantwortlich sind, fallen Patienten, die nicht für sich selbst sprechen können, buchstäblich durch das medizinische Netz. Eine digital funktionierende Sicherstellungsbörse würde hier gleich in doppelter Weise helfen, da sie die Betreuer und Sozialarbeiter, die sich um Menschen mit Handicap kümmern, massiv entlasten würde. Aktuell sind es nämlich genau sie, die sich häufig vergeblich in Warteschlangen hängen, um einen Termin beim Facharzt für ihren Klienten zu erhaschen. Die Autorin ist überzeugt, sie haben Wichtigeres zu tun! Dass genau diese Patienten aufgrund ihres Handicaps ein besonders hohes Risiko für diverse Begleit- und Folgeerkrankungen haben und besonders schwer in diesem System Gehör finden, ist aus Sicht der Autoren eine Bankrotterklärung unseres Gesundheitssystems, wie es aktuell funktioniert. Gerade hier ist der Ansatz einer nutzenorientierten medizinischen Versorgung besonders wichtig und hilfreich! Und an dieser Stelle stellt sich die Frage, wer in der Sicherstellungsbörse für diese Menschen den schon beschriebenen Zusatzbeitrag finanziert. Die Autoren sind überzeugt: Dies ist die Verantwortung der sozialen Gemeinschaft. Sie fordern den Staat auf, Sicherstellung diskriminierungsfrei zu gewährleisten. Gerne unterstützen sie diese Bemühungen mit ihrem Ansatz.

Aber kann diese Ungerechtigkeit wieder nur per Gesetz oder durch den Staat beseitigt werden? Der Bundesverband Deutscher Stiftungen weist aktuell 25.777 rechtsfähige Stiftungen bürgerlichen Rechts (Stand: 31. Dezember 2023) aus. 637 Stiftungen wurden allein 2023 neu errichtet. Die Mehrheit der Stiftungen verfolgt steuerbegünstigte (d. h. gemeinnützige, mildtätige oder kirchliche) Zwecke. Laut o. g. Bundesverband waren dies neun von zehn Stiftungen im Jahr 2023. Ohne im Detail das Engagement aller Stiftungen in Deutschland zu beleuchten, scheint die These, dass Geld in Deutschland für verschiedenste Interessengruppen und diverse wohltätige Zwecke vorhanden ist, zulässig und richtig. Daher stellt sich den Autoren die Frage, ob ein Engagement von Stiftungen für Menschen, die sich eher am Rand der Gesellschaft bewegen und ohne Unterstützung kaum einen Zugriff auf die Sicherstellungsbörse hätten, hier nicht besonders wertvoll sein kann.

Welche Zwecke Stiftungen verfolgen, zeigt die nachfolgende Abb. 3.2; die größten Stiftungen in Deutschland sind anschließend dargestellt (Abb. 3.3 und 3.4).

Die Autoren sind der festen Überzeugung, dass es eine Anstrengung aller Willigen in diesem Land geben muss, um das gesamtgesellschaftli-

# 3 Alleingelassen im System – menschenwürdigere Versorgung ...

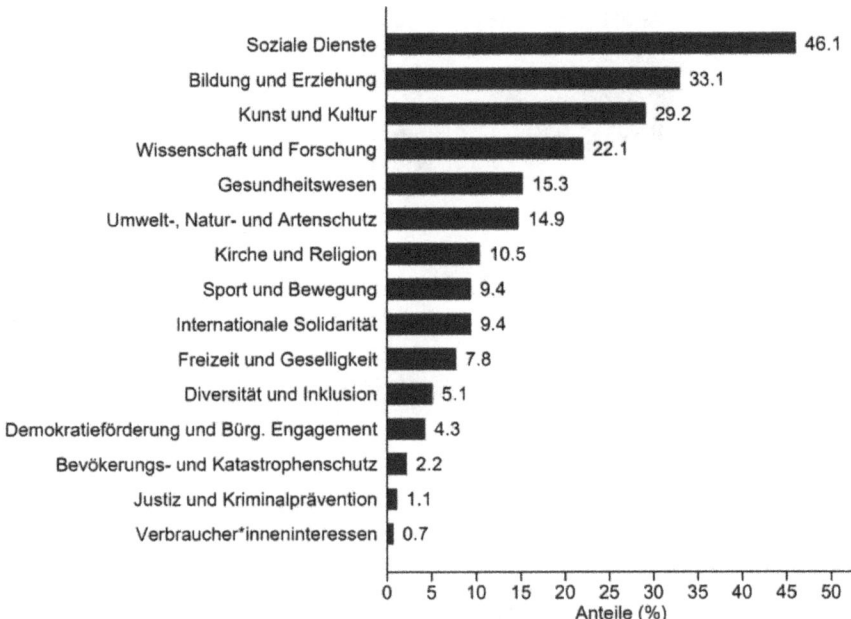

**Abb. 3.2** Aufschlüsselung der inhaltlichen Satzungszwecke von Stiftungen. (Bundesverband Deutscher Stiftungen, Stand 01.05.2023)

che Problem einer unzureichenden medizinischen Versorgung dauerhaft und nachhaltig zu lösen.

Im ersten Schritt gründen die Autoren daher den regionalen Förderverein „Patientenwohl Westmünsterland e.V.", der für die Kreise Borken, Coesfeld, Steinfurt und die Stadt Münster einen Teil der Finanzierung von Terminen in der Sicherstellung übernehmen soll. Wir wollen diesen Förderverein ab einem Kapitalbestand von 1 Mio. € in eine gemeinnützige Stiftung überführen, deren Führung und Verwaltung wir gerne im Bereich der verfassten Ärzteschaft sehen würden. Mit der Interessen-unabhängigen und nach ärztlichem Berufsrecht verwalten Finanzierung der medizinischen Versorgung vor Ort durch eine gemeinnützige Stiftung könnte sowohl das Prinzip der Selbstverwaltung bewahrt als auch Innovation regional gefördert und Mittel zweckgebunden durch Spender zur Verfügung gestellt werden. Gelingt diese Interessen-

| Name | Sitz | Bundesland | Eigenkapital in Mio. Euro | Gesamtausgaben in Mio. Euro | Zweckausgaben in Mio. Euro | Rechtsform |
|---|---|---|---|---|---|---|
| Alfried Krupp von Bohlen und Halbach-Stiftung | Essen | Nordrhein-Westfalen | 1200,0 (BW)* | | 2,5* | B |
| Baden-Württemberg Stiftung gGmbH | Stuttgart | Baden-Württemberg | 2242,2 (BW) | 64,1 | 39,0 | B |
| Bertelsmann Stiftung | Gütersloh | Nordrhein-Westfalen | 1368,7 (BW) | 70,8 | 61,7 | B |
| BruderhausDiakonie. Stiftung Gustav Werner und Haus am Berg | Reutlingen | Baden-Württemberg | 218,8 (BW) | 322,6 | 272,0 | T |
| Carl-Zeiss-Stiftung | Heidenheim a. d. Brenz | Baden-Württemberg | 990,6 (BW) | 65,1 | 63,6 | B |

Stand: 12. Februar 2024
Erhebungszeitraum: 2022
* Erhebungszeitraum: 2021

Hinweis zum Eigenkapital
BW = Buchwert

Hinweis zur Rechtsform
B = Rechtsfähige Stiftung bürgerlichen Rechts, GmbH oder e. V.
T = Trägerstiftung bürgerlichen Rechts (Hier zählen Personalkosten und Materialaufwand zu zweckgebundenen Ausgaben.)

**Abb. 3.3** Die fünf größten Stiftungen privaten Rechts in Deutschland. (Bundesverband Deutscher Stiftungen, 2024b)

unabhängige Finanzierung nicht, werden im deutschen Gesundheitssystem kapitalstarke Unternehmen und Konzernstrukturen die Versorgung der Bevölkerung prägen. Ständig wechselnde Ärzte und medizinische Hilfskräfte, die den Bezug zu ihrem Patientenstamm nicht so haben können, wie dies noch jetzt in der hausärztlichen Versorgung üblich ist, wären die Folge. Gleichzeitig akzeptieren wir in der Konsequenz eine Zwei-, Drei- und Mehrklassenmedizin. Die Autoren möchten nicht in einer Gesellschaft leben, in der die medizinische Versorgung vom Einkommen der Patienten abhängt. Es besteht also Handlungsbedarf, wie auch die aktuellen Wahlen mit der erschreckenden Zunahme der (Protest?-)Wählergunst für AfD und BSW deutlich zeigen (Tagesschau, 2024). Geschichte sollte sich nicht wiederholen und nicht alles müssen wir den Amerikanern nachmachen, statt dessen sollten wir von den nordeuropäischen Ländern lernen.

# 3  Alleingelassen im System – menschenwürdigere Versorgung …

| Name | Sitz | Bundesland | Eigenkapital in Mio. Euro | Gesamtausgaben in Mio. Euro | Zweckausgaben in Mio. Euro | Rechtsform |
|---|---|---|---|---|---|---|
| Alexander von Humboldt-Stiftung | Bonn | Nordrhein-Westfalen | 14,4(BW) | 154,4 | 131,2 | H |
| Allgemeiner Hannoverscher Klosterfonds | Hannover | Niedersachsen | 586,2(BW) | 37,7 | 11,2 | K |
| Bayerische Forschungsstiftung | München | Bayern | 394,5(BW) | 14,0 |  | Ö |
| Bayerische Landesstiftung | München | Bayern | 866,2(BW) | 13,7 | 12,9 | Ö |
| Bischof Arbeo Stiftung | München | Bayern | 713,5(BW) | 23,6 | 11,3 | K |
| Blindeninstitutsstiftung | Würzburg | Bayern | 104,7(BW)** | 110,4** | 110,4** | Ö |

Stand: 12. Februar 2024
Erhebungszeitraum: 2022
* Erhebungszeitraum: 2021
** Erhebungszeitraum: 2020

Hinweis zum Eigenkapital
BW = Buchwert

Hinweis zur Rechtsform
K = Kirchliche Stiftung
H = (Überwiegend) öffentlich finanzierte Stiftung privaten Rechts
Ö = Stiftung öffentlichen Rechts

**Abb. 3.4** Die sechs größten Stiftungen öffentlichen Rechts in Deutschland. (Bundesverband Deutscher Stiftungen, 2024a)

## Fall 8: Hirn durch Drogen und Alkohol zerstört – Patient zweiter Klasse?

Der 36-jährige Hendrik, der sich überall nur mit seinem Vornamen meldet, ist – wie man sagt – abgerutscht: Vater von zwei Kindern, zunächst „nur" alkoholabhängig, früh geschieden, im Verlauf kamen andere Drogen dazu. Hendrik stellt sich in der Notaufnahme eines städtischen Krankenhauses vor. Er sieht stark abgemagert und ungepflegt aus, leidet unter starkem Husten, Muskelschmerzen und einem allgemeinen Schwächegefühl. Bei der Befragung gibt er an, mehrfach Opiate zu konsumieren, aber auch „synthetisches Zeug". Hendrik berichtet außerdem, dass er in den letzten Tagen zunehmend Atemschwierigkeiten hatte und sich besonders unwohl fühlte, was ihn schließlich dazu bewogen hat, das Krankenhaus aufzusuchen.

Hendrik erzählt, dass er vor etwa zehn Jahren, nach der Scheidung von seiner Frau, angefangen hat, Drogen zu konsumieren. Vorher habe er „nur gut gefeiert, wie alle das machen". Schleichend wurde daraus ein täglicher Alkoholkonsum. Anfangs konsumierte er zusätzlich gelegentlich Cannabis, um „mit dem Stress umzugehen", doch bald entwickelte sich eine Abhängigkeit auch von dieser Droge. Aufgrund seiner Drogensucht hat er seine Arbeitsstelle verloren und ist auch aktuell arbeitslos. Seine Familie hat sich von ihm distanziert, und er hat keinen Kontakt zu seinen beiden Kindern. Er lebt zurzeit in einer kleinen Wohnung und ist finanziell durch staatliche Hilfe unterstützt. Die Kollegen im Krankenhaus geben sich viel Mühe. Umfangreiche Untersuchungen und Tests ergeben schließlich folgende Diagnosen:

1. Polytoxikomanie
2. Akute bronchopulmonale Infektion, möglicherweise Pneumonie
3. Mangelernährung
4. Multiple Hautinfektionen und Abszesse
5. Depressive und ängstliche Störung gemischt

In der Notaufnahme erhält Hendrik intravenöse Flüssigkeit, ein Breitbandantibiotikum, eine Wundversorgung und Schmerzmittel. Schließlich erhält er einen Entlassbrief, der folgendes Prozedere empfiehlt:

- Überweisung zu einer Entzugsstation und einem Suchtspezialisten
- Einleitung einer Opioid-Substitutionstherapie (z. B. Methadon oder Buprenorphin)
- psychotherapeutische Betreuung zur Behandlung von Depression und Angstzuständen
- Ernährungsberatung und Supplementierung zur Behandlung der Mangelernährung
- regelmäßige Zahnarztbesuche und Behandlungen zur Verbesserung der Zahngesundheit
- soziale Unterstützung durch Sozialarbeiter, um die Lebenssituation und die Familienkontakte zu verbessern
- Anschluss an ein strukturiertes Rehabilitationsprogramm nach dem Entzug, einschließlich Gruppentherapien und Selbsthilfegruppen

## 3 Alleingelassen im System – menschenwürdigere Versorgung ...

Und nun die Gretchenfrage: Wie realistisch ist es, dass diese Empfehlungen in der aktuellen Segmentierung von Zuständigkeiten und Versorgungsebenen in die Realität umgesetzt werden? Sie ahnen es ....

Insbesondere die Tatsache, dass hier verschiedene Kostenträger auf Grundlage unterschiedlicher Sozialgesetzbücher miteinander arbeiten müssten, macht den Fall in der hausärztlichen Praxis unter aktuellen Rahmenbedingungen unlösbar. Hier bringt uns die Bürokratie des Sozialstaates mal wieder an die Grenzen. Zum Glück sind wir mit der Sicherstellungsbörse nicht an das SGB gebunden, sodass eine koordinierte Hilfe in der Praxis zukünftig gelingen könnte.

Wer einmal erleben möchte, wie unsere Gesellschaft mit denen umgeht, die sich aus eigener Schuld zu den Hilfebedürftigsten entwickelt haben, sollte eine Einrichtung der stationären Hilfe nach § 67 SGB XII besuchen. Als Hausarzt in Münster betreut der Autor mit seiner (übrigens in 10 von 12 bisherigen Quartalen defizitären, damit hoffentlich bald steuerrechtlich als „Liebhaberei" bewerteten) Praxis einige der Einrichtungen der Bischof-Hermann-Stiftung (Bischof-Hermann-Stiftung, o. J.). Im Ketteler- und Christopherus-Haus werden Menschen mit einer Suchterkrankung aufgefangen und vor dem persönlichen Untergang bei Obdachlosigkeit und Überforderung mit den bürokratischen Antragsverfahren bewahrt. Die Arbeit der Mitarbeitenden vor Ort ist vorbildlich, ihr tägliches Engagement „erdet" in einer immer schnelllebigeren und konsum-orientierten Gesellschaft. Doch trotz allen Engagements der Mitarbeitenden ist die Benachteiligung der Bewohner dieser Einrichtungen durch die medizinischen Leistungserbringer in ambulanter und stationärer Versorgung spürbar – nicht immer, aber leider immer öfter. Erfolgt ein Wechsel des Praxisinhabers, wie zuletzt bei einer urologischen Praxis der Stadt, ist der Unterschied direkt spürbar: Termine, die zuvor noch kurzfristig vereinbar waren, sind nicht mehr zu bekommen. Individuelle Gesundheitsleistungen (privat zu zahlen) wurden ohne Rücksicht auf die fehlende Finanzkraft des Patienten als notwendig/verpflichtend beschrieben, die Behandlung selbst blieb ohne zielführendes Ergebnis. Eine zuvor vorbildliche und diskriminierungsfreie Behandlung geht mit dem alten Praxisinhaber in den Ruhestand. Urologen gehören zur Arztgruppe mit einem überdurchschnittlichen Einkommen der niedergelassenen Ärzte (Statista, 2024a). Privatärztliche Leistungen sind für den wirtschaftlichen Erfolg dieser und vieler anderer Praxen in Ballungsräumen bestimmend. Alkoholiker, Junkies und verhaltensauffällige Patienten sind dabei „schlecht für das Geschäft". Nun kann man die „Selektion des eigenen Patientenguts" bei einem Praxisinhaberwechsel als verwerflich empfinden, aber letztlich produziert das Vergütungssystem eines Landes die „Versorgung, mit der man verdient". Und unser Land incentiviert die Ungleichbehandlung der Kranken zugunsten der Gesunden, der Hilfsbedürftigen zugunsten der Selbstzahler und Privatpatienten sowie der Menschen am Rande der Gesellschaft zugunsten der schnellen Diagnostik und Behandlung.

In der medizinischen Versorgung fehlt für diese Gruppe der sich kümmernde Fürsprecher vor Ort. Mit der Situation persönlich überfordert und dem Ziel, aufgrund von Suchtdruck möglichst schnell die Klinik zu verlassen, erhalten diese Patienten nur selten die mögliche oder übliche Behandlung. Nur wenige schaffen es daher, eine solche Einrichtung mit erfolgter Reintegration in die Gesellschaft zu verlassen.

Mit der Sicherstellungsbörse bekommen auch diese Menschen ohne bestätigte Behinderung, aber offensichtlich fehlender Gleichstellung eine Lobby. Stiftungen und Mäzene können unterstützen, die Ungleichbehandlung zu beseitigen. Durch die Transparenz einer schlechteren Versorgung dieser Bevölkerungsgruppe und der gleichzeitig bestehenden Verpflichtung des Staates zur Gewährleistung der Rechte des deutschen Grundgesetzes wird der Mehrwert der Sicherstellungsbörse deutlich: Feedbackmechanismen und ein Berichtswesen über die Versorgung vulnerabler Gruppen werden die fehlende Gleichstellung und Einhaltung der Grundrechte nachvollziehbar machen. Gleichbehandlung aller sozialen Gruppen wird gegenüber dem aktuellen System mit impliziter Rationierung zu einer Kostensteigerung führen. Deutschland ist einer der reichsten Staaten und die drittgrößte Volkswirtschaft der Welt (Statista, 2024b). Wenn sich zeigen sollte, dass wir die Grundrechte für alle Menschen in gleichem Umfang nicht mehr finanzieren können oder wollen, so ist eine politische Willensbildung mit Mehrheitsentscheidung nötig. Implizite Rationierung können Ärzte und darf die Gesellschaft nicht akzeptieren. Die Autoren sprechen sich dafür aus, die politische Diskussion zur expliziten Rationierung von Gesundheits- und Sozialleistungen jetzt zu beginnen, denn die strukturierte Erhebung von Gesundheitsdaten und die sich daraus ergebende Transparenz der Digitalisierung werden die Schwächen des aktuellen Systems zeitnah offenlegen. Alle heute tätigen Politiker wären daher gut beraten, sich mit der Realität im deutschen Sozialstaat auseinanderzusetzen. Die Einsicht, „ein Weiterso ist keine Option" ist zwar bei fast allen Parteien vorhanden (Klein-Schmeink, 2021; vs. Schlichting, 2024), allerdings unterscheiden sich die politischen Lösungsansätze deutlich. Vielleicht ist die Abkehr von der Kostenfokussierung und die Zuwendung zur nutzenorientierten Ressourcenpriorisierung im Gesundheitswesen bei gleichzeitiger Gewährleistung der Grundrechte für alle Menschen ein parteipolitisch übergreifender Konsens. Mit der Sicherstellungsbörse können die zur objektiven Bewertung der Einhaltung des Grundgesetzes in der Gesundheitsversorgung notwendigen Daten zur Verfügung gestellt werden.

## Fall 9: Komplexe Versorgung nötig – statt bürokratischen Overkills sollte die Information den Nutzer finden und die medizinische Behandlung sich selbst organisieren!

Tom wird von seinen Eltern in der neuen Hausarztpraxis vorgestellt. Aufgrund seiner komplexen Erkrankung ist der Wechsel von der Kinder- und Jugendmedizin in die Erwachsenenmedizin ein schwieriger Schritt, der gut vorbereitet werden muss. Tom wurde mit einer seltenen angeborenen Fehlbildung geboren, die als fibulare Hemimelie bekannt ist. Dabei fehlt ihm von Geburt an das Wadenbein (Fibula) seines rechten Beins, was zu einer erheblichen Beinlängendifferenz und anderen damit verbundenen Problemen führt.

Im Säuglingsalter wurde die Diagnose gestellt. Tom hatte in der Vergangenheit mehrere orthopädische Operationen in spezialpädiatrischen Zentren einschließlich einer Epiphysiodese (Wachstumsfugenblockade), um das Wachstum des gesunden Beins zu verlangsamen und die Beinlängendifferenz zu verringern. Zudem trägt er seit mehreren Jahren regelmäßig Schuheinlagen und orthopädische Hilfsmittel, um eine bestmögliche Funktion und Mobilität zu gewährleisten.

Tom lebt bei seinen Eltern und hat eine jüngere Schwester. Er besucht die zwölfte Klasse eines Gymnasiums und plant, nach dem Abitur ein Studium im Bereich Grafikdesign aufzunehmen. Trotz seiner körperlichen Herausforderungen ist Tom ein aktiver Jugendlicher. Er interessiert sich für Computerspiele, Grafikdesign und spielt in einer Schulband. Aufgrund seiner Erkrankung wurden er und seine Familie in den letzten Jahren intensiv von Physiotherapeuten, Kinderorthopäden und Sozialarbeitern in der pädiatrischen Spezialambulanz einer Uniklinik behandelt. Organisiert wurde dies stets durch den ambulanten Kinderarzt, der in die pädiatrische Uniklinik überweisen durfte. Diese Ambulanz darf Tom jedoch nur bis zum 18. Lebensjahr behandeln. Leider ist die Transformation schwer vorerkrankter Jugendlicher in die Erwachsenenmedizin in keiner Weise organisiert. Das, was zuvor ein ambulanter Kinderarzt und die Uniklinikambulanz übernommen hat, müssen jetzt der Hausarzt, der ambulante Orthopäde, Neurologe und ein Physiotherapeut auffangen. Dabei darf der Hausarzt zum Neurologen und Orthopäden überweisen, und diese wiederum dürfen in eine Krankenhausambulanz überweisen. Auch hier wird schnell klar: Auf die Versorgung derart komplexer Fälle ist unser System überhaupt nicht vorbereitet – im Gegenteil: Wer in der „Erwachsenenmedizin" aus der Norm fällt, fällt komplett durchs Raster. Für Eltern ist dieser Umstand kaum zu ertragen.

Aktuell klagt Tom über Schmerzen und Ermüdung im betroffenen Bein, insbesondere nach längeren Geh- und Stehphasen. Zudem hat er Schwierigkeiten mit der Balance und fühle sich unsicher beim Laufen, insbesondere auf unebenem Gelände. Die Beinlängendifferenz beträgt aktuell etwa fünf Zentimeter, trotz vorheriger Korrekturen. Deformitäten sind im Fuß und im Bereich des Sprunggelenks sichtbar. Tom hat eine eingeschränkte Beweglichkeit im rechten Sprunggelenk. Darüber hinaus berichtet Tom, dass er sich manchmal wegen seiner Fehlbildung und der damit verbundenen Einschränkungen sozial isoliert fühlt. In der Schule wurde er gelegentlich gehänselt, was sein Selbstbewusstsein beeinflusst hat.

Die körperliche Untersuchung während dieser Erstvorstellung ergibt folgende Diagnosen:

1. Fibulare Hemimelie des rechten Beins
2. Deformität des rechten Fußes und Sprunggelenks

3. Beinlängendifferenz von ca. 5 cm
4. Sekundäre Muskelungleichgewichte und Haltungsschäden

Folgendes Therapieregime steht jetzt an: Für die akute Verbesserung der Schmerzen ist die Anpassung der orthopädischen Schuheinlagen und -hilfen zur Optimierung der Balance und Reduktion der Belastungsschmerzen notwendig. Dafür muss der Hausarzt Tom zum Orthopäden überweisen, und hier greift das Dilemma, um das sich dieses ganze Buch dreht.

Physiotherapie zur Stärkung der Muskulatur, Verbesserung der Beweglichkeit und Ausgleich von Muskelungleichgewichten ist maximal mit dreimal sechs Behandlungen vorgesehen. Darüber hinaus ist „langfristiger Behandlungsbedarf" zu beantragen. Nach Überweisung zum Orthopäden und weiterer Überweisung in eine spezialorthopädische Klinik wird die Möglichkeit einer Beinverlängerung mittels eines Fixateurs externa besprochen. Dies kann helfen, die Beinlängendifferenz zu reduzieren. Korrekturoperationen am Fuß und Sprunggelenk zur Verbesserung der Funktion und Reduktion der Deformitäten werden in Erwägung gezogen. Dafür muss jeweils die postoperative Nachsorge im ambulanten Setting gewährleistet sein. Tom wird immer ein Patient mit erhöhtem Versorgungsbedarf sein, obwohl seine Erkrankung weder im Finanzausgleich der Krankenkassen vorgesehen ist noch beim Honorar der Ärzte abgebildet werden kann.

Langfristig wünschenswert wäre eine regelmäßige physiotherapeutische Betreuung, um die Muskelkraft und Gehfähigkeit zu erhalten und zu verbessern, psychologische Unterstützung zur Förderung des Selbstbewusstseins und der sozialen Integration sowie die regelmäßigen Kontrollen durch den Orthopäden zur Überwachung des Fortschritts und bei Bedarf Anpassung der therapeutischen Maßnahmen. Ersteres und Zweiteres muss die Krankenkasse genehmigen, und für Letzteres muss der Orthopäde Kompetenz und Interesse haben, ohne dafür angemessen vergütet zu werden.

Wie realistisch scheint dieses interdisziplinäre therapeutische Regime unter den aktuellen Bedingungen unseres Gesundheitssystems? Zur Wahrheit gehört an dieser Stelle, dass Kinder und Jugendliche – nicht nur während einer COVID-19-Pandemie – in unserem Gesundheitssystem keine Lobby haben.

Die Verbände der Hausärzte fordern nicht nur aus diesem Grund den Ausbau der Hausarztpraxen zu „Teampraxen" (Bayerischer Hausärzteverband, 2023). Nicht-ärztliches Personal wird benötigt, um die Schnittstellen im Patienteninteresse und bürokratiearm zu bedienen. Doch für diese neuen Strukturen findet sich noch keine Finanzierungsgrundlage.

Die Finanzierungsgrundlage der Krankenkassen ist der sogenannte Morbi-RSA (Bundesamt für Soziale Sicherung, 2023). Dieser wurde mit Einführung des Gesundheitsfonds bereits datenbasiert konzipiert. In Ergänzung zu Alter und Geschlecht werden weitere Faktoren, insbesondere aber die Diagnosen und zum Teil Medikamentendaten, dazu verwendet, den Finanzbedarf eines Bürgers zu berechnen und die Finanzmittel des Gesundheitsfonds gerecht auf die Krankenkassen zu verteilen.

**Exkurs: Was ist der Morbi-RSA?**
Der Morbi-RSA (morbiditätsorientierter Risikostrukturausgleich) ist ein zentraler Mechanismus im deutschen Gesundheitssystem, der seit 2009 angewendet wird. Er soll eine gerechte Finanzierung der gesetzlichen Krankenversicherung (GKV) sicherstellen, indem er die Unterschiede in der Krankheitslast der Versicherten berücksichtigt. Der Morbi-RSA verwertet neben Alter und Geschlecht auch den Gesundheitszustand der Versicherten. Dazu werden Diagnosen und Arzneimittelverordnungen herangezogen.

Es gibt eine Liste von derzeit rund 80 kostentreibenden Krankheiten („Krankheitsgruppen"), die für den Ausgleich relevant sind. Diese Liste wird regelmäßig überprüft und angepasst und steht genauso regelmäßig in der Kritik. Die Krankenkassen übermitteln anonymisierte Daten über Diagnosen und Verordnungen ihrer Versicherten an das Bundesamt für Soziale Sicherung (BAS), das für die Durchführung des Ausgleichs zuständig ist. Auf Basis der übermittelten Daten und der Krankheitslast der Versicherten werden den Krankenkassen finanzielle Mittel aus dem Gesundheitsfonds zugewiesen. Krankenkassen mit vergleichsweise vielen schwerkranken Versicherten erhalten höhere Zuweisungen, während Kassen mit vielen gesunden Versicherten niedrigere Zuweisungen erhalten. Dadurch soll das finanzielle Risiko gleichmäßiger verteilt werden. Kritisch muss man anmerken: Der Mechanismus ist technisch und organisatorisch komplex, die korrekte Zuweisung der Mittel erfordert eine akkurate und zeitnahe Datenerfassung sowie -übermittlung. Es gibt Bedenken, dass Krankenkassen und Ärzte die Diagnosen anders als in der Realität korrekt kodieren könnten, um höhere Zuweisungen zu erhalten ("Upcoding"). Die Autorin selbst wurde von der AOK angerufen, warum in ihrer Praxis so viele Adipositaspatienten verschwinden … Meine Antwort: „Ich bin Ernährungsmedizinerin!"

Dagegen erfolgt die Verteilung der finanziellen Ressourcen in die Regionen gemäß historisch gewachsener und damit ungleicher Verteilungsmechanismen. Verbände der Krankenkassen verhandeln mit den Verbänden der Leistungserbringern (Krankenhaus, Vertragsärzte, Pflege, etc.) die Vergütung eines Jahres. Wieviel Geld für einen Patienten in einer Region Deutschlands zur Verfügung steht, hängt von dem über Jahrzehnte kumulierten Verhandlungsgeschick der regionalen Verbände ab. Hieraus resultiert, dass es Regionen wie Bremen, Hamburg oder Westfalen-Lippe gibt, in der für die ambulante ärztliche Versorgung im Jahr 2010 viel weniger Geld zur Verfügung stand als in anderen Bundesländern (KBV, 2012), und sich diese Rangfolge im Jahr 2023 derart verändert hat, dass nun Vertragsärzte in Bremen und Hamburg überdurchschnittlich sowie Brandenburg und Sachsen unterdurchschnittlich viel Geld pro Versicherten erhalten (KBV, 2024). Durch die Entwicklung der Morbidität ist dieses Phänomen nicht zu erklären, sodass eine Ungleichheit in der Gesundheitsversorgung durch die bestehenden Strukturen der Selbstverwaltung (BMG, 2024) abgeleitet werden kann. Absurd? Wir finden, JA! Und zur Abhängigkeit der Mittelzuweisung auf dem Verhandlungsweg: NEIN!

Denn warum sollte überhaupt eine Verteilung der finanziellen Ressourcen auf dem Verhandlungsweg erfolgen? Gegenüber dem eklatanten Nachteil der Ungleichbehandlung und damit der Verletzung der Grundrechte einzelner Bürger sollte nach Meinung der Autoren jeder Bürger in Analogie der Ressourcenverteilung des Morbi-RSA für die Krankenkassen auch sein „Gesundheitsbudget" der Region, in der er lebt, zugeteilt bekommen. Im Ergebnis bestimmt die Summe der Morbi-RSA-Zuweisungen aller Bürger einer Region das regionale Gesundheitsbudget, das anschließend über die in der Selbstverwaltung etablierten Mechanismen verteilt wird (oder ggf. sogar auch hier staatlich einheitlich vorgegeben wird).

Welche Leistungen für die Bürger einer Region in Verwendung der verfügbaren finanziellen Ressourcen bereitgestellt werden, könnte nach bundesweit einheitliche Regeln der „A-priori-Genehmigung" festgelegt werden. Die Sicherstellung würde *ausschließlich* für diese priorisierten (und sicher finanzierbaren) Gesundheitsleistungen gelten. Da der gesamte Prozess, der Genehmigung, Leistungserstellung und Abrechnung digital umgesetzt wird, wären auch „ad hoc-Auswertungen" möglich, die die Bereitstellung von zusätzlichen Mitteln oder den weiteren Priorisierungsbedarf bei den GKV-finanzierten Leistungen frühzeitig erkennbar machen.

Wenn darüber hinaus je Hausarztpraxis die Patienten primärärztlich eingeschrieben würden, wäre auch die nutzenorientierte und erfolgsabhängige Vergütung der Ärzte möglich.

Ein Gesamtsystem, in dem alle Interessen synchronisiert sind, könnte auf Basis der ersten Entwicklungsschritte durch die Sicherstellungsbörse entstehen, indem …

- Gremienarbeit auf ein effektives Minimum reduziert wird,
- Regeln der Ressourcenverteilung transparent und datenbasiert abgebildet sind, sodass sie automatisiert umgesetzt werden können,
- Kommunikationsprozesse auf Basis dieser Regeln ebenfalls datenbasiert erzeugt sowie barrierefrei, in leichter bzw. angemessener Sprache und multilingual entwickelt werden könnten,
- kontinuierliche Verbesserungsprozesse implementiert werden.

Der Autor hat in seiner Zuständigkeit als Vertragsverantwortlicher einer großen deutschen Krankenkasse selbst an den kassenübergreifenden Verhandlungen zum Honorarvertrag (der vertragsärztlichen Vergütung) teilgenommen. Kostenfokussierung steht in der Strategie der Krankenkassen mit dem Verweis auf die „Beitragsstabilität" stets im Vordergrund. Kassenärztliche Interessen und die Gewährleistung der Sicherstellung medizinischer Versorgung lassen sich auf dieser Basis auf dem Verhandlungsweg nicht herstellen. Verständlicherweise sind Krankenkassen in Kenntnis der „schwarzen Schafe" in der Ärzteschaft nicht bereit, mehr Geld für eine in vielen Bereichen nicht mehr zufriedenstellende ärztliche Leistung zur Verfügung zu stellen. Gleichzeitig können aber auch die

„weißen Schafe" mit dem im Fall 3 beschriebenen Budget durch das Regelleistungsvolumen nicht mehr ethisch verantwortlich haushalten.

Die „Spreu vom Weizen zu trennen" gelingt unseres Erachtens mit einer datenbasierten und evaluierbaren Nutzenorientierung, wie sie die Sicherstellungsbörse ermöglicht. Dabei könnte diese zusätzliche und später auch ergänzend leistungsabhängige Mehrvergütung zur Regelversorgung zuerst in einem kleinen Pilotprojekt getestet, dann im Rahmen von Selektivverträgen flächendeckend in einem Bundesland und später über den Innovationsfonds nach § 92a SGB V für die Regelversorgung bundesweit erprobt werden.

Aufgrund der Komplexität der Versorgung ist ein Leitsatz im IT-Konzept der Sicherstellungsbörse besonders wichtig: **„Die Information findet den Nutzer."**

Das Fachwissen in der Medizin wächst weiterhin in einem noch nie dagewesenen Tempo (Frauenhofer IKS, 2024). Für einen einzelnen Arzt sind damit die Erkenntnisse aus der Vielzahl medizinischer Studien nicht nur nicht überschaubar, sondern selbst unter Anwendung von Leitlinien (Sammlung von Schlussfolgerungen für den „Standardfall") nicht auf den Einzelfall anwendbar. Die Absurdität der Transformation von Wissen zeigt die nachfolgende Erläuterung auf: Bei Studien, die nach der Good Clinical Practice (Zimmermann & Steinhorst, 2018) durchgeführt werden, werden Ein- und Ausschlusskriterien definiert. Nur für Patienten, die diese Kriterien erfüllen, gelten die ermittelten Studienergebnisse. Als Konsequenz daraus steht für die Vielzahl der individuellen Befundkonstellationen der Patienten in Deutschland nur wenig gesichertes medizinisches Wissen zur Verfügung. Medizinische Leitlinien (AWMF, o. J.) fassen daher die Studienergebnisse für Standardfallkonstellationen zusammen. Der einzelne Arzt muss dieses Wissen wiederum lernen und auf den Einzelfall mit seinen individuellen Befundkonstellationen anwenden.

Fazit: Unüberschaubar viel Wissen wird von Experten verkürzt zusammengeführt, um von Anwendern gelernt werden zu müssen, damit das nur für den Standardfall geltende Wissen dann wieder auf viele unterschiedliche Patienten individuell angewendet werden muss. Hört sich doch einigermaßen fehleranfällig an, oder? Daher glauben die Autoren fest daran, dass Digitalisierung und KI für Ärzte und Patienten eine wirkliche Unterstützung sein können. Allerdings wären hierfür nicht die bisherigen „statistischen Verfahren der KI" (Mittelstand-Digital Zentrum Chemnitz, o. J.), sondern eher andere Prinzipien der Entscheidungsunterstützung mithilfe von KI-Methoden nötig. Denn in der Informatik führt unstrukturiertes Wissen gemäß „Garbage in, Garbage out"-Prinzip (ComputerWeekly.de, 2020) zu fehlerhaften Schlussfolgerungen. Diese müssen also auch unweigerlich entstehen, wenn sich KI-Anwendungen Wissen aus „schlechten Datenquellen", d. h. dem Internet, zusammenstellen. Würde allerdings das publizierte Studienwissen gemäß der Prinzipien der Metaanalyse (Hilgers et al., 2019) für individuelle Konstellationen in Abgleich der Ein- und Ausschlusskriterien der Studien zusammengefasst, würde Wissen mit „individuell bestmöglicher Evidenz" entstehen. Mit einem nicht unbedeutenden Nebeneffekt: Bei der Frage, ob z. B. ein weiteres Medikament zur Reduktion der kardiovaskulären Sterblichkeit eingesetzt werden soll, käme endlich auch das Risiko der Multimedikation zum Tragen, das bisher allenfalls in der Geriatrie systematisch im Vorgang des „De-Prescribing" Anwendung findet.

**Stellen Sie sich zur Veranschaulichung des Prinzips bitte folgendes Beispiel vor**

Für eine Therapie (Gabe eines „Blutverdünners" bei Patienten mit Vorhofflimmern) gibt es mehrere Medikamente und eine geringe Anzahl von Studien, die den Anforderungen der evidenzbasierten Medizin genügen. An diesen Studien (in der Regel finanziert vom Hersteller der Medikamente, die ihren Einfluss z. T. bis in die höchsten Gremien der evidenzbasierten Medizin ausüben, s. a. Diskussionen um den „Fall Peter C. Gøtzsche", Nordic Cochrane Center) haben Patienten unterschiedlicher Altersgruppen beiderlei Geschlechts teilgenommen. Sowohl für sehr junge, als auch alte Menschen (die eine große Gruppe der zu behandelnden Patienten ausmachen) liegen keine Studienergebnisse vor. Die Aussagen, die in den aktuellen Leitlinien abgebildet sind, lassen sich somit nur für einen Teil der Patienten (nämlich jene, die in allen für den Vergleich notwendigen Studien eingeschlossen waren) sicher ableiten. Ob nun die Schlussfolgerungen der Leitlinie auch für die Patienten gelten, die nicht in den Studien angemessen repräsentiert sind, ist nicht bekannt. Unter dem Gebot des „Nicht schaden dürfens" („nihil nocere", siehe unten) muss der Arzt für diese Patienten nun nach „bestem Wissen und Gewissen" entscheiden, wenn er eine Therapie neu beginnt oder eine bestehende Therapie (z. B. mit dem „altgedienten" zur „Blutverdünnung", dem Marcumar) ändert. Marcumar ist ein sehr kostengünstiges Medikament (Großpackung < 20 €), das in Bezug auf seinen Wirkspiegel kontrolliert werden kann. Die „neuen Blutverdünner" können nicht in ihrer Wirkung kontrolliert werden, ob sie wirken oder schaden, kann also bei regelmäßiger Einnahme nicht mehr überprüft werden. Wie würden Sie in Kenntnis dessen entscheiden, wenn das bisher von Ihnen eingenommene Medikament „Marcumar" nun gegen ein neues Medikament (Großpackung knapp 400 €; d. h. etwa 20-fach höhere Kosten) eingetauscht werden soll, das folgende „Studiendaten" gezeigt hat: Nur in einem von 500 Fällen ist das neue Medikament überlegen, Hirnblutungen in Folge des Vorhofflimmerns zu vermeiden (NNT 500; IQWiG, o. J.), aber in 1 von 100 Fällen kommt es zu einer schweren Magen-Darm-Blutung. Das heißt, 5 Patienten, die keinen Nutzen der Umstellung erwarten können, erhalten als Gegenleistung für die Hoffnung darauf, einer von 500 zu sein, eine schwere Magen-Darm-Blutung.

Um es noch deutlicher zu machen: Sie können also an der Lotterie teilnehmen, in der sie als einer von 500 den Hauptgewinn bekommen können. Dabei gehen Sie das Risiko ein, dass nach Zufallsauswahl fünf der 500 von einem „Messerstecher" heimgesucht werden, der den Opfern eine schwerwiegende, aber nicht tödliche Verletzung des Magen-Darmtrakts zuführt. Würden Sie bei der Lotterie mitmachen? Sie können nicht glauben, dass Medikamente mit einem solchen Nutzen-Risiko-Profil in Deutschland zugelassen sind? Zwar ist das beschriebene Medikament nicht mehr die „Therapie der Wahl" und wird unter den Vertragsärzten kaum verschrieben, aber die Zahlen sind real und können nachgelesen werden (AkdÄ, 2019). Sie verstehen an diesem Beispiel aber sicherlich auch, dass die Abwägung von Nutzen und Risiko im Einzelfall keine einfache oder leichtfertig zu treffende Entscheidung ist. Entscheidungen, auf Grundlage der aktuellen Studienlage (evidenzbasiert) zu treffen, und gleichzeitig den Patienten in den Entscheidungsprozess (partizipativ) einzubinden, ist komplex und setzt umfangreiches Wissen voraus. Digitale Entscheidungshilfen, die z. B. auch KI-Technologien verwenden, werden einmal eine sehr große Hilfe bei der Festlegung einer individuell bevorzugten Therapie sein.

Stellen Sie sich in Kenntnis dessen nun einmal vor, eine KI-Anwendung wäre in der Lage, die Ein- und Ausschlusskriterien einer Studie zu „extrahieren" und auch die Studienergebnisse nach „Number needed to treat" (NNT; IQWiG, o. J.) und „Number needed to harm (Antwerpes et al., 2024)", bezogen auf ein Jahr Studiendauer, zu „normieren". Stellen Sie sich darüber hinaus ein System vor, das die Daten einer elektronischen Gesundheitsakte auf die Ein- und Ausschlusskriterien von Studien analysieren und die „bestmöglich verfügbare Evidenz" für ein Diagnostik- oder Behandlungsziel in einer Rangfolge nach ihrer Studienqualität verfügbar machen könnte. Mit dieser Anwendung wäre die Diagnostik- und Behandlungsqualität darauf beschränkt, dass der Anwender die angebotene Information lesen und verstehen bzw. in medizinisches Handeln umsetzen könnte. Die Autoren bewerten ein solches System, in dem die verfügbare Information über die wissenschaftliche Datenlage eines Einzelfalls den Nutzer finden würde, als eine „Killerapplikation" (Duden, 2024). Diese informationstechnologische Killerapplikation wäre allerdings medizinisch eine „Non-Killerapplikation", die wahrscheinlich einen Wertschöpfungsbeitrag von vielen gewonnenen Lebensjahren für Patienten und viele Jahre gewonnener Ärztezeit für deren ureigenste Aufgaben, die wertschätzende Zuwendung (Bundesärztekammer, 2024), generieren könnte. Eine solche Anwendung würde alle Software-Anwendungen der Entscheidungsunterstützung oder der Triage in den Schatten stellen und medizinisches Wissen bei den anwendenden Ärzten und Patienten direkt verfügbar machen. Bis dass eine solche Technologie beim Arzt verfügbar ist, ist der Weg allerdings noch weit. **Die Autoren würden sich sehr daher freuen, wenn sie Interessierte und/oder Investoren für ein solches Projekt gewinnen könnten.**

Doch auch im Bereich der „Health Literacy" (Stiftung für Qualität und Wirtschaftlichkeit im Gesundheitswesen, o. J.), um die es in Deutschland schlecht bestellt ist (Universität Bielefeld, 2023), wird ein „Information findet den Nutzer"-Ansatz nicht nur seit Jahrzehnten propagiert (Censhare, 2012; Hägele et al., 1999; Köhler et al., 1999), sondern würde Informationen für Patienten auch endlich diskriminierungsfrei und multilingual nach individuellen Gesundheitskonstellationen verfügbar machen. KI-Anwendungen sind schon jetzt in der Lage, simultan zu übersetzen und Videobeiträge multilingual verfügbar zu machen (Nordenbrock, 2023) sowie auch Wissen aus dem Internet als Patienteninformation zusammenzustellen (Neff & Soergel, 2023). Dabei ist es jedoch aus Sicht der Autoren besonders wichtig, eine regelmäßige und unabhängige Qualitätssicherung zu gewährleisten. Verschiedene Akteure im Gesundheitswesen wie ÄZQ mit www.patienteninformation.de, IQWiG mit www.gesundheitsinformation.de oder der Pionier der Patienteninformierung (Köhler, 1998), Dr. Michael Hägele, mit www.medisuch.de stellen seit vielen Jahren sehr gute Informationsmaterialien zur Verfügung. Um deren Wirkung nachhaltig zu entfalten, müssen die Informationen allerdings beim jeweiligen Anlass, zu dem Informierung benötigt wird, verfügbar sein. Dies kann nur dann gewährleistet werden, wenn die Suche entfällt und die „Information den Nutzer findet".

Die Autoren sind optimistisch, dass die vorgestellte Sicherstellungsbörse IT-technisch und medizinisch-ethisch ein Ausgangspunkt für die datenbasierte, nutzenorientierte Gesundheitsversorgung und Patienteninformierung in Deutschland werden kann.

## Fall 10: Versorgung in einer alternden Gesellschaft – Unterversorgung als systemischer Anreiz muss beseitigt werden!

Frau Horstmann stellt sich in Begleitung ihrer Tochter in der Hausarztpraxis vor. Sie berichtet über zunehmende Müdigkeit, Kurzatmigkeit, Schwindel und allgemeine Schwäche. Ihre Tochter bemerkt außerdem, dass ihre Mutter in letzter Zeit vergesslich geworden sei und häufig über Schmerzen in den Gelenken klage.

Frau Horstmann, 82 Jahre, lebt allein in ihrer Wohnung, erhält jedoch regelmäßige Unterstützung von ihrer Tochter, die in der Nähe wohnt. Sie gibt an, dass sie eigenständig ihren Haushalt führt, jedoch seit einigen Monaten bei Aktivitäten des täglichen Lebens wie dem Einkaufen und der Körperpflege auf Hilfe angewiesen ist. Sie war früher sozial sehr aktiv, hat aber wegen ihrer körperlichen Beschwerden viele Aktivitäten eingestellt und fühlt sich zunehmend isoliert. Hier ihre Falldarstellung:

**Medizinische Anamnese**
- Herz-Kreislauf-Erkrankungen: Hypertonie (seit zehn Jahren), Vorhofflimmern (seit zwei Jahren, medikamentös behandelt mit Marcumar)
- Diabetes mellitus Typ 2: Diagnosestellung vor 15 Jahren, derzeit behandelt mit Metformin und Forxiga (auch kardioprotektiv)
- Osteoporose: Diagnosestellung vor fünf Jahren, behandelt mit Bisphosphonaten und Kalzium-/Vitamin-D-Supplementen
- Arthritis: Vor allem im Bereich der Knie- und Hüftgelenke, entsprechende Schmerztherapie mit NSAR (nichtsteroidale Antirheumatika) und gelegentlich Physiotherapie
- Chronische Niereninsuffizienz: Stadium 3, regelmäßige Kontrollen aufgrund der Schmerzmedikation mit NSAR unbedingt erforderlich
- Leichte kognitive Beeinträchtigung: Gedächtnisprobleme und Orientierungsschwierigkeiten, vermutlich im Rahmen einer beginnenden Demenz

**Medikation**
- Blutdrucksenker: Enalapril 10 mg, 1 x täglich
- Antikoagulans: Marcumar nach INR-Wert, Kontrolle alle 2 Wochen
- Antidiabetikum: Metformin 1000 mg, 2 x täglich und Forxiga 10 mg, 1 x täglich
- Osteoporose-Therapie: Alendronat 70 mg, 1 x wöchentlich (leider aktuell nicht lieferbar) sowie Kalzium/Vitamin D
- Schmerzmittel: Ibuprofen 600 mg, bei Bedarf, max. 3 xtgl.

**Klinische Untersuchung**
- Vitalzeichen: Blutdruck: 150/85 mmHg, Herzfrequenz: 90/min, Atemfrequenz: 18/min
- Allgemeinzustand: leicht adipös, blass, müde wirkend
- Herz-Kreislauf-System: unregelmäßiger Herzrhythmus, keine Ödeme
- Lungenauskultation: keine Rasselgeräusche
- Abdomen: weich und nicht druckschmerzhaft

- Gelenkuntersuchung: schmerzhafte Bewegungseinschränkungen in beiden Knie- und Hüftgelenken
- Neurologische Untersuchung: leichtes Zittern der Hände, verlangsamte Reaktionszeit, orientiert zur Person, aber leichte Desorientierung in Raum und Zeit. Deutliche verlängerter Timed „Up and Go"-Test mit 28 Sek.
- Kognitiv: Mini-Mental-Status-Test: 24/30 Punkte, leichte kognitive Beeinträchtigung

**Diagnostische Maßnahmen**
- Blutuntersuchungen: Blutbild, Elektrolyte, Nierenfunktionsparameter, Blutzuckerspiegel, HbA1c, TSH (Schilddrüsenfunktion), Vitamin D
- EKG: zur Überwachung des Vorhofflimmerns und zum Ausschluss weiterer Herzrhythmusstörungen
- Langzeit-Blutdruckmessung: zur besseren Einstellung der Hypertonie
- Urintest: zur Überprüfung der Nierenfunktion und zum Ausschluss einer Harnwegsinfektion
- Bildgebung: Röntgenaufnahmen der Knie- und Hüftgelenke zur Beurteilung des Arthrosegrades (entweder Überweisung zum Orthopäden oder Radiologen)

**Diagnosen**
1. Bluthochdruck
2. Vorhofflimmern
3. Diabetes mellitus Typ 2
4. Osteoporose
5. Arthritis
6. Chronische Niereninsuffizienz (Stadium 3)
7. Leichte kognitive Beeinträchtigung (möglicherweise beginnende Demenz)

**Therapie und Management**

1. Medikamentenanpassung

   - Blutdrucksenker: Ergänzung des ACE-Hemmers um einen Calciumantagonisten: Lercanidipin 10 mg
   - Antikoagulans: Überprüfung der Effektivität und Einstellung des Marcumars, ggfs. Umstellung auf ein NOAK wie Apixaban
   - Diabetes: Überprüfung des aktuellen Blutzuckermanagements. Anpassung der Medikation nach den aktuellen Blutzuckerwerten
   - Schmerztherapie: Nachteil Ibuprofen: Nierenschädigung, dafür aber hochwirksam. Ggfs. Beginn mit Tilidin, um Ibuprofen einzusparen.

2. Verschreibung von Physiotherapie und Ergotherapie:

   - Verstärkte physiotherapeutische Begleitung zur Verbesserung der Beweglichkeit und Verringerung der Schmerzen durch gezielte Übungen für Knie und Hüften
   - Ergotherapie zur Unterstützung der Alltagsbewältigung und Hilfsmittelversorgung

3. Kognitive Unterstützung:

   - Einbindung von Gedächtnistrainings und Kontakt zu Selbsthilfegruppen für Menschen mit leichter kognitiver Beeinträchtigung oder Demenz
   - Regelmäßige neuropsychologische Tests zur Verlaufsbeurteilung (MMST/DemTect)

4. Soziale Unterstützung:

   - Einbindung von Sozialarbeitenden zur Evaluierung und Organisation von häuslicher Unterstützung, eventuell Pflegedienste
   - Beratung zur Anpassung der Wohnung (Sicherheitsmaßnahmen wie rutschfeste Matten, Haltegriffe, Notfallknopf/Hausnotruf)

5. Langzeitüberwachung und Nachsorge:

   - Regelmäßige Besuche in der Hausarztpraxis zur Überprüfung und Anpassung der Therapie
   - Implementierung eines Notfallplans und regelmäßig überwachte Notfallkontakte

## 3 Alleingelassen im System – menschenwürdigere Versorgung ...

Als Hausärzte wollen die Autoren Ihnen im Folgenden transparent machen, wie die Bezahlung für diese Betreuung im Detail erfolgt. Bitte fragen Sie sich im Anschluss selbst, ob die Medizin, wie oben beschrieben, unter den aktuellen Rahmenbedingungen diskriminierungsfrei und qualitativ hochwertig für alle Patienten sichergestellt werden kann.

Bei einer GKV-Patientin außerhalb des HZV-Selektivvertrages erhält der Hausarzt als Unternehmer und Inhaber einer Praxis mit hohen Fixkosten folgende Bezahlung:

- Grundpauschale Ziffer 03005 (Alter ab 76. Lj., KVWL 4/23)     37,32 €
- Problemorientiertes ärztliches Gespräch Ziffer 03230     15,28 €
- Chronikerziffer 03220     15,51 €
- Zuschlag zur 03220 bei Patienten mit mind. 1 lebensverändernden Erkrankung Ziffer 03221 (Chronikerziffer 2)     4,77 €
- Geriatrieziffer: 03362     20,76 €

Summe:     88,47 € für 3 Monate

Die oben genannte hochwertige medizinische Betreuung soll der Hausarzt also für den Betrag in Höhe von 88,47 € für drei Monate (!) erbringen und davon auch seine steigenden Fixkosten bezahlen. Dabei unberücksichtigt bleibt der Umstand, dass für Frau Horstmann das Regelleistungsvorlumen (siehe Abb. 2.2) nur 36,07 € zzgl. 16,47 € der EBM 3040 (für die Vorhaltung der zur Erfüllung von Aufgaben der hausärztlichen Grundversorgung notwendigen Strukturen, d. h. 52,54 €) begrenzt ist und die 03230 nur bis zu einer quartalsweise variierenden Obergrenze bezahlt wird. Im Vergleich dazu ist eine CheckUp-Untersuchung (EBM 01732) mit Krebsvorsorge Mann (EBM 01731), Hautkrebsscreening (EBM 01746) und Impfung (diverse Ziffern) und einer Vergütung von mehr als 90 € für einen Termin zwar angemessen vergütet, aber im Hinblick auf den medizinischen Versorgungsbedarf und Nutzen in seiner Priorität für die Gesundheit der Bevölkerung mindestens diskussionswürdig. Wir wollen mit der Sicherstellungsbörse erreichen, dass die ärztlichen Leistungen nach Nutzen priorisiert, für alle Anspruchsberechtigten sicher gewährleistet und in der Leistungserbringung auskömmlich finanziert sind. Lieber wollen wir weniger sinnvolle Leistungen als sehr viele, qualitativ z. T. zweifelhafte oder unsinnige

Leistungen erbringen. Im Ergebnis bewirkt das aktuelle Vergütungssystem, dass Ressourcen für Gesunde sicher bereitgestellt werden und für Frau Horstmann nicht sicher gegeben ist, dass der Betrag von 88,47 € überhaupt vollständig bezahlt wird.

Wundern Sie sich jetzt noch, warum die Autoren dieses Buch schreiben? Oder können Sie sich vorstellen, dass die vollständige medizinisch notwendige Heilbehandlung unter diesen Vergütungsbedingungen von den (Haus-)Ärzten flächendeckend in Deutschland erbracht wird? Können Sie sich vorstellen, dass aufgrund der Rahmenbedingungen Über- und Unterversorgung (Deutsches Ärzteblatt, 2023a) entstehen? Glauben Sie, Ambulanzen in Krankenhäusern könnten die Versorgung von Frau Horstmann in adäquater Weise übernehmen bzw. diese für eine solche Bezahlung leisten wollen? Halten Sie es für fair, dass bei einigen Patienten die zu erbringenden Leistungen auf Kosten des Arztes aufgrund seiner noch bestehenden ethischen Grundhaltung erbracht werden, andere Patienten dies bewusst oder unbewusst vorenthalten bekommen? Wohl nicht, nehmen die Autoren an.

Dass ein Vergütungssystem die in ihm handelnden Personen aus wirtschaftlichen Gründen dazu zwingt, gegen ihre ethische Überzeugung zu handeln, ist nicht richtig und ethisch höchst verwerflich. Die seit mehr als 20 Jahren bekannte gleichzeitige Über-, Unter- und Fehlversorgung (SVR, 2000/2001) sollten Sie als Patienten in Deutschland nicht akzeptieren und wollen die Autoren und andere vertragsärztlich niedergelassene Ärzte auch nicht länger dulden. Werden diese Umstände allerdings angesprochen, werden von Politik und Krankenkassen Statistiken über Ärztegehälter hervorgeholt (Metzger, 2023) und versteckt oder offen polemisiert. Aber für die diskriminierungsfreie Sicherstellung medizinischer Leistungen ist es nicht entscheidend, was ein Arzt in Summe aller erbrachten Leistungen oder im Durchschnitt einer Gruppe an Ärzten verdient. Es ist einzig und allein relevant, ob die Behandlung jedes einzelnen bedürftigen Patienten wirtschaftlich möglich ist. Wenn für die untere Hälfte der Ärzte eines statistischen Mittelwerts diese Versorgung nicht mehr wirtschaftlich zu erbringen ist, werden mindestens 50 % der Deutschen nicht mehr angemessen versorgt. Unter diesen Umständen wäre die Sicherstellung der medizinischen Versorgung nicht mehr gegeben, und die implizite Rationierung wäre zu erwarten und würde damit auch politisch in Kauf genommen (Noll & Wolf, 2017). Wie schon bereits in den obigen Kapiteln benannt: Transparente Regeln für die Genehmigung von Leistungen „a priori" fallorientiert und auf Basis valider Daten im Rahmen einer sich kontinuierlich weiterentwickelnden Sicherstellungsbörse könnten ein Weg aus diesem Dilemma der Unterfinanzierung und gerechten Verteilung werden.

Zusammenfassend konnten wir hoffentlich aufzeigen, dass es viele „Gruppen ohne Lobby" im deutschen Gesundheitswesen gibt. Angefangen bei den Menschen mit besonderen Familienkonstellationen oder Behinderung, über eigenverschuldete Krankheit oder bis hin zum einfach nicht zum Alter oder dem statistischen Mittel passenden Versorgungsbedarf – in Deutschland gibt es viele Gründe für Unter- und Fehlversorgung. Dem gegenüber stehen allerdings auch eine Vielzahl an wirtschaftlichen Interessen, die interessierte Gruppen mit ihren Lobbyisten (Rabbata & Rieser, 2006) nicht aufzugeben bereit sind.

Dem Beharren auf den etablierten Strukturen mit Transparenz, diskriminierungsfreien und in Echtzeit bei der Bedarfsfeststellung automatisierten Genehmigungsprozessen von medizinisch notwendigen Leistungen entgegenzuwirken, ist unsere Motivation bei der Einführung der Sicherstellungsbörse. Wir freuen uns auf Ihre konstruktive Diskussion!

## Literatur

AkdÄ. (2019). *Orale Antikoagulation bei nicht valvulärem Vorhofflimmern – Empfehlungen zum Einsatz der direkten oralen Antikoagulanzien Dabigatran, Apixaban, Edoxaban und Rivaroxaban*. https://www.akdae.de/fileadmin/user_upload/akdae/Arzneimitteltherapie/LF/PDF/OAKVHF.pdf. Zugegriffen am 09.09.2024.

Antwerpes, F., Reh, F., Dodegge, M., Hackenberger, S., & Ostendorf, N. (2024). Number needed to harm. *DocCheck Flexikon*. https://flexikon.doccheck.com/de/Number_needed_to_harm. Zugegriffen am 09.09.2024.

Arbeitsagentur. (2024). *Bürgergeld: Voraussetzungen, Einkommen und Vermögen*. https://www.arbeitsagentur.de/arbeitslos-arbeit-finden/buergergeld/finanziell-absichern/voraussetzungen-einkommen-vermoegen. Zugegriffen am 09.09.2024.

Arbeitsgemeinschaft der Wissenschaftlichen Medizinischen Fachgesellschaften e. V. (AWMF). (o.J.). Offizielle Leitlinien. *AWMF online. Portal der wissenschaftlichen Medizin.* https://www.awmf.org/leitlinien. Zugegriffen am 09.09.2024.

Bayerischer Hausärzteverband. (2023). *Frühjahrstagung Bundesverband: Teampraxis statt Zerstückelung der Versorgung.* https://www.hausaerzte-bayern.de/index.php/aktuell/politik/positionen/1889-fruehjahrstagung-des-deutschen-hausaerzteverbandes-teampraxis-statt-zerstueckelung-der-versorgung. Zugegriffen am 04.09.2024.

Billmayer, L. (2024). Warum der Ärztemangel komplexer ist. *ZDFheute.* https://www.zdf.de/nachrichten/ratgeber/gesundheit/aerztemangel-deutschland-100.html. Zugegriffen am 04.09.2024.

Bischof-Hermann-Stiftung. (o.J.). *Website.* https://bischof-hermann-stiftung.de/. Zugegriffen am 04.09.2024.

Bundesamt für Soziale Sicherung. (2023). *Risikostrukturausgleich.* https://www.bundesamtsozialesicherung.de/de/themen/risikostrukturausgleich/rsa-einfach-erklaert/. Zugegriffen am 04.09.2024.

Bundesärztekammer. (2024). *Unser Gesundheitswesen braucht menschliche Wertschätzung statt materieller Wertschöpfung. 128. Ärztetag.* https://www.bundesaerztekammer.de/presse/aktuelles/detail/unser-gesundheitswesen-braucht-menschliche-wertschaetzung-statt-materieller-wertschoepfung. Zugegriffen am 04.09.2024.

Bundesministerium für Gesundheit (BMG). (2024). *Das Prinzip der Selbstverwaltung.* https://www.bundesgesundheitsministerium.de/gesundheitswesen-selbstverwaltung. Zugegriffen am 04.09.2024.

Bundesministerium für Gesundheit (BMG). (o.J.). *Gesundheitskiosk.* https://www.bundesgesundheitsministerium.de/service/begriffe-von-a-z/g/gesundheitskiosk. Zugegriffen am 04.09.2024.

Bundesministerium für Gesundheit. (2023). Bekanntmachung nach § 79 Absatz 5 des Arzneimittelgesetzes Vom 19. April 2023 im Bundesanzeiger, veröffentlicht am Veröffentlicht am Dienstag, 25. April 2023 BAnz AT 25.04.2023 B4.

Bundesverband Deutscher Stiftungen. (2024a). *Liste der größten Stiftungen. Stiftungen öffentlichen Rechts.* https://www.stiftungen.org/stiftungen/zahlen-und-daten/liste-der-groessten-stiftungen.html#tab209. Zugegriffen am 04.09.2024.

Bundesverband Deutscher Stiftungen. (2024b). *Liste der größten Stiftungen. Stiftungen privaten Rechts.* https://www.stiftungen.org/stiftungen/zahlen-und-daten/liste-der-groessten-stiftungen.html. Zugegriffen am 04.09.2024.

Censhare. (2012). *Technologie & Gesellschaftswandel: Wie Innovationen unser Leben verändern.* https://www.censhare.com/de/news/technologie-und-gesellschaftswandel. Zugegriffen am 05.09.2024.

ComputerWeekly.de. (2020). *Garbage In, Garbage Out (GIGO).* https://www.computerweekly.com/de/definition/Garbage-In-Garbage-Out-GIGO. Zugegriffen am 09.09.2024.

Der Bundespräsident. (1997). *Berliner Rede 1997 von Bundespräsident Roman Herzog.* https://www.bundespraesident.de/SharedDocs/Reden/DE/Roman-Herzog/Reden/1997/04/19970426_Rede.html. Zugegriffen am 04.09.2024.

Deutscher Bundestag. (2023). *Gesundheitsexperten berichten von überlasteten Notaufnahmen.* Gesundheit – Ausschuss – hib 32/2023. https://www.bundestag.de/presse/hib/kurzmeldungen-929750. Zugegriffen am 04.09.2024.

Deutsches Ärzteblatt. (2022). *Ärztekammer-Umfrage: Immer mehr Gewalt gegen Ärzte.* https://www.aerzteblatt.de/nachrichten/151773/Aerztekammer-Umfrage-Immer-mehr-Gewalt-gegen-Aerzte. Zugegriffen am 04.09.2024.

Deutsches Ärzteblatt. (2023a). Leitlinie „Schutz vor Über- und Unterversorgung" aktualisiert. *Ärzteblatt.de.* https://www.aerzteblatt.de/nachrichten/143044/Leitlinie-Schutz-vor-Ueber-und-Unterversorgung-aktualisiert. Zugegriffen am 05.09.2024.

Deutsches Ärzteblatt. (2023b). Neue Debatte um Praxisgebühr und Eigenbeteiligung angestoßen. *Ärzteblatt.de.* https://www.aerzteblatt.de/nachrichten/150881/Neue-Debatte-um-Praxisgebuehr-und-Eigenbeteiligung-angestossen. Zugegriffen am 04.09.2024.

Deutschlandfunk. (2023a). *Lauterbach sieht Deutschland gut vorbereitet – „bitte keine Hamsterkäufe".* https://www.deutschlandfunk.de/lauterbach-sieht-deutschland-gut-vorbereitet-bitte-keine-hamsterkaeufe-100.html. Zugegriffen am 04.09.2024.

Deutschlandfunk. (2023b). *Medikamentenmangel in Deutschland.* https://www.deutschlandfunk.de/medikamentenmangel-lieferengpaesse-fiebersaft-kinder-100.html. Zugegriffen am 04.09.2024.

Duden. (2024). *Killerapplikation.* https://www.duden.de/rechtschreibung/Killerapplikation. Zugegriffen am 16.11.2024.

Feil, A. S. (2024). Studien: Arbeiten lohnt sich auf jeden Fall. *ZDFheute.* https://www.zdf.de/nachrichten/politik/deutschland/buergergeld-arbeiten-lohnen-studien-vergleich-100.html. Zugegriffen am 04.09.2024.

Frauenhofer IKS. (2024). *Medizin – Künstliche Intelligenz im Gesundheitswesen.* https://safe-intelligence.fraunhofer.de/artikel/medizin-kuenstliche-intelligenz-im-gesundheitswesen. Zugegriffen am 16.11.2024.

Grabbe, H. (2024). In der Warteschleife auf Platz 400. *ZEIT online.* https://www.zeit.de/2024/12/kinderaerzte-mangel-gesundheitssystem-arbeitszeit. Zugegriffen am 04.09.2024.

Gräwemeyer, A. (2019). *Simultanübersetzer und Dialogsysteme aus deutschen KI-Schmieden.* https://www.heise.de/hintergrund/Simultanuebersetzer-und-Dialogsysteme-aus-deutschen-KI-Schmieden-4416739.html. Zugegriffen am 05.09.2024.

Hägele, M., Sljivljak, N., Giesen, H. T., & Köhler, C. O. (1999). *Wie kommt das medizinische Wissen in die breite Basis, also zu den Laien/Patienten?* (S. 19–24). Bundesministerium für Gesundheit – Aktionsforum zur Entwicklung von Strukturen und Grundlagen für ein qualitätsgesichertes, dezentral organisiertes Gesundheitsinformationssystem (AFGIS). http://www.informierung.de/afgis1999.pdf. Zugegriffen am 05.09.2024.

Hilgers, R.-D., Heussen, N., & Stanzel, S. (2019). Metaanalyse. In A. M. Gressner & T. Arndt (Hrsg.), *Lexikon der Medizinischen Laboratoriumsdiagnostik* (3. Aufl., S. 1617). Springer.

Institut für Qualität und Wirtschaftlichkeit im Gesundheitswesen (IQWiG). (o.J.). *Number needed to treat. Glossar.* https://www.iqwig.de/sonstiges/glossar/number-needed-to-treat.html. Zugegriffen am 09.09.2024.

Kassenärztliche Bundesvereinigung (KBV). (2012). *Honorarbericht für das dritte Quartal 2011. Daten und Fakten.* https://www.kbv.de/media/sp/2012-10-24_Honorarbericht3-2011.pdf. Zugegriffen am 04.09.2024.

Kassenärztliche Bundesvereinigung (KBV). (2024). *Honorarbericht. Quartal 1/2023.* https://www.kbv.de/media/sp/KBV_Honorarbericht_Q1-2023_web.pdf. Zugegriffen am 04.09.2024.

Klein-Schmeink, M. (2021). *„Weiter so ist keine Option – weder bei der Versorgung noch bei der Finanzierung". Observer Gesundheit.* https://observer-gesundheit.de/weiter-so-ist-keine-option-weder-bei-der-versorgung-noch-bei-der-finanzierung/. Zugegriffen am 04.09.2024.

Köhler, C. O. (1998). Patienteninformierung: Eine neue Aufgabe der Ärzte? *Deutsches Ärzteblatt, 95*(40), 2–6. https://www.aerzteblatt.de/archiv/13492/Patienteninformierung-Eine-neue-Aufgabe-der-Aerzte. Zugegriffen am 05.09.2024.

Köhler, C. O., Hägele, M., Sljivljak, N., & Giesen, H. T. (1999). Computergestützte Patienteninformierung in der Praxis. *Forum der Medizin-Dokumentation und Medizin-Informatik, 3,* 8–11.

Lenhard-Schramm, N. (2018). *Von der „Apotheke der Welt" zum Arzneistoffimporteur. Pharmastandort Deutschland – eine Zeitreise im Schnelldurchlauf.* Deutsche Apotheker Zeitung. https://www.deutsche-apotheker-zeitung.de/

daz-az/2018/daz-44-2018/von-der-apotheke-der-welt-zum-arzneistoffimporteur. Zugegriffen am 04.09.2024.

Metzger, N. (2023). *So viel verdienen Ärzte tatsächlich. ZDFheute.* https://www.zdf.de/nachrichten/politik/deutschland/aerzte-streik-praxis-bezahlung-einkommen-lauterbach-100.html. Zugegriffen am 05.09.2024.

Mittelstand-Digital Zentrum Chemnitz. (o.J.). *Trendradar. Klassische und KI-basierte Datenanalyse.* https://digitalzentrum-chemnitz.de/wissen/datenanalyse-mit-ki/. Zugegriffen am 04.09.2024.

Neff, A., & Soergel, P. (2023). KI-Anwendungen: Konkrete Beispiele für den ärztlichen Alltag. *Deutsches Ärzteblatt, 120*(6), A-236/B-207.

Noll, B., & Wolf, S. G. (2017). Rationalisierung und Rationierung im Gesundheitswesen aus ethischer Perspektive. *Wirtschaftsdienst, 97*(4), 272–278. https://www.wirtschaftsdienst.eu/inhalt/jahr/2017/heft/4/beitrag/rationalisierung-und-rationierung-im-gesundheitswesen-aus-ethischer-perspektive.html. Zugegriffen am 05.09.2024.

Nordenbrock, K. (2023). *Youtube: KI übersetzt und synchronisiert Videos. T3n digital pioneers.* https://t3n.de/news/youtube-ki-uebersetzt-synchronisiert-videos-1560724/#:~:text=Laut%20der%20Website%20von%20Aloud,eine%20Synchronisationsstimme%20f%C3%BCr%20das%20Video. Zugegriffen am 05.09.2024.

Rabbata, S., & Rieser, S. (2006). Lobbyismus im Gesundheitswesen: Kein Hindernis für Reformen. *Deutsches Ärzteblatt, 103*(19), A-1278/B-1087/C-1047.

Sachverständigenrat für die Konzertierte Aktion im Gesundheitswesen (SVR). (2000/2001). *Bedarfsgerechtigkeit und Wirtschaftlichkeit. Band III. Über-, Unter- und Fehlversorgung.* https://www.svr-gesundheit.de/fileadmin/Gutachten/Gutachten_2000_2001/Kurzfassung_Band3.pdf. Zugegriffen am 05.09.2024.

Schlichting, M. (2024). *Lindner: Ein „Weiter so" ist keine Option. Wirtschaftstalk bei Illner.* https://www.n-tv.de/politik/Lindner-Ein-Weiter-so-ist-keine-Option-article24917365.html. Zugegriffen am 04.09.2024.

Statista. (2024a). *Die 20 Länder mit dem größten Anteil am kaufkraftbereinigten globalen Bruttoinlandsprodukt (BIP) im Jahr 2023.* https://de.statista.com/statistik/daten/studie/166229/umfrage/ranking-der-20-laender-mit-dem-groessten-anteil-am-weltweiten-bruttoinlandsprodukt/. Zugegriffen am 04.09.2024.

Statista. (2024b). *Durchschnittliche Einnahmen, Aufwendungen und Reinerträge deutscher Arztpraxen[1] nach Facharztbezeichnung im Jahr 2021.* https://de.statista.com/statistik/daten/studie/281455/umfrage/durchschnittliche-einnahmen-aufwendungen-und-reinertraege-deutscher-arztpraxen/. Zugegriffen am 04.09.2024.

Stiftung für Qualität und Wirtschaftlichkeit im Gesundheitswesen. (o.J.). *Health Literacy. Gesundheitsinformation.de.* https://www.gesundheitsinformation.de/glossar/health-literacy.html. Zugegriffen am 04.09.2024.

Tagesschau. (2024). *Woher die Stimmen für AfD und BSW kamen.* https://www.tagesschau.de/inland/innenpolitik/analyse-wahlen-sachsen-thueringen-100.html. Zugegriffen am 04.09.2024.

Universität Bielefeld. (2023). *Gesundheitskompetenz in Deutschland – Wiederholungsbefragung des HLS-GER (HLS-GER 2). Sachbericht.* https://www.bundesgesundheitsministerium.de/fileadmin/Dateien/5_Publikationen/Gesundheit/Berichte/20230515Sachbericht_HLS-GER2.pdf. Zugegriffen am 04.09.2024.

Venohr, B. (2015). Das Erfolgsmodell der deutschen Weltmarktführer. In F. Langenscheidt & B. Venohr (Hrsg.), *Lexikon der deutschen Weltmarktführer (vollständig überarbeitete Neuauflage* (S. 3–22). Deutsche Standards Editionen.

Verbraucherzentrale. (2024). *Termin beim Facharzt nach 4 Wochen: So vermittelt Sie die Nummer 116 117.* https://www.verbraucherzentrale.de/wissen/gesundheit-pflege/aerzte-und-kliniken/termin-beim-facharzt-nach-4-wochen-so-vermittelt-sie-die-nummer-116-117-12494. Zugegriffen am 04.09.2024.

ZDF. (2024). *Autoindustrie: Vom Zugpferd zur lahmen Ente.* https://www.zdf.de/nachrichten/wirtschaft/auto-branche-deutschland-vw-bmw-mercedes-100.html. Zugegriffen am 16.11.2024.

Zimmermann, U., & Steinhorst, A. (2018). *Gute Klinische Praxis. Lexikon der Medizinischen Laboratoriumsdiagnostik.* E.Medpedia. SpringerMedizin. https://www.springermedizin.de/emedpedia/detail/lexikon-der-medizinischen-laboratoriumsdiagnostik/gute-klinische-praxis?epediaDoi=10.1007%2F978-3-662-49054-9_1354. Zugegriffen am 09.09.2024.

# 4

# Die Rolle der Politik und gesetzlichen Krankenkassen: eine kritische Betrachtung

Vielleicht wird der ein oder andere GKV-versicherte Leser folgenden Satz von seiner Hausärztin oder seinem Orthopäden schon einmal gehört haben: „Mehr Physiotherapie kann ich Ihnen nicht aufschreiben." Dahinter verbirgt sich folgende Absurdität, die im ersten Buch unter der Überschrift „M75.1 wäre ok, M75.3 führt zum Regress" erläutert wurde.

Die Autorin verfügt neben der Facharztausbildung für Allgemeinmedizin über die Qualifikation als Fachärztin für Allgemeinchirurgie und die Zusatzbezeichnung Sportmedizin. In der Praxis sieht das so aus, dass sie viele Patienten nach Schulter- oder Knieoperationen behandelt, die sich auswärts einer Operation unterzogen haben. Teil der anschließenden Behandlung ist selbstverständlich die Physiotherapie. Das führte bei ihr beispielsweise 2019 zu einem erheblichen Heilmittelregress mit einer Forderung von 98.000 € für Verordnungen des Jahres 2017. Die Ursache dieser hohen Nachforderung liegt im Wesentlichen an einem sogenannten „Verschlüsselungsfehler". Denn die Autorin rezeptierte eine indizierte Physiotherapie nach Schulter-OP auf den Diagnoseschlüssel M75.3.

Der Code „M75" umfasst alle möglichen Schulterläsionen, also verschiedene Defekte und Krankheiten im Schulterbereich. Weitere Beispiele sind M75.4 für das sogenannte Impingement-Syndrom der Schulter, M75.8 für sonstige Schulterläsionen, M75.1 für Läsionen der Rotatorenmanschette, und hinter der M75.3 versteckt sich eine „Tendinitis calcarea" im Schulterbereich, also entzündliche Ablagerungen in der Schulter („Kalkschulter"). Dabei lassen sich die einzelnen Diagnosen nicht immer klar voneinander abgrenzen: Es besteht häufig ein Impingement-Syndrom neben einer „Kalkschulter" und einer Sehnen- oder Muskel-, also Rotatorenmanschettenläsion. In ihrem ersten Jahr der Niederlassung rezeptierte die Autorin relativ unbedarft Physiotherapie nach Schulteroperationen auf die verschiedenen Krankheitsschlüssel. Für sie ist es logisch, dass nach einer Schulter-OP eine Physiotherapie zwingend erforderlich und maßgeblich für den postoperativen Heilungserfolg ist.

Dann kam die berühmt-berüchtigte Post von den Gemeinsamen Prüfungseinrichtungen (korrekt: Prüfungsstelle der Ärzte und Krankenkassen Westfalen-Lippe) mit der Forderung im beinahe sechsstelligen Bereich – und ihr blieb kurz die Luft weg. Es folgten Beratungsgespräche mit der Kassenärztlichen Vereinigung, die ihre Wissenslücken schlossen: „Frau Dalhaus, die M75.1 wäre ok gewesen und liegt im sogenannten besonderen Verordnungsbedarf – aber die M75.3 führt zum Regress."

Die Krankenkassen haben mittlerweile automatisierte Prozesse, um derartige Verschlüsselungsfehler konkret zu suchen und zu regressieren. Das hat nichts mit der Verbesserung einer Versorgungsqualität zu tun, sondern hat einzig und allein monetäre Ziele auf Kosten der niedergelassenen Ärzteschaft. Daher wehren die Autoren sich vehement gegen dieses Vorgehen. 2022 gab es in Deutschland etwa 47.000 Wirtschaftlichkeitsprüfungen bei niedergelassenen Ärzten nach Angaben des BMG.

Neben der Verordnung im unzulässigen „Off-Label-Use" (siehe Fall 2 mit „Entresto") ist vor allem die Verordnung von Sprechstundenbedarf in unwirtschaftlichen Mengen oder über falsche Bezugswege ein ständiges Ärgernis für junge Ärzte und alle Praxisinhaber, die für die Fehler ihrer Mitarbeitenden mit eigenem Geld haften. Dabei wird lapidar „gemäß § 106b Abs. 2a SGB V" auf eine Kostendifferenzberechnung verzichtet. Für eine fehlerhaft verordnete Impfung gegen Gürtelrose (Herpes zoster) mit dem Impfstoff „Shingrix" berechnete die Viactiv Krankenkasse für die Einzelfallprüfung im Jahr 2022 dem Autor einen Betrag von 170,73 € je Impfung. Dies bei einer Vergütung von etwa 10 € je Impfung, bei der etwa 1 € Gewinn erzielt wird. Das heißt, mit einem einzigen Verordnungsfehler für ein Rezept wird durch den Regress der erzielte Gewinn von mehr als 150 geimpften Patienten aufgebraucht. Sie können sich vorstellen, dass mit einem über mehrere Jahre unentdeckten Fehler leicht der Gewinn mehrerer Jahre Impfbemühungen aufgebraucht ist. In einer Zeit des Personalnotstands mit häufig schlechter ausgebildetem Hilfspersonal und Ärzten, die eher selten Führung und Berücksichtigung von Abrechnungs- und Verordnungsregeln als Teil der Arztrolle im Angestelltenverhältnis sehen, werden die komplexen, regressgefährdeten Prozesse zum wirtschaftlichen Kumulrisiko (Gabler Wirtschaftslexikon, 2018a).

Übrigens: Wenn über den Sprechstundenbedarf (damit „per se" wirtschaftlich) bestellter Impfstoff verfällt, weil kein Patient die *Gardasil® 9*-Impfung der Großpackung (Schutz vor HPV) mehr haben will, ist dies weniger schlimm. Keinen Verantwortlichen scheint es zu stören, dass es für den Winter 2024/2025 noch immer nur COVID-19-Impfung in Gefäßen, aus denen sechs Impfungen entnommen werden, zur Verfügung stehen. Das heißt, auch vier Jahre, nachdem die erste COVID-Impfung verabreicht wurde, stehen keine Einzelimpfungen (bzw. die wirtschaftlicheren Einzelimpfungen in Großpackungen) zur Verfügung. Das Verwerfen von tausenden Dosen an Impfstoff wird billigend in Kauf genommen, aber wenn ein Arzt ein falsches Rezeptformular verwendet, um für seinen Patienten kurzfristig eine Impfung zu bestellen, muss er den vollen Preis zahlen. Absurd? Nein, Realität für einen Vertragsarzt in Deutschland.

Kommen wir nun zur nächsten Absurdität, den Regelungen um das Bestellen des sonstigen Sprechstundenbedarfs, d. h. ein manueller Verwaltungsakt per Rezept, das an die Apotheke übermittelt, dort eingescannt wird, im Rechenzentrum der Apotheken verarbeitet und dann den gleichen Datenfluss nimmt wie bei den Impfungen. Auch hier gibt es keine Prüfverfahren bei der Verordnung. Der Arzt und sein Team aus medizinischen Fachangestellten müssen die Listen (KVWL, 2024) kennen und dürfen keine Fehler machen. Denn würde ein Teammitglied Fehler machen, bezahlt der Arzt wieder den vollen „Listenpreis", egal, ob die Apotheke, die Krankenkasse oder wer auch immer günstiger eingekauft hat.

Hier ein paar Beispiele aus dem Problem „Praxis- vs. Sprechstundenbedarf" (Virchowbund, o. J.). Zwar gehören die nachfolgenden Medikamente alle in den Notfallkoffer für den Hausbesuch und das Notfallset in der Arztpraxis, allerdings hat die bestellende MFA versäumt, die entsprechende Liste zu prüfen. Folgende Medikamente gehören nach Definition des Sprechstundenbedarfs (Schreiben der Sprechstundenbedarfsstelle vom 20.12.2023, pietätvoll allerdings ohne den Hinweis „Frohe Weihnachten!") der Krankenkassen nicht in den Notfallkoffer/das Notfallset einer Praxis:

- Torasemid 10 mg Tbl., Packungsgröße N1, Preis 10,89 € (Entwässerung)
- Fastjekt 300 ug Pen, 1 Stück, Preis 84,54 € (Anaphylaxie)
- Nitrendipin 20 mg, Packungsgröße N1, Preis 10,48 € (Bluthochdruckkrise)

Da alles, was nicht auf der Liste steht, zum Regress führt, darf ein Notfall-/Arztkoffer eben nur „Ampullen" enthalten. Ohne venösen Zugang ist ein Behandlungsfall im Hausbesuch also kein Notfall. Statt ein bis drei Tabletten beim Hausbesuch abzugeben, wird der Arzt genötigt, ein Rezept ausstellen. Der Patient oder (weil dieser ja nicht das Haus verlassen kann) zwingend ein (vorhandener oder zu besorgender) Helfer muss nun mit dem ausgestellten Rezept in die Apotheke, um dann später wieder zum Patienten zurückzukehren (der dann i. d. R. unbeaufsichtigt ist). Jetzt kann der Patient (mit i. d. R. 60 min Verzögerung) das „Notfallmedikament" in Tablettenform nehmen. Alles nur, weil Tabletten für den Notfall nicht auf der Liste für den Sprechstundenbedarf stehen, der per Definition für mehrere Patienten zur Vermeidung höherer Einzelkosten verwendet werden soll. Stimmen Sie den Autoren zu, dass diese Verschwendung von Ressourcen und Gängelung von Bürgern in Not für Tabletten im Wert von 20 €, die für fünf bis zehn Hausbesuche reichen, unerträglich ist? Denken Sie auch, dass diese Prozesse reformbedürftig sind?

Die Zuständigen in den Behörden scheinen anderer Meinung zu sein – warum wohl? Ist das krankenkassenseitig nicht eine schöne und einfache Welt, wenn man zwar die eAU, das eRezept und die ePA „mit staatlicher Regulierungsgewalt" zum eigenen Vorteil und Nachteil für die durchführenden Ärzte (Meister, 2023) einführen, aber einen manuellen und fehleranfälligen Prozess der Bestellung von Sprechstundenbedarf und die

Verordnung von Off-Label-Use weiter in der Verantwortung der Vertragsärzte lassen kann? Die Autoren verstehen nicht, wie man Digitalisierung und Entbürokratisierung fordern kann, wenn gleichzeitig noch immer nicht an einer Online-Genehmigung bzw. Echtzeitprüfung von Sprechstundenbedarf und Off-Label-Verordnungen zur Fehler- und Bürokratievermeidung gearbeitet wird. Machen sich die handelnden Personen nicht unglaubwürdig, wenn sie Ärzten „Digitalisierungsfeindlichkeit" vorwerfen, aber gleichzeitig eigene Verwaltungsprozesse manuell und fehleranfällig für Ärzte, jedoch eben auch „regressierbar" halten?

Bei all diesen Problemen stehen der Praxisinhaber und betroffene Patient „allein und ohne Lobby" da. Der niedergelassene Arzt als Unternehmer haftet mit seinem Privatvermögen. Er haftet für alle Fehler seiner Mitarbeitenden, die er bei der Menge an Vorschriften kaum angemessen ausbilden kann. Der betroffene Patient dagegen bleibt mit dem Gefühl zurück, in der Not keine angemessene Hilfe zu erhalten. Es sei denn, der Arzt kauft einfach trotzdem die Tabletten und schenkt sie seinem Patienten bei gleichzeitiger Entlastung seiner Krankenkasse. Ein Schelm, wer Böses dabei denkt, dass sich Bürokratie so lange halten kann.

Ergänzend und besonders perfide in diesem Zusammenhang ist, dass die Verordnungsfähigkeit von Arzneimitteln zulasten der GKV im vertragsärztlichen Bereich nicht unbedingt etwas mit den Empfehlungen medizinischer Leitlinien gemeinsam hat. Dies vergessen Kollegen aus dem stationären Setting leider auch immer wieder (vielleicht wissen sie es auch nicht) und wundern sich (meist in Annahme der Unkenntnis des aktuellen Therapiestandards), wenn der Hausarzt eine empfohlene Therapie nicht fortgesetzt hat. Beispiel gewünscht?

Ein Patient der Autorin wurde nach vielen Operationen und langem Krankenhausaufenthalt mit der Diagnose „rezidivierende subphrenische und subhepatische Abszesse" entlassen. Konkret heißt dies: Der Mann hatte immer wieder Eiter unter dem Zwerchfell. Die mikrobiologische Diagnostik identifizierte den Keim und empfahl die antibiotische Therapie mit Linezolid. Dieses Antibiotikum ist jedoch nur für die Indikation Lungenentzündung zugelassen. Eine Rückfrage bei der KVWL bestätigte die Befürchtung der Autorin: Sie darf die notwendige antibiotische Therapie nicht zulasten der Krankenkasse rezeptieren und muss dem Patienten ein Privatrezept ausstellen oder er entscheidet sich, die Behandlung abzubrechen. Kosten pro Tablette 26,02 €, Kosten für die notwendige Therapie: 1092,84 €. Auch Realität im Gesundheitssystem in Deutschland im Jahr 2024.

Diese komplexen und widersprüchlichen Rahmenbedingen lassen niedergelassene Ärzte zu Recht verzweifeln und sorgen aufseiten der Patienten für Unverständnis, während Politik und Krankenkassen modernste Medizin im „24/7/365"-Modus versprechen. Das sind Wahlversprechen auf Kosten der niedergelassenen Ärzteschaft oder im Jargon der Heimat der Autoren: „Fleißig Lokalrunden bestellen, aber einen anderen bezahlen lassen!"

Aus Sicht der Autoren wäre es eine Aufgabe der gesetzlichen Krankenkassen, die hier schon geschilderten Fälle im wahren Wortsinn zu managen, anstatt vermeintliche Fehler aufseiten und Kosten der Ärzteschaft zu suchen. Dies würde in systemischer, nicht nur einseitiger Betrachtung die Versorgung verbessern und damit gleichzeitig Kosten senken. Dass ein Wettbewerb der Krankenkassen oder in der Gesundheitsversorgung selbst wirklich die Versorgung verbessert, halten die Autoren bei den aktuell bestehenden Rahmenbedingungen für eine Illusion. Qualitätswettbewerb, d. h., der Anbieter mit dem besten Angebot hat einen Vorteil und setzt sich am Markt durch, setzt die freie Preisbildung voraus. Ist dies nicht gegeben, nimmt das oben genannte Prinzip der „adversen Selektion" seinen Lauf, und die Versorgungsqualität nimmt kontinuierlich ab.

Unter diesem Aspekt ist es ebenfalls *nicht* sinnvoll, mehrere gesetzliche Krankenkassen mit einem gleichen Leistungsspektrum vorzuhalten. Wenn wir in Deutschland wirklich Wettbewerb unter den gesetzlichen Krankenkassen und Leistungserbringern der GKV wollen, müssen die Preise für eine medizinische Leistung, der Leistungsumfang des Versicherungsschutzes und die Erstattungsquote von in Anspruch genommenen Leistungen frei sein.

Dies entspricht am ehesten einem am Nutzen definierten Basisversicherungsschutz mit privaten Voll- und Zusatzversicherungen in einem freien medizinischen Markt. Als Alternative kann die Basisversorgung der Bevölkerung über eine Einheitsversicherung, die die wichtigsten (aber eben nicht alle möglichen) Gesundheitsprobleme abdeckt, organisiert werden. Welches System wir für Deutschland wollen, ist eine politische Entscheidung, in die die Bürger bestmöglich einbezogen werden sollten.

Aber an einem Punkt muss die Politik ehrlich werden: Umfassende Gesundheitsversorgung „24/7/365" für alle und für alle Anlässe ist nicht finanzierbar. Die Autoren plädieren daher für ein digital organisiertes Gesundheitssystem, in dem die staatlich vorgesehene medizinische Versorgung datenbasiert eindeutig und für alle Bürger gleich garantiert ist. Für diese Versorgungsprozesse müssen die Genehmigungen, Preise und Voraussetzungen der Qualitätssicherung in Echtzeit abgeschlossen werden können. Alle medizinisch möglichen Leistungen, die das staatliche Versorgungssystem nicht für seine Bürger vorsieht, dürfen nur nach *Informed Consent* (d. h. die Vorgaben des § 630 a bis h BGB umfassende Aufklärung; siehe auch Kap. 6) durchgeführt und können in freier Preisbildung vereinbart werden.

Mit der Sicherstellungsbörse bieten die Autoren eine Option, diesen Weg sozial gerecht und stufenweise zu beschreiten. Sie hoffen daher auf politische Unterstützung, konstruktive und sachliche Diskussion.

\* \* \*

Nun zurück zu den Prozessen, die eine Verschwendung von Ressourcen ohne Wertschöpfungsbeitrag darstellen: Regresse zu Impfstoffen entstehen, wie erklärt, wenn ein Arzt statt über den Sprechstundenbedarf (AOK, o. J.; Piontek, 2022) über ein GKV-Rezept einen Impfstoff verordnet. Nicht die Krankenkasse hat für die Leistung gem. § 11 SGB V zu zahlen, sondern der impfende Arzt bezahlt die Impfung des Patienten vollständig selbst. Das alles nur, weil „auf einem falschen Rezept" ein Impfstoff bestellt wurde. Der Apotheker muss den Arzt nicht auf den Fehler aufmerksam machen. Auch das Rechenzentrum der Apotheker, das die Abrechnung des Rezepts übernimmt, ist vor Lieferung nicht zur Rückmeldung des maschinell leicht erkennbaren Fehlers verpflichtet. Die Krankenkasse, die die Abrechnung der Apotheker prüft, ist nicht verpflichtet, zum frühestmöglichen Zeitpunkt eine Rückmeldung an die Praxis zu geben, um weitere Fehler von in Unkenntnis handelnden Personen zu vermeiden. Alle verarbeiten das fehlerhafte Rezept, und erst Jahre, nachdem die Impfung verabreicht wurde, kommt die Überraschung für die Praxis, dass ein Regress zu zahlen sei. Die Unwissenheit eines neuen (angestellten) Arztes kostet viel Geld, nämlich im Falle des

Autors knapp 5000 € durch die etwa einjährige Tätigkeit einer angestellten Ärztin. Die Praxis, in der die angestellte Ärztin arbeitete, war bisher in zehn von zwölf Quartalen aufgrund von Regelleistungsvolumenüberschreitung (siehe oben) und Weigerung des Praxisinhabers und seines Teams zur impliziten Rationierung defizitär. In dieser Praxis werden besonders viele Menschen mit eher schwachem sozioökonomischen Hintergrund medizinisch sehr gut versorgt, die Arbeit ist ärztlich häufig sehr erfüllend, manchmal durch Sprachbarriere und Anspruchshaltung der Patienten aber auch besonders anstrengend. Die Praxis wird vom Praxisinhaber durch andere Praxisstandorte querfinanziert: wirtschaftlich unsinnig, ärztlich allerdings Berufsethos. Wir erinnern uns an den Grundsatz der freien Berufe, nach dem die Interessen des Patienten über eigene ökonomische Interessen zu stellen sind. Durch die aktuellen Rahmenbedingungen ist dieses Berufsethos in seinen Fundamenten erschüttert (Lau & Richter-Kuhlmann, 2023). Aber vielleicht geht es ja auch besser? Vielleicht fehlt nur das richtige „(Abrechnungs-)Management" der Praxis?

Nach Ausschöpfung aller eigenen Optimierungsideen wurde ein Beratungstermin bei der regionalen Kassenärztlichen Vereinigung (KV) durch den Praxisinhaber in Anspruch genommen. Auf die Frage nach Verbesserungspotenzial konnte der „Honorarberater" der KV allerdings auch nur sagen, dass mit den Rahmenbedingungen „wenig Privatpatienten", „viel Versorgungsbedarf bei vergleichsweise jungen" und „nur KV-Patienten" die Praxis „nicht wirtschaftlich werden könne". Die Konsequenz, dass die Praxis dann wirtschaftlich sinnvollerweise geschlossen werden müsse, blieb in dem fachlich anspruchsvollen und menschlich zugewandten Gespräch unausgesprochen.

Es stellt sich also die Frage nach der Zukunft der inhabergeführten Arztpraxen unter solchen Rahmenbedingungen. Warum sollte der Autor weiter ein MVZ mit zehn angestellten Fachärzten, acht Ärzten in Weiterbildung und 12.000 versorgten Patienten pro Quartal betreiben und nicht „nur" mit einem einzigen Praxisstandort 2000 Patienten in einer 45-Stunden-Woche mit weniger persönlichem Aufwand und Risiko versorgen? Wenn man den gleichen Verdienst durch nötige Querfinanzierung, mehr Managementaufwand mit einer 75-Stunden-Woche und ein höheres finanzielles Risiko erhält, ist dann der Status des Praxisinhabers interessant? Viele kluge junge Kollegen sagen: „Nein!"

Wenn aber Praxisinhaber nicht mehr bereit sind, angestellte Ärzte, die kein wirtschaftliches Risiko tragen, zu beschäftigen, kann dies nur ein Krankenhauskonzern über interne Querfinanzierung, eine Investorengruppe mit Renditeabsicht ohne regulierenden Berufsethos oder eben der Staat mit angestellten Ärzten übernehmen. Unter diesen Optionen würden die Autoren immer die Anstellung beim Staat ohne wirtschaftliche Verantwortung und Beibehaltung des Berufsethos wählen. Wenn also die Staatsmedizin das Ziel der regulativen Vorgaben wäre, dann sind wir in Deutschland auf einem guten Weg, den wir allerdings durch eine offene Diskussion und demokratische Entscheidung leichter und weniger schmerzhaft für alle Beteiligten einschlagen könnten. Wenn bei Politik oder Krankenkassen allerdings der Wunsch nach Erhalt des bisherigen Sozialsystems besteht, muss dringend gehandelt werden. Die Stimmung der Ärzteschaft und nicht-ärztlichen Mitarbeitenden im Gesundheitswesen ist auf dem aktuellen Tiefpunkt (pwc, 2024). Gemäß einer aktuellen Umfrage des Zentralinstituts für die kassenärztliche Versorgung in Deutschland aus dem Jahr 2023 (KBV, o. J.a) überlegen 61 % der Ärzte und Psychotherapeuten früher in den Ruhestand zu gehen. Der Gesundheitsminister Lauterbach erklärte am 13.08.2024: Das Gesundheitssystem ist „ziemlich kaputt". Wir zitieren weiter gemäß ÄND-Artikel (änd, o. J.): Im Gesundheitssystem gebe es viele Baustellen, sagt Bundesgesundheitsminister Karl Lauterbach. Er sei aber optimistisch, die Probleme lösen zu können – weil er auf die Praktiker höre. Nach dem Bruch der Ampelkoalition bleibt nun die niederschmetternde Erkenntnis: Der Optimismus war nicht berechtigt und der Minister hat nicht auf die Praktiker gehört.

Was sehen wir als Verantwortung der Politik?

1. **Ziele definieren:**
Ohne messbare Ziele fehlt die Möglichkeit der Qualitätssicherung. Im deutschen Gesundheitswesen fehlt es an einer langfristigen und anhand von Kennzahlen überprüfbaren Strategie, wie die Gesundheitsversorgung der Zukunft gestaltet werden soll. Derzeit macht es den Anschein, „24/7/365-Flatrate-Versorgung ohne Zugangsbeschränkung" sei das Versprechen, dem allerdings die Umsetzbarkeit und Finanzierungsgrundlage fehlen.

Wie wäre es mit folgender Zusage an jeden gesetzlich Krankenversicherten? Es wird der Zugang zu den für die Gesundheit der Bevölkerung nützlichsten medizinischen Maßnahmen, die mit einem Beitragssatz von maximal 15 % des Einkommens bis zur Beitragsbemessungsgrenze finanzierbar sind, diskriminierungsfrei gewährleistet. Bürokratiearme, Online-Genehmigungs- sowie bestmöglich digitalisierte Umsetzungsprozesse werden in kontinuierlicher Qualitätssicherung und Evaluation innerhalb der nächsten zehn Jahre bundesweit etabliert.

2 **Für Umsetzungskompetenz sorgen:**
Im deutschen Gesundheitssystem fehlt es an Managementkompetenz bei der Planung und Umsetzung von gesetzlich verankerten Reformen in den Echtbetrieb der medizinischen Versorgung. Kein Management eines Weltkonzerns würde sein Unternehmen mit einem Umsatz von mehr als 300 Mrd. € pro Jahr (BMG, 2024) durch derart unkoordinierte (und damit unprofessionelle) Veränderungsprozesse und fehlende Projekt- und Ressourcenmanagementkompetenzen gefährden, wie es der deutsche Staat und die für ihn handelnden Körperschaften des öffentlichen Rechts gerade tun. Ja, diese Aussage und oben genannte Ausführungen sind hart – aber verbirgt sich in ihnen nicht auch ein Funken Wahrheit? Geht es nicht um viel mehr als Geld? Geht es nicht um die medizinische Versorgung von Menschen, um verlorene Lebensjahre (fast ein Jahrzehnt Lebenserwartung, siehe oben) gegenüber den skandinavischen Ländern, die ihre Prozesse der Gesundheitsversorgung besser im Griff haben? Wir wiederholen erneut: „Es muss ein Ruck durch Deutschland gehen!"

3 **Ehrliche Kommunikation und demokratische Entscheidungsprozesse etablieren:**
Kann es Aufgabe eines Gesundheitsministers sein, alle klug erdachten eigenen Vorstellungen von Gesundheitsversorgung in Gesetze zu schreiben, wenn diese nicht realistisch umsetzbar sind? Wenn gesundheitspolitische Diskussion kurzfristig auf Basis von „auf Parkbänken gefundenen" Referentenentwürfen[1] stattfinden muss, wenn Gesetze

---

[1] Zum Beispiel im Rahmen der Gesetzgebung zur Krankenhausreform.

der gesetzlichen Entscheidungsbildung im GBA vorgreifen,[2] wenn viele Gesetze ohne für die Betroffenen erkennbare strategische oder politisch konsentierte Zielsetzung auf den Weg gebracht werden, ist die Zusammenarbeit in Ausrichtung auf ein gemeinsames Ziel unmöglich. Politik kann Rahmenbedingungen demokratisch legitimieren und sollte operatives Management an für die Ergebnisse des Handelns persönlich Verantwortliche delegieren. Auf einem solchen Weg könnten wir die Besten zur Mitarbeit an effizienten, effektiven und sozial gerechten Versorgungsstrukturen gewinnen. Vom Kleinen (regional, pilotierend) zum Großen (Regelleistung der GKV), vom Einfachen (wenige Leistungen) zum Komplexen (alle SGB-Leistung in Prozessen, die am Bürger orientiert sind), vom sektoralen (jetzt) zum systemischen Denken (hoffentlich bald). Die Autoren glauben an das Potenzial der „Dichter und Denker". Wir haben sehr gute Universitäten, eine immer noch sehr gute Ausbildung im Gesundheitswesen, aber wir brauchen nun eine Zukunftsstrategie und konkrete Ziele, deren Erreichung überprüfbar sind. Über ein gemeinsames *System Thinking* analog dem folgenden Beispiel würden die Autoren sich freuen.

## Fall 11: Vom Fehlersucher zum Case Manager mit eigener Verantwortung

Peter Parkinson, Mitarbeiter der regionalen Gemeinsamen Prüfungseinrichtungen, fällt auf, dass eine Vielzahl an jungen Ärzten regelhaft Impfungen als Verordnung auf den jeweiligen Namen eines GKV-Patienten ausstellen. Er berechnet den Verwaltungsaufwand und setzt diesen den möglichen Einsparungen und dem Nutzenbeitrag für die Versorgung gegenüber. Er erkennt schnell, dass es keinen Nutzenbeitrag für die Versorgung gibt und dass alle Einsparungen für die Versichertengemeinschaft von den Kosten der Verwaltungsprozesse aufgezehrt werden, wenn man alle Beteiligten einbezieht. Im Gegenteil: Er stellt erschreckt fest, dass sogar negative Gesundheitsfolgen für die Versichertengemeinschaft entstehen, wenn man eine konstante Arbeitszeit der Ärzte unterstellt.

---

[2] Beispielsweise im „Gesundes-Herz"-Gesetzgebungsverfahren.

Denn bei gleicher investierter Zeit je Arzt können durch Arbeiten ohne Nutzenbeitrag eben weniger nützliche Gesundheitsleistungen erbracht werden. Nun erzählen wir die Geschichte weiter in zwei Szenarien:

## Szenario 1 – Aktuelles System

Der Mitarbeiter trägt seinem Vorgesetzten seine Erkenntnisse vor. Dieser bedankt sich höflich für die interessanten Einblicke und bittet ihn dann, zu seinem Arbeitsplatz zurückzukehren und seine Tätigkeit unter Beachtung der gesetzlichen Vorschriften und interner Arbeitsanweisungen durchzuführen.

Für die operative Umsetzung der politischen Vorgaben zuständig sind die Körperschaften des öffentlichen Rechts. Die Gemeinsame Selbstverwaltung (in dem Fall Krankenkassen und KV) trägt ihren Namen dabei zu Recht, man verwaltet sich mittlerweile gemeinsam selbst. Wenn zugunsten von Peter-(Gabler Wirtschaftslexikon, 2018b) und Parkinson-Prinzip (DUP-Magazin, 2024) persönliche Verantwortung und Gestaltungsmöglichkeit sinken, wenn nicht der Wertschöpfungsbeitrag einer Tätigkeit auf die formulierten Ziele einer Gesellschaft bewertet wird, wie sollen dann Kreativität und Fortschritt statt noch mehr Bürokratie entstehen? Die unbequeme Frage sei erlaubt, ob Krankenkassen nicht auch Verantwortung für die medizinische Versorgung ihrer Versicherten tragen.

- Ist nicht Gesundheit der Versicherten statt der Beitragssatzstabilität das höchste Gut der Versichertengemeinschaft?
- In welcher Krankenkasse gibt es Ziele, die auf Basis von Gesundheitskennzahlen die Vergütung des Managements regeln?
- Was ist aus den Initiativen der Integrierten Versorgung oder der Disease-Management-Programme geworden, nachdem planbare Anschub- oder RSA-Finanzierung weggefallen sind?
- Was sind die Projekte des Innovationsfonds, die die Versorgung der Bevölkerung nachweislich gegenüber den zu beseitigenden Defiziten der Regelversorgung verbessern?

- Brauchen wir Gesundheitskioske oder die Lösung der Probleme dort, wo sie durch Kostenfokussierung entstanden sind?
- Ist es wirklich richtig, neue Versorgungssektoren zu schaffen, statt in den bestehenden die Versorgung durch ausreichende Finanzierung aufrechtzuerhalten bzw. zukunftsfähig zu machen?

Wer trägt die Verantwortung für die Steuerung der Patienten? Die Autoren sehen an dieser Stelle den Hausarzt. Wer trägt die Verantwortung für die qualitativ hochwertige Medikamentenversorgung der Bürger? Die Autoren sehen an dieser Stelle den Offizin-Apotheker, also den in einer öffentlichen Apotheke tätigen Pharmazeuten. Beide in freiberuflicher Tätigkeit, um das Berufsethos über die Gewinnerzielungsabsicht zu stellen. Diese Strukturen werden aktuell nachhaltig im Konsens zwischen Politik und Krankenkassen zerstört. Hausärzte (Hausärztinnen- und Hausärzteverband, o. J.) und Apotheker (OpenPetition, 2024) sehen sich gezwungen, über Petitionen Gehör zu finden, um ein flächendeckendes Sterben der bisherigen Infrastruktur (zumindest auf dem Land) zu verhindern. Aus Eigennutz? Dies als ausschließliche Motivation zu sehen, wäre ein berufsethischer Affront und eine grobe Beleidigung der Inhaber freier Berufe.

## Szenario 2 – Regionales Datasign Thinking-Strukturfondsprojekt

Der Projektmanager des regionalen Strukturfonds der Sicherstellungsbörse hört sich die Erkenntnis des Mitarbeiters Peter Parkinson an und ist begeistert. Ein echter Quick-win (Schüller, 2023)! So eine einfache Umsetzung und dabei so viel Wertschöpfungsbeitrag auf Bürokratieabbau und Freistellung nutzbringender Ressourcen! Schnell wird das passende Team aus Entscheidungsträgern zusammengestellt und der neue Prozess diskutiert und erarbeitet. Die Regeln für die Wirtschaftlichkeitsprüfung bleiben unverändert, werden aber nun an den Anfang des Prozesses gestellt. Das Regelwerk muss von den PVS-Anbietern (KBV, o. J.b) integriert werden, um die KBV-Zulassung im Rahmen der Zertifizierung

(KBV, o. J.c) weiter zu erhalten. Das Ausstellen eines Rezepts, in dem ein Impfstoff zulasten der gesetzlichen Krankenkasse außerhalb des Sprechstundenbedarfs verordnet wird, ist nicht mehr möglich. Wird es dennoch versucht, wird ein multilinguales Schulungsvideo mit Querverweisen auf die Gesetzestexte angezeigt. Dabei erkennt das System durch die Rollenzuordnung der Anwender, ob es sich um ärztliches oder nicht-ärztliches Personal handelt, und passt das Sprachniveau entsprechend automatisch an. Im Ergebnis werden allein in dieser KV-Region 1,2 Vollzeitkraftäquivalente mit Know-how von Sozialversicherungsfachangestellten (SOFA) aus der Verwaltung in der Körperschaft des öffentlichen Rechts freigesetzt, die von nun an in den zehn Primärarztzentren der Region jede zweite Woche an jeweils einem Tag für Beratungsgespräche und die Fallbearbeitung über einen Telemedizinarbeitsplatz verfügbar sind. Mit dieser Kompetenz werden im weiteren Betrieb der Sicherstellungsbörse zusätzliche Wertschöpfungspotenziale gehoben, die über das zwingend durchzuführende Controlling die positive Bilanz der Idee kontinuierlich verbessern werden.

Im „Tor-des-Monats-Wettbewerb" der Pilotregionen aller Bundesländer, in dem Ideen gekürt werden, die die törichtesten Verschwendungsprozesse des bisherigen Systems eliminiert haben, erhält der Vorschlag den ersten Preis aller Verbesserungsvorschläge. Der Vertreter der Juroren des Wettbewerbs hält in seiner Laudatio für Peter Parkinson fest: *Die Prämie der Preisvergabe im Ideenwettbewerb der Sicherstellungsbörse hat mit Ihrem Beitrag einen würdigen ersten Preisträger. Sie haben sich durch Kreativität und Analysefähigkeit verdient gemacht. Viele Menschen sind Ihnen und Ihrem System Thinking-Team zu Dank verpflichtet!*

Übertrieben? Die Autoren denken nicht. In seiner Zeit bei den Kostenträgern hat der Autor viele intelligente und motivierte Mitarbeitende kennengelernt. Leider dominiert die Angst, Fehler zu machen. Wenn dieses Potenzial umgelenkt werden könnte auf Nutzenorientierung, könnten viele Probleme im aktuellen System schnell gelöst werden. Die Autoren wünschen sich daher die „Koalition der Willigen" aus Politik, Wissenschaft, Krankenkassen und den verschiedenen Sektoren der Gesundheitsversorgung/des Sozialstaats. Mit dem Ansatz des *System*

*Thinking*, den die Experten der Driven By GmbH begleiten, wollen die Verfasser den „Red Ocean" in den „Blue Ocean" schrittweise überführen. Dabei sind sie davon überzeugt, dass sie die kritische Masse der Bevölkerung auf ihrer Seite haben:

- **Nutzenorientierung** statt Kostenfokussierung
- **Sicherheit, dringend notwendige medizinische Versorgung diskriminierungsfrei zu erhalten,** statt Ellenbogengesellschaft um den nächsten Termin
- **automatisierte Genehmigungsprozesse in Echtzeit** statt bürokratischen Overkills

In der Konsequenz entsteht: **Ergebnisverantwortung für messbare Ziele** statt Wahlkampf und Rückzugspositionen auf ausgewählte gesetzliche Vorschriften

Die Arbeit vieler Krankenkassenmitarbeitenden kann sich neu ausrichten: Das Entwickeln, Überwachen und Pflegen der technischen Anforderungen eines Echtzeit-Genehmigungsprozesses und nutzenstiftendes Case Management in der Versorgung werden das neue Leitbild der Tätigkeit.

## Literatur

AOK. (o.J.). *Sprechstundenbedarfsvereinbarung.* https://www.aok.de/gp/vertraege/arztpraxen/sprechstundenbedarf. Zugegriffen am 05.09.2024.

Ärztenachrichtendienst (änd). (o.J.). *Das Gesundheitssystem ist „ziemlich kaputt".* https://www.aend.de/article/230354. Zugegriffen am 05.09.2024.

Bundesministerium für Gesundheit (BMG). (2024). *Vorläufige Finanzergebnisse der GKV für das Jahr 2023.* https://www.bundesgesundheitsministerium.de/presse/pressemitteilungen/vorlaeufige-gkv-finanzergebnisse-2023. Zugegriffen am 05.09.2024.

DUP-Magazin. (2024). *Das Parkinsonsche Gesetz: Arbeitszeit erfolgreich managen.* https://www.dup-magazin.de/management/strategie/das-parkinsonsche-gesetz-arbeitszeit-erfolgreich-managen. Zugegriffen am 17.11.2024.

Finlayson, D. (2024). Wird der Arzt durch Algorithmen ersetzt? *Krankenhaus-IT Journal*. https://www.krankenhaus-it.de/item.3288/wird-der-arzt-durch-algorithmen-ersetzt.html. Zugegriffen am 05.09.2024.

Gabler Wirtschaftslexikon. (2018a). *Kumulrisiko*. https://wirtschaftslexikon.gabler.de/definition/kumulrisiko-37785. Zugegriffen am 16.11.2024.

Gabler Wirtschaftslexikon. (2018b). *Peter-Prinzip*. https://wirtschaftslexikon.gabler.de/definition/peter-prinzip-43002. Zugegriffen am 17.11.2024.

Hausärztinnen- und Hausärzteverband. (o.J.). *Protest-Kampagne „Diese Praxis würde fehlen" (#diesepraxiswürdefehlen)*. https://www.haev.de/themen/protest. Zugegriffen am 05.09.2024.

Kassenärztliche Bundesvereinigung (KBV). (o. J.-a). *Die Haus- und Fachärzte – wir sind für Sie nah*. https://rettet-die-praxen.de/. Zugegriffen am 05.09.2024.

Kassenärztliche Bundesvereinigung (KBV). (o. J.-b). *Praxisverwaltungssysteme (PVS). Das PVS: Die Grundausrüstung in jeder Praxis*. https://www.kbv.de/html/pvs.php. Zugegriffen am 05.09.2024.

Kassenärztliche Bundesvereinigung (KBV). (o. J.-c). *Praxisverwaltungssysteme (PVS). PVS-Zertifizierung – Die Aufgabe der KBV*. https://www.kbv.de/html/7111.php. Zugegriffen am 05.09.2024.

Kassenärztliche Vereinigung Westfalen-Lippe (KVWL). (2024). *Sprechstundenbedarf*. https://www.kvwl.de/mitglieder/verordnung/sonstige-verordnung/sprechstundenbedarf. Zugegriffen am 05.09.2024.

Lau, T., & Richter-Kuhlmann, E. (2023). Freiberuflichkeit: Klare Signale an die Politik. *Deutsches Ärzteblatt, 120*(21–22), A-948/B-816.

Meister, J. (2023). Ärzte an der Belastungsgrenze. *Arzt & Wirtschaft*. https://www.arzt-wirtschaft.de/praxis/aerzte-an-der-belastungsgrenze. Zugegriffen am 05.09.2024.

OpenPetition. (2024). *Gegen das geplante Apothekenreformgesetz – keine „Apotheken ohne Apotheker"!* https://www.openpetition.de/petition/online/gegen-das-geplante-apothekenreformgesetz-keine-apotheken-ohne-apotheker. Zugegriffen am 05.09.2024.

Piontek, S. (2022). Retaxgefahr: Sprechstundenbedarf auf Rezept. *Apotheke adhoc*. https://www.apotheke-adhoc.de/rubriken/detail/apo-tipp/retaxgefahr-sprechstundenbedarf-auf-rezept/. Zugegriffen am 05.09.2024.

PriceWaterhouseCoopers (pwc). (2024). *Healthcare-Barometer 2024*. https://www.pwc.de/de/gesundheitswesen-und-pharma/healthcare-barometer.html. Zugegriffen am 05.09.2024.

Schüller, A. M. (2023). Unternehmenskultur: Mit Quick Wins Schritt für Schritt in die Zukunft. *VDI Nachrichten*. https://www.vdi-nachrichten.com/karriere/tools-tipps/unternehmenskultur-mit-quick-wins-schritt-fuer-schritt-in-die-zukunft/. Zugegriffen am 05.09.2024.

Virchowbund. (o.J.). *Praxisbedarf und Sprechstundenbedarf.* https://www.virchowbund.de/praxis-knowhow/praxis-gruenden-und-ausbauen/praxisbedarf-und-sprechstundenbedarf. Zugegriffen am 05.09.2024.

# 5

# Transparenz – mehr als eine Google-Bewertung

Jeder Nutzer eines Google-Business-Kontos wird es kennen: die ungerecht empfundene Bewertung. Nur ein Stern, obwohl wir doch wirklich alles tun, um die Interessen unserer Kunden zu berücksichtigen und ihre Anliegen zu erfüllen.

Was ist, wenn sich die Bewertungskriterien zwischen Bewerter und Bewertetem unterscheiden? Wenn der Patient ein stärkeres Schmerzmittel möchte, der Arzt es ihm aber aus medizinischen Gründen nicht verschreiben will: Wer hat Recht? Eine schlechte Bewertung bedeutet immer, dass die Kommunikation zwischen den Beteiligten verbesserungswürdig war, aber wollen wir nicht wissen, ob unser Gesundheitsproblem bei einem Arzt oder anderen Beruf im Gesundheitswesen in guten Händen ist? Konsequenterweise fordert der Patientenvertreter Eugen Brych von der Stiftung Patientenschutz ein Praxisvergleichsportal (änd, o. J.a), um wenige Tage später die Diskussion mit seiner Forderung nach Daten zur Terminvergabe (änd, o. J.c) weiter zu befeuern. Der zuständige Vertreter der KBV, Herr Gassen, zeigt sich gegenüber dieser öffentlichen Diskussion verschlossen und kontert polemisch statt sachlich (ÄrzteZeitung, o. J.). Dabei sind sich die Patienten- und Ärztevertreter einig in der Sachanalyse: Die Wartezeiten auf einen Termin beim Facharzt sind schon jetzt zu lang (änd, o. J.d), und die Situation wird sich ohne weiteres Honorar für die ambulante ärztliche Versorgung, das die Krankenkassen mit Blick auf die Beitragsstabilität ablehnen (änd, o. J.e), weiter verschlechtern (änd, o. J.b).

Mit der Sicherstellungsbörse wollen die Autoren die Qualität der medizinischen Versorgung im vertragsärztlichen Bereich konsequent transparent machen und zum Steuerungsinstrument für eine höhere Vergütung werden lassen. Aus Sicht von Beitragszahlern und Krankenkassen ist es nachvollziehbar, dass nicht noch mehr Geld für nicht nachvollziehbare Qualität gezahlt werden darf. Aus Sicht der Ärzte sind die bestehende Unterfinanzierung ärztlicher Leistung und die daraus entstehenden (oben genannten) Zwänge unerträglich. Aber gibt es nicht einen besseren und vor allem gemeinsamen Weg (Blue Ocean), der eine angemessene Wartezeit auf Termine und die leistungsgerechte Vergütung der Arbeit von Healthcare Professionals ermöglicht?

Mit der Sicherstellungsbörse stellen die Autoren das Konzept, mit ihren Praxen als Initiatoren eines regionalen Pilotprojekts die strukturelle Grundlage für eine datenbasierte Bewertung von Struktur-, Prozess- und Ergebnisqualität bereit. Diese beginnend mit den dringlichsten Fällen der medizinischen Versorgung fallbezogen zu erheben, zur Grundlage für eine höhere und angemessene Vergütung sowie anschließend für weitere Entscheidungen der Inanspruchnahme transparent zu machen, ist unser Ziel. Als Voraussetzung für die Auszahlung der Zusatzvergütung müssen der Hausarzt und der Patient das Ergebnis des Termins beim Leistungserbringer innerhalb einer vorerst auf sieben Tage angesetzten Frist bewerten:

- Erfüllt die erbrachte Leistung den übermittelten Auftrag?
- Wurde dem Patienten das Ergebnis des Termins erläutert und ist dies in verständlicher Sprache erfolgt?
- Wurden dem Überweiser die aus dem Termin resultierenden Aufgaben für die weitere Versorgung nach den *SMART*-Kriterien (Bundesverwaltungsamt, 2024) nachvollziehbar und inhaltlich nach aktuellem medizinischen Standard übermittelt?
- Sind aus dem Termin Aufgaben oder Ergebnisse offengeblieben, die den Prozess der Genesung weiter verzögern?
- Welche Verbesserungspotenziale bestehen im aktuellen Fall und wie könnten sie für die Zukunft optimiert werden?

Diese Fragen in der aktuellen Situation der medizinischen Versorgung beantworten zu müssen, das wäre illusorisch. Aber im Rahmen einer Projektförderung zu Beginn der Implementierung, in der nach dem Pareto-Prinzip (Durst, 2020) 80 % des Nutzens mit 20 % des Aufwands erzielt werden können, wäre dieser Systemwechsel möglich und könnte in einem kontinuierlichen Verbesserungsprozess zielgerichtet ausgestaltet werden.

Im zweiten Schritt der Implementierung könnten über den Betrieb der Sicherstellungsbörse Daten in größerer Menge strukturiert erhoben werden. Evaluationsfragen könnten mit repräsentativer Aussagekraft und kürzerer Dauer der Bearbeitung konzipiert werden, um im dritten Schritt den von den Patientenvertretern geforderten „Praxis-Atlas" als Auswahlkriterium und Steuerungsinstrument für die Inanspruchnahme einer nutzenorientierten medizinischen Versorgung bereitzustellen. Wer zu welchen Fachfragen besonders gute Medizin bereitstellt, könnte Grundlage für die datenbasierte Vergabe eines Gütesiegels werden. Wenn mit diesem Gütesiegel noch eine fallunabhängige Vergütung von Strukturqualität sowie Aus- und Weiterbildung verknüpft wären, könnten diese Anreize für mehr Nutzen in der Gesundheitsversorgung sorgen und die Investitionsentscheidungen der Praxisinhaber nachhaltig beeinflussen.

Die Chance des neuen Ansatzes ist, dass er *neben* dem etablierten Gesundheitssystem eine neue Vergütungssystematik für Qualität inkl. IT-Infrastruktur einführt. Ergänzend zu einer bereits jetzt veralteten Telematikinfrastruktur wollen die Autoren bedarfsorientiert die „GesundheitDatenBank" (siehe Kap. 7) entwickeln. Das (Gesundheits-)Datenbankkonto des Patienten könnte von diesem selbst geführt werden. Wer welche Daten nutzen darf, könnte bestimmt, und die wissenschaftliche Datenanalyse, die Anwendung von KI und die Möglichkeit jedes einzelnen Nutzers, mit seinen eigenen Daten Geld zu verdienen, könnten eröffnet werden.

Die Autoren etablieren hierfür, ergänzend zur Datenspeicherung in der elektronischen Patientenakte, Prozesse der Objektivierung (Verknüpfung einer Information mit einem belegenden Dokument) und Validierung (Bestätigung, dass die Information für den Anwendungsfall korrekt ist und zur Automatisierung von Prozessen und Wissensgenerierung verwendet werden kann). Im für den Pilotbetrieb entwickelten Datenmodell ist die Speicherung der Datenhistorie ebenso vorgesehen wie die Löschbarkeit auf Verlangen gem. DSGVO. Dabei wird stets fallbezogen gearbeitet, d. h., Daten und Zugriffsrechte werden im Kontext des Zwecks der Datenverarbeitung organisiert. Auf diesem Weg wird dem Umstand Rechnung getragen, dass gleiche medizinische Daten je nach Anwendungsfall unterschiedlichen Zugriffsrestriktionen unterliegen können.

Beginnend mit den Personendaten, objektiviert durch den Personalausweis und validiert durch das POSTIDENT-Verfahren oder berechtigte Nutzer in der Hausarztpraxis, ergänzen die Autoren mit jedem Anwendungsfall weitere personenbezogene (natürlich und juristisch) sowie Gesundheitsdaten.

Für alle Prozesse werden Feedback- und Evaluationsmöglichkeiten etabliert, sodass die immense Komplexität der Gesundheitsversorgung nicht von Beginn an abgebildet sein muss, sondern mit der Dauer der Anwendung zu automatisierten IT-Prozessen führt.

Statt einfach nur den Gesundheitsdatenmüll der bisherigen Systeme dem Patienten über eine elektronische Patientenakte zur Verfügung zu stellen in der irrsinnigen Hoffnung, dass die Daten über diesen Weg besser werden, gibt es nun eine Möglichkeit, „die Spreu vom Weizen zu trennen". Denn in der elektronischen Patientenakte werden sich – wie jeder Kenner der Echtdatenanalyse von GKV-Daten weiß – männliche Schwangere, gleichzeitig bestehende Typ-1- und Typ-2-Diabetes-Diagnosen und viele weitere Widersprüchlichkeiten und Fehler finden. Wenn schon der „Klinik-Atlas", dessen Zielsetzung im AOK-Krankenhausnavigator (AOK, o. J.) vom Wissenschaftlichen Institut der Ortskrankenkassen (WIdO, 2024) seit vielen Jahren umgesetzt wurde, heftige Kritik über die Datenqualität auslöst (Tagesschau.de, 2024), welche Diskussion wird dann der Echtbetrieb der befüllten elektronischen Patientenakte haben?

Mit der Sicherstellungsbörse werden im Pilotprojekt die „anamnestischen Daten" der elektronischen Patientenakte durch belegende Befunde schrittweise „objektiviert" und erst nach Freigabe durch einen dazu Berechtigten als valide ansehen. Nur diese validen Daten dürfen dann entsprechend den Forderungen der Ärzteschaft (Winkler, 2023; Hausärztinnen- und Hausärzteverbund, 2024; Bundesärztekammer, 2024) und den Anforderungen an Medizinprodukte höherer Klasse (VDE Health, 2024) für automatisierte oder KI-gestützte Entscheidungsprozesse verwendet werden. Nur diese validen Daten sollten für Überweiser und Leistungserbringer als Entscheidungsgrundlage dienen.

Die Verfasser sind davon überzeugt, dass KI und IT das Gesundheitswesen revolutionieren werden. Grundlage dafür muss aber ein valider, d. h. bestmöglich gesichert korrekter, Datensatz sein. Denn die derzeitige Situation der Validität von Gesundheitsdaten ist eher mit folgender Situation vergleichbar:

*Das KI-Gericht: Aus einer Gruppe von möglichen Tätern soll einer zu einer lebenslangen Haftstrafe verurteilt werden, weil die durchgeführte Tat dies zwingend vorschreibt. Die Beweise und Motive der Täter sind aber nur lückenhaft, z. T. widersprüchlich oder sogar fehlerhaft erhoben. Dennoch fällt der KI-Richter ein Urteil, in dem die den herkömmlichen Richter ersetzende „Software as a Service" unter Nutzung statistischer Verfahren die Strafe gegen das Gruppenmitglied verhängt, dessen Alibi am wahrscheinlichsten falsch ist.*

Wäre das unser juristisches Zukunftsszenario? Wollen wir wirklich analog (BMG, 2023) unsere Gesundheitsversorgung organisieren? Grundlage für eine Kostenübernahme durch die Krankenkassen sollte es sein, dass Kausalität zwischen Voraussetzung und Ergebnis mit hinreichender Sicherheit nachgewiesen ist. KI dagegen schätzt Zusammenhänge anhand von sehr komplexen statistischen Verfahren und ist somit immer nur ein Verfahren zur Hypothesenbildung und Wiedergabe von bestehendem Wissen. Denn nur weil im gleichen Zeitraum die Anzahl der Störche und die Geburtenrate in Deutschland zurückgegangen ist, beweist dies nicht, dass der Klapperstorch die Kinder bringt (Hofer et al., 2004).

KI-Anwendungen werden ein Segen für die Wissenschaft und die Nutzen-Risiko-Abwägungen bei medizinischen Entscheidungen sein. Deren Algorithmen sollten aber zumindest anhand von gesichert validen Daten trainiert und dann später auf bestmöglicher Datenqualität angewendet werden müssen. Ansonsten werden eben auch (statistisch vorhersehbar) viele falsche Entscheidungen getroffen werden (Ingenieur.de,

2024). Dass auch schon jetzt durch die handelnden Ärzte viele falsche Entscheidungen getroffen werden und KI damit in vielen Anwendungsbereichen besser ist als der Arzt (Finlayson, 2024), widerspricht dem nicht. Im Wissen um die Schwächen angewendet, werden KI- und moderne entscheidungsunterstützende Systeme ein Segen für die nutzenorientierte Versorgung werden.

## Fall 12: Zugriff auf die Besten spart Gesundheitsausgaben

Die aktuelle Versorgung von Patienten ist von Überlastung aller Beteiligten geprägt. Statt aber die Fallzahl auf das mit geforderter Qualität Machbare gemäß ärztlichem Berufsethos zu reduzieren, reduzieren die Beteiligten aus ökonomischen Zwängen die Qualität, um die Fallzahl auf das wirtschaftlich notwendige Maß zu steigern. Im Ergebnis entstehen folgende Konstellationen, die an einem einzigen Werktag in der Praxis des Autors offenkundig wurden:

### Fall 12.1: Herr Volls versteht die Arztbriefe nicht

Mit seinem vierten Termin im Quartal, den er Mitte August online gebucht hat, sitzt Herr Volls vor dem Autor. Seine Geschichte ist sehr ärgerlich und leider die Regel. In der ambulanten Vorsorgekoloskopie, die Arzt und Patient nach durchgeführtem Recall veranlasst hatten (Termine für Wiedervorstellungen werden für die HZV-Patienten in dieser Praxis aus den Arztbriefen als offene Aufgabe im Praxisverwaltungssystem notiert, sodass später ein Recall für diese Leistung erfolgen kann und „nichts Wichtiges vergessen wird"), war ein breitbasiger Polyp im Kolon gefunden worden. Aufgrund eines erhöhten Blutungsrisikos bei Einnahme von Blutgerinnungshemmern sollte nach Empfehlung des Gastroenterologen die weitere Versorgung nicht ambulant, sondern unter stationären Bedingungen stattfinden. Leider war die Erläuterung des ambulant tätigen Kollegen so oberflächlich, dass Herr Volls beim Autor den zweiten Termin buchte, um, wie vom Facharzt empfohlen, „die Befunde mit dem Hausarzt zu besprechen". Freundlicherweise war zwar schon direkt ein

Termin für die stationäre Behandlung durch das MVZ des Krankenhauses, in dem die erste Darmspiegelung stattfand, vereinbart worden. Leider war jedoch für die Erläuterung des Befundes, z. B. im Nachgang per Telefon wie in gut organisierten Praxen üblich, keine Zeit. Eine geforderte Einweisung erfolgte, in der, entgegen der Vermutung von Patient und Hausarzt, allerdings „nur" eine Biopsie entnommen und der Patient anschließend mit einem vorläufigen Arztbrief entlassen wurde. Im Rahmen des gesetzlich vorgeschriebenen Entlassmanagements nach Krankenhausaufenthalt ist ein Arztgespräch eine zwingend notwendige Leistung. Leider war auch dieses Mal im nun nicht mehr ambulanten, sondern stationären Sektor dafür keine Zeit. Bei korrektem Entlassmanagement wäre die Aufgabe des Hausarztes allein die Weiterverordnung der eingeleiteten Medikation – eine in großen Teilen delegierbare Aufgabe. Durch die auch vom Krankenhaus „outsourcte Nachbesprechung" wurden daraus nun weitere 15 min Arztkontakt der Praxis des Autors, da Herr Volls einen nächsten (den dritten) Termin „zur Besprechung der Befunde mit dem Hausarzt" buchte (Wir erinnern uns aus der Diskussion um das Regelleistungsvolumen: Ab dem dritten Termin ist die Leistung sicher unwirtschaftlich und alle bisher durchgeführten Kontakte wären vermeidbar (Achtung: Verschwendung), wenn Verschieben von Arbeit entgegen des eigenen Auftrags vom Gebietsarzt zum Hausarzt nicht toleriert oder ggf. sogar bestraft würden). Im mitgebrachten „vorläufigen Arztbrief" fehlte allerdings noch das Ergebnis der Mikrobiologie, weshalb auch diese Besprechung weitestgehend nutzlos war. Als Herr Volls nach zwei Wochen noch immer keine Information erhalten hatte, bucht er – wieder online – einen Termin „in der Hoffnung, dass mittlerweile weitere Informationen vorliegen". Die Diskussion mit Herrn Volls in diesem vierten Termin war nun weniger konstruktiv. Der Autor versuchte ihm zu vermitteln, dass er sich mit seinen Fragen gerne direkt an das Krankenhaus wenden könne und er nicht dort für ihn anrufen würde. Es ist wirklich erstaunlich, mit welcher Selbstverständlichkeit Zeit des Hausarztes „per Flatrate" in Anspruch genommen wird, offensichtliche und den Patienten belastende Fehlleistungen anderer Ärzte und das Verschieben von Aufgaben vom Facharzt auf den Hausarzt aber widerspruchsfrei toleriert werden. Im von der Praxis organisierten Recall (Wertschöpfungsbeitrag „Prävention durch strukturierte Patientensteuerung") wurde in einem Patientenkontakt die geforderte und Nutzen stiftende Leistung erbracht, alle vier folgende Termine beim Hausarzt waren durch unzureichende Qualität der Leistung anderer Leistungserbringer nötig. Hausärzte müssen vor den negativen Einflüssen der Qualitätsmängel anderer Sektoren geschützt werden, da ansonsten für die eigenen Aufgaben der Patientensteuerung nicht nur keine Zeit, sondern ein negativer Anreiz besteht. Denn hätte die Praxis nicht den Patienten auf seine fällige Wiedervorstellung aufmerksam gemacht, wären mehr als 60 min Arbeitszeit gespart worden. Da der Darmtumor aber später und damit als Darmkrebs im weiter fortgeschrittenem Stadium entdeckt worden wäre, wären mehr Kosten für das System und größeres Leid für den Patienten entstanden. Patientensteuerung beim Hausarzt muss also nicht nur möglich bleiben, sondern aktiv belohnt werden. Schlechte oder Nicht-Leistung muss dagegen Konsequenzen haben.

Letztlich kann man dem Patienten keinen Vorwurf machen, in der Not konsultiert er eben seine Vertrauensperson. Aber das Verhalten in diesem Fall zeigt deutlich, dass kollegiale Zusammenarbeit unter ökonomischem Druck nicht mehr selbstverständlich und Transparenz nötig ist, um Fehlentwicklungen zu korrigieren.

## Was ist der Nutzenbeitrag der Sicherstellungsbörse für den Fall 12.1?

Zu den Aufgaben der Leistungserbringer gehört die Aufklärung des Patienten über die Ergebnisse der Diagnostik und Behandlung. In der Sicherstellungsbörse hat jeder Termin zur Befundbesprechung einen virtuellen Wert von 30 €. Wird vom Patienten die Befunderläuterung des Leistungserbringers als „nicht durchgeführt" oder „wenig verständlich" bewertet, so werden 100 % bzw. zwei Drittel dieses Betrags von der Vergütung des Leistungserbringers abgezogen und dem Überweiser zur Vergütung seines Zusatzaufwandes gutgeschrieben.

Mit der Erwartung, dass das Krankenhaus- und MVZ-Management diese Leistungskürzung nicht tolerieren wird oder zumindest eine Vergütung ohne Rücksprache/Einwilligung outgesourcter Leistung erfolgt, digitalisiert die Sicherstellungsbörse nun zunehmend auch verlorene kollegiale Zusammenarbeit.

**Fall 12.2: Herr Timm hat eine schwere Schlafapnoe**
Aufgrund des schlecht ausgebildeten Personals des Schlaflabors war schon in der „Einstellungsnacht" das Ergebnis der Überdrucktherapie dürftig. Schlechte Passform der Maske, unzureichende Druckspanne und die fehlende Aufklärung über typische Probleme und deren Lösungsmöglichkeiten führten dazu, dass der beruflich auf sein Auto angewiesene Herr Timm erneut vorstellig werden musste. Aufgrund der mit öffentlichen Verkehrsmitteln schwer bewältigbaren Fahrt nutzte Herr Timm – gegen ärztliche Anweisung – seinen Pkw, um in die 80 km entfernte, direkt am Krankenhaus gelegene Praxis zu fahren. Dort wurde sein Gerät ausgelesen (heute üblicherweise auch online möglich), und der Patient sollte ohne Arztgespräch oder zufriedenstellende Erläuterung nach Hause geschickt werden. Von seinem Hausarzt vorbereitet, dass er die Einrichtung nicht ohne zufriedenstellende Behandlung oder zumindest einem aussagekräftigen Arztbrief verlassen dürfte, protestierte Herr Timm. Die lapidare Antwort war: „Dann kann der Hausarzt ja anrufen, wenn nicht klar ist, was zu tun ist." Am Ende des daraufhin aus der Sprechstunde durch den Autor im Beisein des Patienten (dritter Termin zur AU-Verlängerung, die entgegen dem durchaus vorkommenden Vorgehen anderer Praxen nicht „automatisch" ohne Arztkontakt verlängert wurde; somit auch hier als Folge: Defizit aus Pauschalvergütung gegenüber den Kosten der Versorgung und einen 30 €-Geldschein an das schlechte Arbeit abliefernde Schlaflabor verschenkt) geführten Telefonats entschuldigte sich die Leitung des Schlaflabors kleinlaut, nicht ohne die katastrophale Personallage im Haus zu erläutern. Eine Station sei schon geschlossen worden, weil nicht genügend Ärzte da seien, und nun sei auch noch der ambulante Bereich betroffen. Im Ergebnis entstehen Leistungsausgaben ohne Nutzen, Mehrarbeit im nachgelagerten Sektor durch schlechte Qualität der für die Vergütung geforderten Leistungserbringung sowie verlängerte Arbeitsunfähigkeit mit einem Schaden für Arbeitgeber, Krankenkasse und Patient.

Inzwischen – weitere 6 Wochen später ohne Brief über die durchgeführte Behandlung und damit in weiterer Arbeitsunfähigkeit des Patienten wegen Fahrverbot – musste sich Hr. Timm beim Medizinischen Dienst der Krankenkassen für seine Arbeitsunfähigkeit rechtfertigen. Fassungslos von seinen Erläuterungen kündigte der Mitarbeiter an, dass dies Folgen für die Einrichtung haben würde. Ehrlich gesagt, man kann es nur hoffen! Allerdings bleibt der Autor angesichts mindestens zwei weiterer Fälle von langfristiger AU wegen schwerer Schlafapnoe und dennoch später Terminvergabe/Schlechtleistung anderer Schlaflabore skeptisch, ob das Abmahnen der Leistungserbringer der richtige Weg ist oder nicht vielleicht doch das Vergütungssystem für die zu erbringende Leistung überdacht werden sollte.

## Was ist der Nutzenbeitrag der Sicherstellungsbörse für den Fall 12.2?

In der Sicherstellungsbörse ist die Bewertung der erbrachten Leistung obligater Leistungsinhalt und Grundlage für die Bezahlung der Leistung. Die Bewertung des Autors wäre: 0/5 Sterne und zukünftig würde wohl keine einzige Überweisung zu einem Termin in dieser Einrichtung führen, ohne dass die benötigten Ressourcen nachweislich verfügbar sind und die Versorgungsqualität auch im Überweiser-Feedback gesichert ist. Als Ergebnis mehrerer Durchläufe in der Sicherstellungsbörse würden die leistungsfähigen Schlaflabore schnell transparent und könnten für ihre bessere Arbeit viele Patienten mit lukrativer Vergütung erhalten. Die Leistung 30.901 (Polysomnografie) ist gebunden an einen zugelassenen Leistungserbringer mit besonderen Qualifikationen. Im technischen Set-up der Sicherstellungsbörse können Termine nur bei registrierten Nutzern, die zur Person und den abrechnungsfähigen Leistungen validiert wurden, vereinbart werden. Ist dieser Leistungserbringer bei einem vereinbarten Termin nicht anwesend, so kann die Leistung nicht abgerechnet werden (eine Bestätigung durch den Patienten ist Zahlungsvoraussetzung). Für dringliche Leistungen ist somit auch der geforderte Facharztstandard immer gewährleistet. Die Leistungserbringung durch nicht-ärztliches oder nicht hinreichend qualifiziertes Personal wäre im Termin zwar dennoch möglich, eine Abrechnung jedoch nicht. Die zwingend vorzunehmende Bewertung des gewählten Leistungserbringers durch Überweiser und Patient würde das beschriebene Fehlverhalten für alle folgenden Terminangebote der Praxis sichtbar machen. Schlechte Qualität könnte neben ihrem Einfluss auf die Buchungsfrequenz sogar über Voreinstellungen des Systems zur Preisbildung vergütungsmindernd gestaltet werden. Wer dagegen schnell, zuverlässig und mit klaren Vorgaben für den vor- und nachgelagerten Prozess arbeitet, wird durch die Sicherstellungsbörse erstmalig für seine erbrachte Qualität mehr Geld pro Zeiteinheit verdienen.

**Fall 12.3: Frau Glauber hat Durchfall**
Frau Glauber, eine rüstige Endsechzigerin, ist in die hausärztliche Versorgung des Autors gewechselt. Sie hat seit vielen Jahren regelmäßig Durchfall. Da sie manchmal etwas emotional und belastet ist, stand anfänglich die Somatisierung und die Diagnose Reizdarmsyndrom im Raum. Eine aufmerksame angestellte Ärztin der Praxis hatte beim Lesen der Vorbefunde den Bericht einer viele Jahre zurückliegenden Koloskopie nicht nur in der Zusammenfassung, sondern auch im Detail gesichtet und fand den Verdacht einer „kollagenen Kolitis", die jedoch nie weiter abgeklärt oder gar kontinuierlich behandelt wurde. Sie veranlasste daher die Überweisung zum Gastroenterologen und gab der Patientin das Rezept über eine N1-Packung des für diese Art der Erkrankung häufig wirksamen Medikaments „Budenosid". Sie erklärte, dass das Vorgehen „ein Ausprobieren eines möglicherweise wirksamen Medikaments" (auf Ärzte-Deutsch „probatorisch") ist und der Spezialist gegebenenfalls eine andere Therapie vorschlagen würde. Daher würde nur eine „kleine Packung aufgeschrieben". Nach etwa drei Monate war nun endlich der gewünschte Termin beim Spezialisten zur Vorbesprechung einer erneuten Darmspiegelung.

Im ausgestellten Überweisungsschein war als Grund für die vom Leistungserbringer beabsichtigte Darmspiegelung die Diagnose „kollagene Kolitis" benannt. Die 20-tägige „probatorische Behandlung" mit dem kortisonhaltigen Medikament hatte zur Besserung des Durchfalls geführt. Inhalt des Überweisungsauftrags waren die Diagnosesicherung und Einleitung einer für die vorgefundene Konstellation optimierten medikamentösen Therapie der chronisch anhaltenden Durchfälle. Im Gespräch des Arztes mit der Patientin erklärt dieser, dass er die Koloskopie nicht durchführen könne, weil die Patientin ja nicht „wegen eines Polypen oder Verdachts auf Darmkrebs" gekommen wäre. Sie habe darüber hinaus noch keinen Anspruch auf eine Vorsorgedarmspiegelung.

Ohne als Experte für Erkrankungen des Magen-Darm-Traktes ein Wort zum weiteren Vorgehen bei der Behandlung des Durchfalls zu verlieren, wurde der Termin beendet und die Patientin fassungslos zurückgelassen. Bettelnd um Hilfe, steht diese Patientin zum fünften Termin im aktuellen Quartal kurz vor Ende der Sprechstunde in der Praxis (Vorgeschichte vergleichbar mit Herrn Volls). Alle Versuche, diese Patientin zum leistungsverweigernden Arzt zurückzuschicken, scheitern. Die Diskussion am Empfang der Praxis im zufälligen Kontakt und dann im Arztzimmer dauert etwa 30 min. Als Ergebnis wird eine weitere Überweisung für die Termin-Service-Stelle mit Dringlichkeitsvermerk ausgestellt, und die Patientin erhält jetzt für 50 Tage das schon zuvor „ausprobierte" Kortisonpräparat erneut ohne hinreichende Diagnosesicherung. Im Ergebnis fühlt sich die Patientin überfordert, versteht zwar den Hausarzt, ist dennoch enttäuscht über das System und wurde vielleicht nicht schlecht, aber dennoch in Effizienz und Effektivität verbesserungsbedürftig behandelt.

Als Ergebnis dieses Sprechstundentages für das Praxisteam ist viel unnötige Arbeit, ein verspäteter Dienstschluss durch den unnötigen Termin sowie Zweifel, dass ein „Beruf mit diesem Zeitdruck und der großen emotionalen Belastung" bis zur Rente durchgehalten werden kann, entstanden. Oder kurz: Systematische Frustration durch schlechte Organisation im deutschen Gesundheitssystem.

## Was ist der Nutzenbeitrag der Sicherstellungsbörse für den Fall 12.3?

Nahezu kein Patient hat Kenntnis von den Zwängen des aktuellen Gesundheitssystems. Diese „prozessuale Aufklärung" kostet viel Zeit, ist fachfremd und nahezu immer für alle Seiten frustrierend. In der Sicherstellungsbörse werden diese Informationsbedarfe mit KI-Werkzeugen automatisiert und bereits in der Evaluation des Termins initiiert bzw. bedient. Schlechtleistung hat damit Konsequenzen (siehe vorherige Fälle), wird aber durch die Bereitstellung von Chatbots früher aufgefangen. Jeder durch einen Chatbot vermiedene Arztkontakt wird damit wertschöpfend, sodass der Nutzenbeitrag der KI-Werkzeuge berechnet werden kann.

Auch die „medizinisch-inhaltliche" Aufklärung ist zeitintensiv und gehört nicht zu den zwingend ärztlich zu leistenden Prozessen. Der generierte Nutzen ist zwar nicht zu unterschätzen, aber hat gegenüber anderen, nicht delegierbaren Prozessen weniger Bedeutung für den Wertschöpfungsbeitrag bei knappen ärztlichen Ressourcen. In der Sicherstellungsbörse werden auch die Prozesse der Patienteninformierung bestmöglich digitalisiert und im Bedarfsfall durch anlassbezogene a priori zu genehmigende Beratung kostendeckend finanziert.

Im Ergebnis reduziert sich die Arzt-Patienten-Kontaktzeit im Fall III von 90 min auf nun noch einen einzigen Termin á 15 min. Weniger Stress und Konfliktpotenzial in der Praxis begleiten den neuen Lösungsansatz.

\* \* \*

**Zur Ergänzung**
Am selben Tag der beschriebenen Fälle war etwa jeder vierte der Beratungsanlässe beim Autor durch vom Patienten empfundene „Nicht- oder Schlechtleistung" fachärztlicher Kollegen bedingt. Offene Fragen durch nicht abgeschlossene oder vage Ergebnismitteilung verschwenden erhebliche Ressourcen in der hausärztlichen Praxis. Dadurch, dass Hausärzte immer kurzfristige Termine für die Behandlung akuter Erkrankungen oder dringlicher Beratungsanlässe anbieten, ist die Hürde für die Inanspruchnahme niedrig. Inhaltlich wenig kontrollierbare „Online-Termine" erhöhen das Missbrauchspotenzial im aktuellen System: „Den Facharzt erreicht man ja nicht, da dachte ich, ich komme zu Ihnen!" ist damit ein „vergiftetes Lob", weil so auch die Versorgung in der Hausarztpraxis nicht mehr unter wirtschaftlichen Bedingungen zu gewährleisten ist. Durch die Sicherstellungsbörse besteht somit ein erhebliches Potenzial für weniger Termine und damit effizientere und effektive Arbeit in der hausärztlichen Praxis. Mit der Sicherstellungsbörse kann somit auch ein wesentlicher Beitrag geleistet werden, dem Hausärztemangel auf dem Land entgegenzuwirken.

# Literatur

AOK. (o.J.). *Qualitätssicherung mit Routinedaten (QSR)*. https://www.aok.de/gp/qualitaet/stationaere-versorgung/qsr. Zugegriffen am 05.09.2024.

Ärztenachrichtendienst (änd). (o.J.-a). *Brysch fordert Praxis-Vergleichsportal*. https://www.aend.de/article/230227. Zugegriffen am 05.09.2024.

Ärztenachrichtendienst (änd). (o.J.-b). *„Längere Wartezeiten, mehr Eigenleistungen"*. https://www.aend.de/article/230415. Zugegriffen am 05.09.2024.

Ärztenachrichtendienst (änd). (o.J.-c). *Patientenschützer fordert Daten zu Terminvergabe*. https://www.aend.de/article/230334. Zugegriffen am 05.09.2024.

Ärztenachrichtendienst (änd). (o.J.-d). *„Wartezeiten von einem halben Jahr werden sonst zur Regel"*. https://www.aend.de/article/230339. Zugegriffen am 05.09.2024.

Ärztenachrichtendienst (änd). (o.J.-e). *„Werden das weder den Kassen noch der Politik durchgehen lassen"*. https://www.aend.de/article/230402. Zugegriffen am 05.09.2024.

ÄrzteZeitung. (o.J.). *Streit um Praxisatlas: KBV kontert Vorstoß der Patientenschützer*. https://www.aerztezeitung.de/Wirtschaft/Streit-um-Praxisatlas-KBV-kontert-Vorstoss-der-Patientenschuetzer-451781.html. Zugegriffen am 05.09.2024.

Bundesärztekammer. (2024). *128. Deutscher Ärztetag. Beschlussprotokoll*. https://www.bundesaerztekammer.de/fileadmin/user_upload/BAEK/Aerztetag/128.DAET/2024-05-10_Beschlussprotokoll_neu.pdf. Zugegriffen am 05.09.2024.

Bundesministerium für Gesundheit (BMG). (2023). *Lauterbach: Praktischer Nutzen der elektronischen Patientenakte wird überzeugen*. https://www.bundesgesundheitsministerium.de/presse/interviews/interview/funke-24-04-23. Zugegriffen am 05.09.2024.

Bundesverwaltungsamt. (2024). *SMART-Regel/SMART-Methode*. https://www.orghandbuch.de/Webs/OHB/DE/OrganisationshandbuchNEU/4_MethodenUndTechniken/Methoden_A_bis_Z/SMART_Regel_Methode/SMART_Regel_Methode_node.html. Zugegriffen am 17.11.2024.

Durst, M. (2020). *Pareto-Prinzip: Die 80/20-Regel verstehen und anwenden!* In: Der Prozess-Manager. https://der-prozessmanager.de/aktuell/wissensdatenbank/pareto-prinzip. Zugegriffen am 17.11.2024.

Finlayson, D. (2024). Wird der Arzt durch Algorithmen ersetzt? *Krankenhaus-IT Journal.*. https://www.krankenhaus-it.de/item.3288/wird-der-arzt-durch-algorithmen-ersetzt.html. Zugegriffen am 05.09.2024.

Hausärztinnen- und Hausärzteverbund. (2024). *KI in der Hausarztpraxis – Hausärztinnen- und Hausärzteverband legt Positionspapier vor.* https://www.haev.de/presse-medien/pressemitteilungen/nachrichten-detailansicht/ki-in-der-hausarztpraxis-hausaerztinnen-und-hausaerzteverband-legt-positionspapier-vor. Zugegriffen am 05.09.2024.

Hofer, et al. (2004). New evidence for the theory of the stork. *Paediatric and Perinatal Epidemiologie, 18,* 88–92. https://doi.org/10.1111/j.1365-3016.2003.00534.x

Ingenieur.de. (2024). *Kann KI den Arzt ersetzen?* https://www.ingenieur.de/technik/fachbereiche/medizin/kann-ki-den-arzt-ersetzen/. Zugegriffen am 05.09.2024.

Tagesschau.de. (2024). *Überarbeiteter Klinikatlas ist online.* https://www.tagesschau.de/inland/klinikatlas-erneuert-100.html. Zugegriffen am 05.09.2024.

VDE Health. (2024). *Zulassung von KI-basierten Medizinprodukten in Europa.* https://www.vde.com/topics-de/health/beratung/zulassung-von-ki-basierten-medizinprodukten-in-europa. Zugegriffen am 05.09.2024.

Winkler, E. (2023). *Künstliche Intelligenz im ärztlichen Alltag Ethische Überlegungen.* Bundesärztekammer. https://www.bundesaerztekammer.de/fileadmin/user_upload/BAEK/Veranstaltungen/BAEK_im_Dialog_Prof._Eva_Winkler_Ethische_UEberlegungen.pdf. Zugegriffen am 05.09.2024.

Wissenschaftliches Institut der AOK (WIdO). (2024). *WIdOmonitor: Pflegende Angehörige wenden im Schnitt 49 Stunden pro Woche für häusliche Pflege auf – mit Folgen für die Erwerbsarbeit.* https://www.wido.de/. Zugegriffen am 05.09.2024.

# 6

# Die Sicherstellungsbörse nach Beauchamp und Childress

Besonders wichtig ist es den Autoren, einem möglichen Vorwurf zu begegnen, die Sicherstellungsbörse widerspreche moralisch-ethischen Grundsätzen. Daher nehmen sie an dieser Stelle eine medizinethische Einordnung und Erläuterung vor.

Die Medizinethik beschäftigt sich mit den ethischen Problemen und Fragestellungen im Kontext der medizinischen Praxis, Forschung und Gesundheitsversorgung. Sie ist ein interdisziplinäres Feld, das Philosophie, Theologie, Recht und Medizin miteinander verknüpft, um moralische Leitlinien für den Umgang mit Patienten, medizinischen Entscheidungen und gesundheitspolitischen Fragen zu entwickeln. Daher muss die Sicherstellungsbörse sich einer kritischen medizinethischen „Überprüfung" stellen.

Ein besonders einflussreiches Modell innerhalb der Medizinethik ist das von Tom L. Beauchamp und James F. Childress entwickelte Prinzipienmodell, das erstmals in ihrem Werk „Principles of Biomedical Ethics" im Jahr 1979 vorgestellt wurde. Beauchamp und Childress haben vier zentrale Prinzipien formuliert, die als Richtschnur für ethische Entscheidungen im medizinischen Kontext dienen können:

1. **Respekt vor der Autonomie:**
   Dieses Prinzip betont die Bedeutung der Selbstbestimmung und Entscheidungsfreiheit des Individuums. Patienten sollten in der Lage sein, informierte Entscheidungen hinsichtlich ihrer eigenen Gesundheitsversorgung zu treffen, basierend auf einer umfassenden Aufklärung über mögliche Behandlungsoptionen und Konsequenzen.
2. **Nichtschaden (Nonmalefizenz):**
   Der Grundsatz „primum non nocere" (zuerst nicht schaden) ist ein zentrales Element der ärztlichen Ethik. Beauchamp und Childress heben hervor, dass medizinisches Handeln darauf abzielen sollte, Schäden und Leid zu vermeiden oder zu minimieren. Behandlungen dürfen nicht schädlicher sein als der Zustand, den sie zu verbessern versuchen.
3. **Wohltun (Benefizenz):**
   Neben dem Vermeiden von Schaden sollen Mediziner aktiv Gutes tun und zum Wohlergehen des Patienten beitragen. Dies beinhaltet die Pflicht, Maßnahmen zu ergreifen, die den gesundheitlichen Zustand des Patienten verbessern und Leiden lindern.
4. **Gerechtigkeit:**
   Dieses Prinzip bezieht sich auf die faire und gerechte Verteilung von Ressourcen und medizinischen Leistungen. Darüber hinaus beinhaltet es den Anspruch auf faire Behandlung und Nichtdiskriminierung bei der Gesundheitsversorgung.

Das Prinzipienmodell von Beauchamp und Childress hat sich als besonders nützlich erwiesen, da es auf allgemein anerkannten moralischen Grundlagen basiert und flexibel genug ist, um auf eine Vielzahl komplexer ethischer Dilemmata im Gesundheitswesen angewendet zu werden. Kritiker weisen jedoch darauf hin, dass die Anwendung dieser Prinzipien in der Praxis oft schwierige Abwägungen und Konflikte mit sich bringen kann, da die Prinzipien selbst in bestimmten Situationen miteinander in Konflikt geraten können.

Trotz dieser Kritik bleibt das Prinzipienmodell ein fundamentales Werkzeug der Medizinethik, das einen klaren Rahmen für die Analyse und Lösung ethischer Probleme bietet und Mediziner dabei unterstützt, verantwortungsbewusste und ethisch vertretbare Entscheidungen zu treffen.

# Fall 13: Respekt vor der Autonomie des Patienten

Das Prinzip des „Respekts vor der Autonomie" ist ein zentraler ethischer Grundsatz in vielen Bereichen, besonders in der Medizin, Psychologie, Sozialarbeit, Philosophie und Ethik. Es stellt sicher, dass Individuen das Recht haben, ihre eigenen Entscheidungen zu treffen und ihr Leben nach ihren eigenen Überzeugungen und Werten zu gestalten. Hier sind einige der Schlüsselkomponenten und Implikationen dieses Prinzips:

Autonomie bedeutet Selbstbestimmung und Selbstgesetzgebung. Respekt vor der Autonomie bedeutet daher, die Fähigkeit und das Recht von Personen anzuerkennen und zu unterstützen, eigene Entscheidungen zu treffen. Es geht darum, Menschen als rationale Akteure anzuerkennen, die in der Lage sind, ihre eigenen Präferenzen und Ziele zu bestimmen.

Das Prinzip der Autonomie ist tief in der westlichen philosophischen Tradition verwurzelt. Es fand besonderen Ausdruck in der Aufklärung, etwa in den Schriften von Immanuel Kant, der die Autonomie des rationalen Individuums als fundamentales Prinzip der Moral betonte.

Anwendung in Medizin und Gesundheitswesen:

- Informed Consent: Patienten müssen vollständig über ihre Behandlungsmöglichkeiten informiert werden, damit sie eine informierte Entscheidung treffen können. Die Einwilligung muss freiwillig und ohne Druck gegeben werden.
- Patientenrechte: Patienten haben das Recht, eine Behandlung abzulehnen oder bestimmte medizinische Maßnahmen zu verlangen.

Anwendung in Psychologie und Psychotherapie:

- Therapeutische Beziehungen: Therapeuten müssen die Autonomie ihrer Klienten respektieren, ihre eigenen Lösungen zu finden und Entscheidungen zu treffen.
- Selbstbestimmungsrecht: Menschen haben das Recht, ihre eigene psychische Gesundheit und ihr Wohlbefinden zu gestalten.

Anwendung im Bereich Sozialer Arbeit und Gemeinschaftsdienste:

- Empowerment: Unterstützung von Individuen und Gemeinschaften dabei, eigenständig Entscheidungen zu treffen und ihre Lebensbedingungen zu verbessern.

**Prinzipien der Autonomie in der Praxis**
1. Informierung: Sicherstellen, dass die Person alle relevanten Informationen hat, um eine fundierte Entscheidung zu treffen.
2. Freiwilligkeit: Gewährleisten, dass die Entscheidung ohne Zwang, Manipulation oder unzulässigen Druck getroffen wird.
3. Kapazität: Beurteilen, ob die Person die geistige und emotionale Fähigkeit besitzt, eine informierte Entscheidung zu treffen.
4. Respekt vor persönlichen Werten und Präferenzen: Anerkennen und respektieren, dass Menschen unterschiedliche Werte, Überzeugungen und Ziele haben.

**Herausforderungen und Grenzen in der hausärztlichen Praxis sind**
- Kompetenz und Entscheidungsfähigkeit: Nicht alle Individuen sind immer in der Lage, autonome Entscheidungen zu treffen, etwa Kinder, Menschen mit bestimmten geistigen Behinderungen oder psychischen Erkrankungen.
- Konflikte mit anderen Prinzipien: Das Prinzip der Autonomie kann in Konflikt mit anderen ethischen Prinzipien geraten wie z. B. dem Prinzip des Nichtschadens (Nonmalefizienz) oder der Fürsorge (Benefizienz). Ein Beispiel ist eine Situation, in der ein Patient eine lebensrettende Behandlung ablehnt.
- Kulturelle Unterschiede: Vorstellungen von Autonomie können kulturell variieren. In manchen Kulturen wird mehr Wert auf kollektive Entscheidung und familiäre Bindungen gelegt als auf individuelle Selbstbestimmung.
- Fehlen angemessener Informationsmaterialien und Werkzeuge sowie die für die Umsetzung notwendige Zeit, die beschriebenen Anforderungen *überhaupt* umsetzen zu können.

**Fazit**

Der Respekt vor der Autonomie ist ein fundamentales Prinzip, das sicherstellt, dass Individuen als moralische und rationale Akteure behandelt werden. Es setzt voraus, dass die Rahmenbedingungen für dessen Berücksichtigung in der medizinischen Versorgung geschaffen werden. Es setzt weiter voraus, dass Menschen in der Lage sind, über ihre eigenen Angelegenheiten zu bestimmen, und dass ihre Entscheidungen respektiert werden müssen, solange sie die Rechte und Freiheiten anderer nicht unzulässig einschränken. Es erfordert Sensibilität, Verantwortung und eine Balance zwischen Respekt und dem Schutz von Individuen, die ihre Autonomie möglicherweise nicht voll ausüben können.

## Die Sicherstellungsbörse und das Autonomieprinzip

Die Sicherstellungsbörse greift das erläuterte Autonomieprinzip in keiner Weise an, mehr noch: Der Patient kann im Rahmen einer Angebotsauswahl sogar entscheiden, welcher Faktor der für ihn wichtigere ist.

Das folgende Fallbeispiel erläutert dies: Herr Uhlenbrock, der Zweiradmechaniker, den Sie schon aus dem ersten Fall kennen, erhält über die Sicherstellungsbörse zwei Angebote zur Messung der Nervenleitgeschwindigkeit: eines in fünf Tagen und mit 40 km Anfahrtsstrecke und eines in sieben Tagen mit zehn Kilometer Anfahrtsstrecke. Herr Uhlenbrock kann entscheiden, ob er die weitere Anfahrtsstrecke für einen früheren Termin in Kauf nehmen möchte.

Darüber hinaus können die Leistungserbringer von ihrer Vergütung einen Teil als Bonus für die Patienten ausloben. Wenn der Arzt, der in 40 km Entfernung seine Praxis betreibt, 20 € Bonus ausloben würde, wäre die Wahl des früheren Termins wahrscheinlich, und beide Handelnden hätten ihr Ziel erreicht. Die zusätzliche Möglichkeit der Sicherstellungsbörse, Anreize zu setzen, vergrößert den Handlungsspielraum für alle Beteiligten und damit deren Autonomie.

Entscheidender als die Wahlfreiheit über die Entfernung und damit über den eigenen Aufwand und zusätzlichen Nutzen, der zur Erfüllung des Wunsches nach Genesung nötig ist, ist die informierte Entscheidung über das „Wie kann die Genesung erreicht werden". Hier kommt das in Fall 9 schon beschriebene Konzept der individuellen Evidenz als Zukunftsszenario der Sicherstellungsbörse zur Anwendung.

Schildern möchte der Autor deren Anwendung am Fall von Herrn Webelkamp, bei dem eine Veränderung der Niere in einer Untersuchung aus anderem Anlass vor einigen Jahren aufgefallen war. Herr Webelkamp war damals mehr als 80 Jahre alt. Nach dem Aufklärungsgespräch im Krankenhaus zu einer möglichen Operation hatte er sich gegen eine Teilentfernung der Niere entschieden und dies auch gegenüber dem Vorgänger des Autors in der Praxis wiederholt geäußert. In den letzten Monaten verlor er recht rasch an Gewicht, was bei einer palliativen Situation durchaus zu erwarten ist. Schmerzen hatte er nicht, was weniger häufig der Fall ist. In den wiederholt wegen Behandlung der „unbeabsichtigten" Gewichtsabnahme geführten Arzt-Patienten-Gesprächen entstand der Eindruck, dass Herr Webelkamp die mögliche Krebsdiagnose entweder verdrängt oder aus dem Gespräch mit dem Krankenhausarzt gar nicht verstanden hatte. Im Gegenteil: Es zeigte sich, dass er „wohl gerne noch leben und ungern abgemagert zeitnah sterben wolle". Die daraus (unter Berücksichtigung der Patientenautonomie zwingend) folgende Krankenhauseinweisung bestätigte nun die damals nur als möglich erachtete Krebsdiagnose. Allerdings war diese nun tatsächlich nicht mehr kurativ behandelbar und damit zwangsläufig „palliativ". Die Autonomie des Patienten war „mit jahrelangem Respekt vor seiner Entscheidung" zwar in den oben genannten Punkten 2 bis 4 (Freiwilligkeit, Kapazität, Respekt) berücksichtigt worden, aber die Informierung (Punkt 1) war leider in dem Aufklärungsgespräch zur Operation unzureichend gewesen.

Die Autoren wollen an dieser Stelle – wissend um die Brisanz des Themas – auf die Diskrepanz zwischen Anspruch und Wirklichkeit eingehen. Das Patientenrechtegesetz (Der Beauftragte der Bundesregierung für die Belange der Patientinnen und Patienten, 2023) definierte im Jahr 2013 den Anspruch der Bürger in den Paragrafen 630a bis h BGB neu. Wichtig für unseren Fall sind die § 630c Abs. 2[1] sowie § 630e BGB, in dem es

---

[1] Der Behandelnde ist verpflichtet, dem Patienten in verständlicher Weise zu Beginn der Behandlung und, soweit erforderlich, in deren Verlauf sämtliche für die Behandlung wesentlichen Umstände zu erläutern, insbesondere die Diagnose, die voraussichtliche gesundheitliche Entwicklung, die Therapie und die zu und nach der Therapie zu ergreifenden Maßnahmen.

um die Aufklärung zu einem Eingriff geht. Der Arzt im Krankenhaus hatte die Aufklärung zur beabsichtigten OP vorbildlich durchgeführt. In Abwägung von Nutzen und Risiko des Eingriffs entschied sich Herr Webelkamp gegen den Eingriff und wollte lieber abwarten, unwissend über die Konsequenzen, da die Informierung über die „voraussichtliche gesundheitliche Entwicklung der Auffälligkeit in der Niere" wohl etwas zu knapp ausgefallen war.

Die Autoren sind der Überzeugung, dass die unzureichende Informierung über die „voraussichtliche gesundheitliche Entwicklung" nicht nur bei Herrn Webelkamp, sondern bei nahezu allen medikamentösen Interventionen in ambulanter und stationärer Versorgung der Fall ist. Würde dem benannten Gesetzestext die ihm zustehende Bedeutung wirklich beigemessen, müsste der deutsche Staat andere Weg der Patienteninformierung beschreiten. Zu erwarten, dass der gesetzlich formulierte Auftrag in einem auf Kostenreduktion fokussierten Gesundheitssystem ohne digitale Unterstützung und die individuelle Evidenz berücksichtigende Aufklärungssoftware überhaupt möglich ist, ist töricht. Wie das Beispiel zum Vorhofflimmern im Kap. 3 hoffentlich bereits eindrucksvoll gezeigt hat, ist eine angemessene Beratung über Nutzen und Risiko schon im Standardfall komplex. Für den individuellen Fall mit mehreren Krankheiten und interagierenden Medikamenten ist sie ohne digitale Systeme schlicht nicht möglich. Nicht nur, dass dem aufklärenden Arzt die für das Ziel benötigten Aufklärungsmaterialien fehlen, für die Mehrzahl der Patienten fehlen sogar die wissenschaftlichen Studien zu Nutzen und Risiko (die Evidenz) für eine informierte Entscheidung. Denn die medizinische Evidenz beurteilenden Studien entstehen – wie schon in Fall 9 erläutert – unter Definition von Ein- und Ausschlusskriterien. Für die älteren Patienten, auf die der größte Anteil der Medikamentenverordnungen entfällt, existieren in der Regel gar keine den Nutzen belegenden Studien. Berücksichtigt man die Ausschlusskriterien der als aussagekräftig beurteilten Studien, fallen wiederum viele weitere Patienten aus der passenden Altersgruppe einer Studie heraus. Leider wurde ein vom Autor beantragtes Forschungsprojekt in der zweiten Runde eines Förderprogramms von „Horizon Europe" (BMWK & Förderdatenbank, 2021) abgelehnt. Wie hoch das Ausmaß der unbekannten Evidenz für derzeit in der hausärztlichen Praxis verordnete Medikamente ist, bleibt damit unbekannt. Es wird geschätzt, dass der Anteil groß und die auf Basis von unsicherem Nutzen entstandenen Medikamentenkosten immens sind. In Kenntnis, dass die Medikamentenkosten (VDEK, 2024; Statista, 2024) die Gesamtkosten der ambulanten ärztlichen Versorgung mittlerweile übersteigen (Destatis, 2024), ist dieser Umstand unerträglich. Wollen wir wirklich die ärztliche Versorgung weiter in ihren Kosten begrenzen, ohne dass wir mit dem Anspruch genügenden digitalen Aufklärungswerkzeugen die Patienten über die individuelle Evidenz eines Medikaments aufklären?

Die Autoren halten es für unwahrscheinlich, dass derart viele Patienten weiter die Menge der verordneten Medikamente einnehmen würden, wenn sie das Verhältnis von „Number needed to treat" und „Number needed to harm" wirklich verstehen würden. Denn selbst für die besten Medikamente zur Behandlung chronischer Erkrankungen ist der Nutzen doch recht überschaubar, der mögliche Schaden insbesondere bei Multimedikation aber gegenüber den Maßnahmen der Lebensstiländerung recht hoch. In den Praxen der Autoren wird die Beratungssoftware „ARRIBA" für die Herz-Kreislauf-Prävention regelmäßig zur Patientenberatung eingesetzt. Der Effekt des „Rauchen beenden" in Relation zu „Medikamente als Therapieoption" überrascht die beratenen Patienten sehr. Aber nur in einigen Verträgen nach § 73b SGB V (Hausarztzentrierte Versorgung, HZV) ist diese Aufklärung für wenige Anlässe als gesondert vergütete Leistung überhaupt vorgesehen. Im Ergebnis bleibt es für viele Patienten unklar, ob das Risiko einer Therapie (oder bei mehreren Erkrankungen einer resultierenden Multimedikation) den erwarteten Nutzen übersteigt.

Mit angemessener Aufklärung sollte kein Diabetiker oder ein Patient aus der Zielgruppe des „Gesundes-Herz-Gesetzes" rauchen. Bewegungsförderung und die zusätzliche Sportstunde in der Schule oder sogar im Kindergarten sowie intensive Maßnahmen der Verhältnisprävention hätten einen größeren Stellenwert und würden nicht den Sparbemühungen zum Opfer fallen. PPIs (Protonen-Pumpen-Inhibitoren = Säureblocker = Magentabletten) würden nicht bei jedem Krankenhausaufenthalt verschrieben und anschließend „wie Süßigkeiten" eingenommen. Es

## 6 Die Sicherstellungsbörse nach Beauchamp und Childress

ist diese „Blindheit auf einem Auge", die Hausärzte so fassungslos gegenüber den in den letzten Jahrzehnten gesundheitspolitisch Verantwortlichen macht. Wenn wir uns einmal wirklich „ehrlich machen", ist das Gesundheitswesen ein „riesiges Geschäft", an dem die Handelnden sehr gut verdienen, aber die Autonomie und – wie die Autoren im Weiteren ausführen werden – auch die weiteren Prinzipien (Wohltun, Nichtschaden, Gerechtigkeit) aus dem Auge verloren wurden.

Gemäß dem bereits erwähnten Satellitenkonto der Gesundheitswirtschaft ist diese von enormer Bedeutung für Deutschland und als „Industriezweig" zu verstehen (Ostwald et al., 2014). Aus ärztlicher, freiberuflicher und Patientensicht ist das auf den ersten Blick ein Frontalangriff auf die Patientenrechte. Andere Aspekte dieser sehr interessanten Studie aus dem Jahr 2014 („Gesundheit und Bildung als Investition in das Humankapital denken", Fokus auf „Qualität und Ergebnis") unterstützen den neuen Ansatz der Autoren und die jahrzehntelang erfolglos vorgebrachten Forderungen der Ärzteschaft und Wissenschaft nach mehr Prävention und Gesundheitsvorsorge sowie nach Patienteninformierung und Förderung von Gesundheitskompetenz. Mit der Sicherstellungsbörse kann nicht nur die Datenbasis für eine gesundheitswirtschaftliche Gesamtrechnung erstellt, sondern auch die individuelle Evidenz als Entscheidungsgrundlage verfügbar gemacht werden.

Der Ansatz der Autoren der auf valide Daten basierenden, IT-gestützten und nutzenorientierten Gesundheitsversorgung mit dem ersten Schritt der Sicherstellungsbörse macht den Patienten wieder zu einem handelnden Subjekt, das in die Lage versetzt wird, Entscheidungen für die eigene Gesundheit überhaupt treffen zu können und sich nicht als „Opfer des Systems" hingeben zu müssen. Insofern fördert und unterstützt die Sicherstellungsbörse das Autonomiebedürfnis der Patienten und sollte konsequent um digitale Werkzeuge der Patienteninformierung erweitert werden, die die individuelle Evidenz sowie Muttersprache, Vorbildung, Werte und Ziele des Patienten berücksichtigen. Dass dies nur schrittweise in ausreichender Finanzierung und zugesicht lang dauernder Förderung regionaler Pilotprojekte gelingen kann, haben die Autoren schon mehrfach erwähnt.

## Fall 14: Prinzip des Nichtschadens

Das Prinzip des Nichtschadens, auch als „Prinzip der Schadensvermeidung" oder „Prinzip der Nichtschädigung" bekannt, ist ein ethisches Grundprinzip, das besagt, dass man Handlungen vermeiden sollte, die anderen Schaden zufügen könnten. Dieses Prinzip findet sich in verschiedenen ethischen, rechtlichen und philosophischen Kontexten und wird oft als Leitlinie für moralisches Verhalten, Medizinethik, Umweltethik und Sozialethik verwendet.

Historisch gesehen lässt sich das Prinzip des Nichtschadens auf antike Zivilisationen zurückführen. Im Hippokratischen Eid, der häufig als ethische Richtlinie für Ärzte zitiert wird, findet sich der Ausdruck „primum non nocere", was übersetzt „vor allem nicht schaden" bedeutet. Dieser Grundsatz betont die Verantwortung von Medizinerinnen und Medizinern, Patientinnen und Patienten keinen Schaden zuzufügen.

Ärztinnen und Ärzte sowie medizinisches Personal sind angehalten, bei diagnostischen und therapeutischen Entscheidungen das Risiko von Schaden für Patientinnen und Patienten so gering wie möglich zu halten. Das umfasst sowohl physische Schäden als auch psychische und emotionale Belastungen.

Das Prinzip des Nichtschadens steht nicht selten in Spannung zu anderen ethischen Prinzipien. Zum Beispiel kann in der Medizin die Verpflichtung zur Schadensvermeidung mit der Pflicht, aktiv Gutes zu tun (Wohltun), in Konflikt geraten. Ein chirurgischer Eingriff könnte kurzfristigen Schaden verursachen, aber langfristig zum Wohl des Patienten beitragen. In solchen Fällen erfolgt eine Abwägung der Risiken und Nutzen, um die beste Entscheidung zu treffen.

Ein weiterer Kritikpunkt ist, dass das Prinzip des Nichtschadens nicht immer klar definiert, was als „Schaden" betrachtet wird und wie verschiedene Arten von Schaden gegeneinander abgewogen werden sollen.

**Fazit**

Das Prinzip des Nichtschadens ist eine zentrale ethische Leitlinie, die darauf abzielt, die Verantwortung des Einzelnen gegenüber anderen hervorzuheben und Handlungen zu vermeiden, die Schaden verursachen. Obwohl es in verschiedenen Kontexten unterschiedliche Herausforderungen und Interpretationen gibt, bietet dieses Prinzip eine wichtige Grundlage für ethische Entscheidungsfindung in der Medizin.

## Die Sicherstellungsbörse und das Prinzip des Nichtschadens

Überdiagnostik und -therapie findet überall dort statt, wo mit der Angst der Patienten Geld verdient werden kann. Als Beispiele dienen diverse Präventionsangebote, die eine Ultraschalluntersuchung der Schilddrüse oder der hirnversorgenden Halsschlagadern bzw. ein Cardio- oder sogar ein Ganzkörper-MRT anbieten. Zur Klarstellung: Das leitliniengerechte Vorgehen bei Schilddrüsenerkrankungen fordert kein Labor ohne Anlass und kein Ultraschall ohne ein auffälliges Labor. Trotzdem finden sich diverse Anbieter solcher Check-up-Untersuchungen in Praxen oder für Manager und wichtige Mitarbeiter von Unternehmen als Angebot des betrieblichen Gesundheitsmanagements. Diese Überdiagnostik widerspricht dem Prinzip des Nichtschadens.

Ein weiteres Feld der gefährlichen Überdiagnostik findet im Bereich der Früherkennung des Prostatakarzinoms statt, bei der Patienten invasiv und aggressiv behandelt werden, obwohl das nachgewiesene Prostatakarzinom zu Lebzeiten keine Beschwerden ausgelöst hätte. Die Herausforderung ist also, aggressive Tumore von klinisch nicht relevanten Tumoren zu unterscheiden. Hier scheint eine MRT-geführte Biopsie der klassischen Stanzbiopsie überlegen, da sie im geringeren Maße einen Prostatakrebs diagnostiziert, der klinisch nicht relevant ist (Kasivisvanathan et al., 2019). In jedem Fall ist aber das Screening auf Prostatakrebs mittels des Blutwertes „PSA" nachgewiesen schädlich (IQWiG, 2020). Besonders brisant dabei ist, dass diese in der Quelle benannte Studie durch das IQWiG, dem Institut für Qualität und Wirtschaftlichkeit im Gesundheitswesen, d. h. das wissenschaftliche Institut der für die vertragsärztliche Versorgung zuständigen Behörde (G-BA, o. J.), erstellt wurde. Nach dieser Studie dürfte ohne informierte Entscheidung kein einziger PSA-Wert ohne konkreten Verdacht als Selbstzahlerleistung (IGeL) angeboten werden. Die aktuelle Realität lässt anderes vermuten:

Ethik und/oder Profit? Krankes System ohne Schmerzen? Die Autoren glauben, in jedem Fall nötig ist: Die Operation am schlagenden Herzen!

Die Sicherstellungsbörse schafft Transparenz (vgl. Kap. 5) und verlangt auf diese Weise eine evidenzbasierte Aufklärung der Patienten. Sie hinterfragt in der zwingend durchzuführenden Evaluation, ob eine ausreichende Informierung stattgefunden hat. Sie versorgt einen medizinisch dringlichen Bedarf und keinen Markt und folgt deshalb sehr streng dem Prinzip des Nichtschadens.

Dass gerade dieses Prinzip durch die aktuellen Rahmenbedingungen besonders verletzt wird, scheinen die Betroffenen nicht zu realisieren. Die beschriebene Transparenz der Sicherstellungsbörse schützt Patienten vor einer Unter-, aber eben auch vor einer Überversorgung. Die aktuellen Rahmenbedingungen im Gesundheitswesen mit ihrer Kostenfokussierung versagen hier auf ganzer Linie, da sie eben gerade nicht die Nutzenmaximierung, sondern nur die Kostenminimierung als Anreizkriterium des Vergütungssystems implementieren. Das Fazit der Autoren für die Arbeit der Gesundheitspolitik seit dem Kompromiss von Lahnstein ist hier eindeutig: Der deutsche Staat gewichtet den Profit höher als die Ethik, die Kosten höher als den Nutzen. Er nimmt billigend in Kauf, dass der Grundsatz des Nichtschadens verletzt wird, und unterlässt es bisher ungestraft, den Handelnden die für den formulierten Anspruch des Patientengesetzes notwendigen Werkzeuge zur Verfügung zu stellen.

## Fall 15: Prinzip des Wohltuns

Das Prinzip des Wohltuns, auch als „Prinzip der Benefizienz" bekannt, ist ein grundlegendes ethisches Prinzip, das auf das Fördern des Wohlergehens anderer abzielt.

Benefizienz leitet sich vom lateinischen Wort „beneficentia" ab, was Wohltätigkeit oder Güte bedeutet. Im Kern umfasst das Prinzip des Wohltuns die Pflicht, anderen zu ihrem Nutzen, Wohl und Gedeihen zu verhelfen. Es beinhaltet positive Maßnahmen, die das Ziel haben, das Wohlergehen und die Gesundheit zu fördern oder Schmerzen und Leiden zu lindern.

Philosophisch gesehen ist dieses Prinzip tief in der Tugendethik und der utilitaristischen Ethik verwurzelt. In der Tugendethik, etwa nach Aristoteles, wird moralisches Handeln durch Tugenden wie Großzügigkeit und Mitgefühl geleitet. Der Utilitarismus, vertreten durch Philosophen wie Jeremy Bentham und John Stuart Mill, fordert, dass Handlungen danach bewertet werden, wie viel Glück und Wohlbefinden sie erzeugen.

Im medizinischen Bereich ist das Prinzip des Wohltuns durch folgende Handlungsmaxime gekennzeichnet:

1. Förderung des Patientenwohls: Ärzte und Pflegekräfte sind verpflichtet, alles in ihrer Macht Stehende zu tun, um das Wohl der Patienten zu fördern. Dies umfasst sowohl präventive Maßnahmen als auch akut heilende und rehabilitative Maßnahmen.
2. Positive Maßnahmen: Im Gegensatz zum Prinzip des Nichtschadens, das sich auf das Vermeiden von Schaden konzentriert, fordert das Prinzip des Wohltuns, dass aktiv gehandelt wird, um das Wohl der Patienten zu fördern. Zum Beispiel soll ein Arzt nicht nur darauf achten, dem Patienten nicht zu schaden, sondern proaktiv Maßnahmen ergreifen, die zu dessen Genesung beitragen.
3. Linderung von Leiden: Ein klarer Ausdruck des Wohltuns ist die Palliativmedizin, die darauf abzielt, Schmerzen und Leiden bei Patienten, die an schweren oder terminalen Krankheiten leiden, zu lindern.
4. Informationspflicht: Ebenso gehört dazu, Patienten über ihren Gesundheitszustand und die bestmöglichen Behandlungsoptionen aufzuklären.

**Beispiele des Wohltuns im medizinischen Alltag**
1. Medikation: Die Verabreichung von Medikamenten zum Zweck der Schmerzlinderung oder Heilung ist ein direkter Akt des Wohltuns.
2. Chirurgische Eingriffe: Auch wenn sie mit Risiken verbunden sein können, werden Operationen durchgeführt, um das langfristige Wohl des Patienten zu fördern.

3. Präventive Maßnahmen: Impfungen, Gesundheitsaufklärung und Vorsorgeuntersuchungen dienen der Prävention von Krankheiten und der Förderung des allgemeinen Wohlbefindens.

Das Prinzip des Wohltuns kann in Konflikt mit anderen ethischen Prinzipien geraten:

- Autonomie vs. Wohltun: Ein häufig auftretender Konflikt ergibt sich, wenn ein Patient eine Behandlung ablehnt, die aus Sicht des Arztes oder Pflegepersonals im besten Interesse des Patienten liegt. In solchen Fällen muss respektiert werden, dass der Patient das Recht hat, über seine eigene Behandlung zu entscheiden, auch wenn dies nicht im Einklang mit dem Prinzip des Wohltuns steht. Besonders konfliktreich stellt sich die Frage nach dem individuellen Autonomieprinzip und dem Wohltunprinzip einer größeren Gemeinschaft. Die Coronapandemie hat dieses ethische Problem auf emotionale Weise in unser aller Alltag gerückt.
- Wohltun vs. Nichtschaden: Ein medizinischer Eingriff kann kurzfristig Schaden verursachen (z. B. Schmerzen nach einer Operation), aber langfristig dem Wohl des Patienten dienen. Hier müssen Ärzte Nutzen und Risiken gemeinsam mit dem Patienten sorgfältig abwägen.

Herausforderungen und Kritiken:

- Subjektivität des Wohls: Was als „Wohl" angesehen wird, kann subjektiv und kulturell unterschiedlich sein. Ärzte müssen daher sensibel gegenüber den individuellen und kulturellen Werten und Vorstellungen ihrer Patienten sein.
- Ressourcenbegrenzung: Die Gesundheitsversorgung ist häufig durch begrenzte Ressourcen eingeschränkt. Hier stellt sich die Frage, wie Wohltun in einem System mit begrenzten Mitteln am besten umgesetzt werden kann. Es müssen Prioritäten gesetzt werden, die oft schwierig und komplex sind.

**Fazit**
Das Prinzip des Wohltuns ist ein Eckpfeiler der Medizinethik. Es fordert positive Handlungen, um Gesundheit zu fördern, Leiden zu lindern und das Wohl zu maximieren. Obwohl es Herausforderungen und Konflikte mit anderen ethischen Prinzipien mit sich bringen kann, bleibt das Streben nach Wohltun ein grundlegendes Ziel im moralischen und professionellen Handeln.

## Das Prinzip des Wohltuns in der Sicherstellungsbörse

Aus Sicht der Autoren liegt hier die wahre Stärke der Sicherstellungsbörse: Sie reduziert Unterversorgung und gewährleistet Patienten einen Zugang zur medizinischen Versorgung für die dringlichsten Behandlungsanlässe, unabhängig von dem Urteil eines den Termin annehmenden oder ablehnenden Praxismitarbeiters oder dem Versicherungsstatus (gesetzlich/privat). Selbst wenn der umstrittene Klinik-Atlas von Karl Lauterbach in Zukunft funktionieren sollte, schafft nur die Sicherstellungsbörse durch ihre ärztliche Steuerung eine am Nutzen orientierte Versorgung und verknüpft Qualität und wirtschaftliche Interessen nicht zuletzt aufgrund ihrer Transparenz zu einem gemeinsamen Ziel. An dieser Stelle könnten alle dargestellten Fälle noch einmal zur Sprache kommen.

## Wir stellen beispielhaft drei Vorteile der Sicherstellungsbörse heraus

- Der dringliche Behandlungsbedarf steht bei höherem Zeitaufwand der Leistungserbringung nicht mehr in bei Kostenfokussierung unfairer Konkurrenz zur Zweit- oder Drittmeinung oder banalen/unnötigen Behandlungsanlässen mit schneller Bearbeitungszeit beim niedergelassenen Facharzt. Medizinisch notwendige Heilbehandlung wird also diskriminierungsfrei *gewährleistet* und dem Leistungserbringer in vorher bekannter und nachträglich nicht mehr änderbarer Höhe vergütet, sodass sich der Experte um die wirklich bedürftigen Fälle kümmern wird.

- Der Facharzt kann seine Terminvereinbarung nun am vom Hausarzt nach Dringlichkeit und Nutzen formulierten Bedarf ausrichten und muss sich nicht mehr selbst in den Konflikt aus Ethik und Profit begeben. Wie viel Facharztzeit für banale Behandlungsanlässe oder gar Überversorgung verfügbar bleiben soll, kann zukünftig datenbasiert, regional gemäß Honorarverteilungsvertrag einheitlich und nach bundesweit geltenden Prinzipien entschieden werden. Qualitativ hochwertige Zusammenarbeit zwischen Haus- und Facharzt wird honoriert und stiftet Nutzen.
- Qualität wird transparent und kann vom Patienten in seine Entscheidung der Inanspruchnahme einbezogen werden. Das Feedback der Anwender und die Evaluation der Prozesse machen offenkundig, wo Benefizienz besonders gut gewährleistet wird.

## Fall 16: Prinzip der Gerechtigkeit

Das Prinzip der Gerechtigkeit bezieht sich auf die faire und gerechte Verteilung von Leistungen und Ressourcen innerhalb der Gesellschaft, einschließlich des Gesundheitswesens. Es stellt sicher, dass alle Menschen, unabhängig von ihrem Hintergrund und sozialen Status, gleich behandelt werden und gleichermaßen Zugang zu medizinischer Versorgung haben. Man kann wohl festhalten, dass dieses Prinzip die größte Herausforderung in seiner praktischen Umsetzung darstellt. In der Wahrnehmung der Autoren konterkarieren die aktuellen Rahmenbedingungen das Gerechtigkeitsprinzip in vielen Teilen. Diesem Prinzip in einem höheren Maße gerecht zu werden ist der Anspruch der Sicherstellungsbörse und aus Sicht der Autoren eine ihrer Stärken.

In der Ethik umfasst das Prinzip der Gerechtigkeit verschiedene Aspekte:

- Verteilende Gerechtigkeit: Dies bezieht sich auf die gerechte Verteilung von Gütern und Dienstleistungen, insbesondere in einem Kontext knapper Ressourcen.
- Rechts- und Sozialgerechtigkeit: Dies bezieht sich auf die faire und gleiche Behandlung aller Menschen und den Zugang zu grundlegenden sozialen und wirtschaftlichen Rechten, einschließlich der Gesundheitsversorgung.

## 6 Die Sicherstellungsbörse nach Beauchamp und Childress

Philosophisch wurde das Prinzip der Gerechtigkeit von vielen Denkern behandelt. John Rawls' Theorie der Gerechtigkeit betont das Prinzip des „fairen Gleichgewichts", wonach soziale und wirtschaftliche Ungleichheiten so geregelt werden sollten, dass sie den am wenigsten Begünstigten den größten Vorteil bringen.

Eine der größten Herausforderungen im Gesundheitswesen ist die gerechte Verteilung von begrenzten Ressourcen (medizinisches Fachpersonal, Medikamente, begrenzt verfügbare Medizintechnik). Das Prinzip der Gerechtigkeit erfordert, dass diese Ressourcen so verteilt werden, dass sie den größtmöglichen Nutzen für die gesamte Gesellschaft bringen:

1. Priorisierung und Triage: In Notfallsituationen oder Pandemien kann es notwendig sein, Priorisierungen vorzunehmen, um sicherzustellen, dass diejenigen, die am dringendsten medizinische Hilfe benötigen oder am meisten davon profitieren, zuerst Zugang erhalten.
2. Gesundheitsökonomie: Effiziente Nutzung der Ressourcen ist ebenfalls ein Aspekt der Gerechtigkeit. Dies umfasst die Finanzierung und Budgetierung von Gesundheitsprogrammen und -diensten, um sicherzustellen, dass die vorhandenen Mittel optimal und gerecht verwendet werden.
3. Zugang zu teuren Therapien: Der Zugang zu kostenintensiven Behandlungen oder neuen medizinischen Technologien stellt eine besondere Herausforderung dar. Gerechtigkeit fordert hier eine Abwägung zwischen Kosten und Nutzen sowie eine gerechte Verteilung. Da wir wissen, dass „die teuersten" Jahre eines Patienten seine letzten sind, gehört hier auch eine ehrliche Diskussion zur Medizin am Lebensende auf das Tableau. Ein derartiger gesellschaftlicher Diskurs ist extrem schwierig zu führen, und Politik scheut erwartbar eine derartige Debatte. Jedoch gehören diese ethischen Fragestellungen in eine ehrliche und zukunftsorientierte Konzeption der Gesundheitsversorgung einer immer älter werdenden Gesellschaft (Abb. 6.1).

Die wichtigste „Gerechtigkeitsfrage" ist sicherlich die Frage nach dem Zugang zu medizinischer Versorgung in Abhängigkeit von den finanziellen Ressourcen eines Patienten. Der ökonomische Status von Patienten

Krankheitskosten, Krankheitskosten je Einwohner:
Deutschland, Jahre, Geschlecht, Altersgruppen

Krankheitskostenrechnung
Deutschland

| Geschlecht | Altersgruppen | 2015 | | 2020 | |
|---|---|---|---|---|---|
| | | Krankheitskosten | Krankheitskosten je Einwohner | Krankheitskosten | Krankheitskosten je Einwohner |
| | | Mill. EUR | EUR | Mill. EUR | EUR |
| männlich | unter 15 Jahre | 12701 | 2290 | 15014 | 2560 |
| | 15 bis unter 30 Jahre | 12161 | 1680 | 14137 | 2020 |
| | 30 bis unter 45 Jahre | 13866 | 1820 | 16979 | 2110 |
| | 45 bis unter 65 Jahre | 43853 | 3560 | 53417 | 4400 |
| | 65 bis unter 85 Jahre | 55921 | 8230 | 74491 | 10410 |
| | 85 Jahre und mehr | 10908 | 16790 | 18261 | 22210 |
| | Insgesamt | 149409 | 3720 | 192298 | 4690 |
| weiblich | unter 15 Jahre | 11159 | 2130 | 12864 | 2310 |
| | 15 bis unter 30 Jahre | 16272 | 2410 | 18848 | 2910 |
| | 30 bis unter 45 Jahre | 18633 | 2510 | 23602 | 3040 |
| | 45 bis unter 65 Jahre | 45299 | 3670 | 55190 | 4550 |
| | 65 bis unter 85 Jahre | 66237 | 8050 | 85244 | 9930 |
| | 85 Jahre und mehr | 31435 | 20590 | 43758 | 26940 |
| | Insgesamt | 189035 | 4550 | 239507 | 5690 |
| Insgesamt | unter 15 Jahre | 23860 | 2210 | 27878 | 2440 |
| | 15 bis unter 30 Jahre | 28433 | 2030 | 32985 | 2450 |
| | 30 bis unter 45 Jahre | 32499 | 2160 | 40581 | 2570 |
| | 45 bis unter 65 Jahre | 89152 | 3620 | 108607 | 4480 |
| | 65 bis unter 85 Jahre | 122158 | 8130 | 159735 | 10150 |
| | 85 Jahre und mehr | 42343 | 19460 | 62019 | 25350 |
| | Insgesamt | 338444 | 4140 | 431805 | 5190 |

**Abb. 6.1** Krankheitskostenrechnung. (Destatis, 2023)

kann erheblich ihren Zugang zur Gesundheitsversorgung beeinflussen, was in der Realität Alltag ist, jedoch unser aller Gerechtigkeitsempfinden und dem Gerechtigkeitsprinzip widerspricht.

1. Zugang zu Grundversorgung: In vielen Ländern gibt es Bemühungen, durch Universalversicherungssysteme oder staatliche Gesundheitsprogramme sicherzustellen, dass alle Bürger Zugang zu grundlegenden Gesundheitsdiensten haben, unabhängig von ihrem ökonomischen Status.
2. Soziale und wirtschaftliche Barrieren: Ökonomische Barrieren wie hohe Kosten für Behandlungen, Medikamente oder Versicherungsprämien können den Zugang zur Gesundheitsversorgung erheblich behindern. Sozial gerechte Systeme versuchen, durch Subventionen, öffentliche Versicherungen oder progressive Bezahlungssysteme diese Barrieren zu verringern.

3. Diskriminierung und Ungleichheit: Diskriminierungen aufgrund von finanziellen Mitteln, Herkunft oder sozialem Status sind klare Verstöße gegen das Prinzip der Gerechtigkeit. Bemühungen zur sozialen Gerechtigkeit zielen darauf ab, diese Diskriminierungen abzubauen.

Verschiedene Handlungsstrategien und Lösungsansätze begegnen diesen Barrieren:

1. Universal Health Coverage (UHC): Viele Länder streben nach einer universellen Gesundheitsversorgung, die sicherstellt, dass alle Menschen die Gesundheitsdienste, die sie benötigen, in Anspruch nehmen können, ohne finanzielle Not zu erleiden. Das gilt im Besonderen für die deutsche gesetzliche Krankenversicherung: Auch eine sehr teure onkologische Therapie wird in vollem Umfang von der gesetzlichen Krankenkasse bezahlt, selbst wenn im Vorfeld selbstschädigendes Verhalten (Alkohol, Rauchen, Drogen o. a.) wahrscheinlich Ursache der Erkrankung war.
2. Subventionen und Zuschüsse: Finanzielle Unterstützung für einkommensschwache Familien kann sicherstellen, dass auch diese Bevölkerungsgruppen Zugang zu notwendiger Gesundheitsversorgung haben. Dieser Faktor nimmt eine wichtige Rolle in der Sicherstellungsbörse ein und muss nach Überzeugung der Autoren Aufgabe des Sozialstaates sein.
3. Preisregulierung und Generika: Reduzierung der Kosten für Medikamente und Behandlung durch die Förderung von Generika und Preisregulierung kann den Zugang verbessern. So verständlich diese Forderung ist, muss Gesundheitspolitik anerkennen, dass der Preis auch für Generika nicht unendlich nach unten verhandelt werden kann: Hier ist die Versorgung der Bevölkerung mit notwendigen Medikamenten dann nicht mehr gesichert. Der SPIEGEL schreibt am 20. Juni 2024: „Deutschland ist abhängig von Arzneimitteln aus dem Ausland. Nach SPIEGEL-Informationen kommt bald auch der mit am häufigsten verordnete Schmerzmittelwirkstoff ausschließlich aus China", formuliert der Journalist Martin Müller in seinem Artikel „Letztes Werk in Europa für Schmerzmittel Novalgin schließt" (Müller, 2024).

**Fazit**
Das Prinzip der Gerechtigkeit im Gesundheitswesen fordert die faire und gerechte Verteilung von medizinischen Ressourcen und Leistungen, unabhängig vom ökonomischen Status der Patienten. Es zielt darauf ab, den Zugang zu Gesundheitsdiensten für alle Menschen zu gewährleisten und soziale Ungleichheiten abzubauen. Auch wenn die Umsetzung in der Praxis oft herausfordernd ist, bleibt das Streben nach Gerechtigkeit ein zentrales Ziel in der medizinischen Ethik und Gesundheitspolitik – aus Sicht der Autoren leider nur in der Theorie.

## Die Sicherstellungsbörse und das Prinzip Gerechtigkeit

Aufgrund der Ressourcenknappheit stellt dieses Prinzip die vielleicht größte Herausforderung für die Erstellung gesundheitspolitischer Konzepte und Rahmenbedingungen dar. Patienten und Health Care Professional realisieren allerdings schon lange, dass aktuelle Rahmenbedingungen das Gerechtigkeitsprinzip aushebeln: Parallele Über- und Unterversorgung, die sich darin begründen, dass Leistungserbringer wirtschaftlich in vielen Fällen sonst nicht überleben könnten. Gleichzeitige Unterfinanzierung in Teilen des Systems, die zu einer unzumutbaren Ausbeutung von Fachkräften und schließlich zu ungesteuerten Praxis- und Krankenhausschließungen führt. Diese kosten im echten Sinn Menschenleben und zeugen aus Sicht der Autoren von Politikversagen. Das aktuelle System versorgt konsequent einen Markt (Herzkatheter, künstliche Gelenke), aber nicht den medizinischen Bedarf der Menschen (Psychiater, Kinderärzte). Dieser Umstand führte zur Entwicklung der Sicherstellungsbörse, die zumindest für den ambulanten Bereich den Zugang zu medizinischer Versorgung nach dem Bedarf und Nutzen für den Patienten berücksichtigt. Die Autoren glauben, dass dies ein echtes Novum im Ringen um die Sicherung der Gesundheitsversorgung einer älter und kränker werdenden Gesellschaft darstellt.

Entscheidend aber ist die Chance, die sich aus dem vorgelegten Konzept bietet. Indem die Autoren mit dem dringlichsten Behandlungsbedarf die Nutzenorientierung – und das auch noch schrittweise, datenbasiert und mit Genehmigung „ex ante" automatisiert – einführen, ermöglichen sie den Übergang vom einen in das andere System, ohne dass die Beteiligten überfordert werden. Die Festlegung der Regeln für die Genehmigung „ex ante" setzt mittelfristig auch die Definition von Regeln der Priorisierung medizinischer Leistungen voraus, da diese in den IT-Regeln der Genehmigung konkret umgesetzt werden müssen und von Technik – bei aller KI-Gläubigkeit – nicht selbstständig erdacht werden können. Die Definition von Gerechtigkeit im Detail des Einzelfalls nach bestmöglich einheitlichen angewendeten Werten und Prinzipien ist die eigentliche Stärke des Systems. Die Parameter des „Regelwerks der Genehmigungen ex ante" sind transparent und bleiben änderbar. Sollten sich die Werte und Prinzipien ändern, können Anpassungen für die Zukunft erfolgen. Durch das System immer gewährleistet bleibt aber, dass für alle Patienten diese definierten Regeln diskriminierungsfrei angewendet werden.

Die Sicherstellungsbörse gewährleistet durch die „Genehmigung ex ante" für alle definierten Fallkonstellationen somit per se das Prinzip der Gerechtigkeit!

## Literatur

Bundesministerium für Wirtschaft und Klimaschutz (BMWK) und Förderdatenbank. Bund, Länder und EU. (2021). *Horizont Europa – Rahmenprogramm für Forschung und Innovation (2021–2027)*. https://www.foerderdatenbank.de/FDB/Content/DE/Foerderprogramm/EU/horizont-europa-rahmenprogramm-2021-2027.html. Zugegriffen am 06.09.2024.

Der Beauftragte der Bundesregierung für die Belange der Patientinnen und Patienten. (2023). *11 Jahre Patientenrechtegesetz*. https://patientenbeauftragter.de/die-patientenrechte/. Zugegriffen am 06.09.2024.

Gemeinsamer Bundesausschuss (G-BA). (o.J.). *Website*. https://www.g-ba.de/. Zugegriffen am 06.09.2024.

Gerlach, F. M., & Szecsenyi, J. (2011). Hausarztzentrierte Versorgung: Inhalte und Qualität sind entscheidend. *Deutsches Ärzteblatt, 108*(18), A 996–8. https://www.aerzteblatt.de/archiv/89154/Hausarztzentrierte-Versorgung-Inhalte-und-Qualitaet-sind-entscheidend. Zugegriffen am 12.09.2024.

Institut für Qualität und Wirtschaftlichkeit im Gesundheitswesen (IQWiG). (2020). *PSA-Screening: Nutzen wiegt den Schaden nicht auf*. Pressemitteilung. https://www.iqwig.de/presse/pressemitteilungen/pressemitteilungen-detailseite_9949.html. Zugegriffen am 06.09.2024.

Kasivisvanathan, V., Stabile, A., Neves, J. B., Giganti, F., Valerio, M., Shanmugabavan, Y., Clement, K. D., Sarkar, D., Philippou, Y., Thurtle, D., Deeks, J., Emberton, M., Takwoingi, Y., & Moore, C. M. (2019). Magnetic resonance imaging-targeted biopsy versus systematic biopsy in the detection of prostate cancer: A systematic review and meta-analysis. *European Urology, 76*(3), 284–303.

Müller, M. U. (2024). Letztes Werk in Europa für Schmerzmittel Novalgin schließt. *DER SPIEGEL, 26.* https://www.spiegel.de/wirtschaft/novalgin-letztes-werk-fuer-schmerzmittel-in-europa-schliesst-a-b5f23e0c-199c-4d44-b576-89dea3e70778. Zugegriffen am 12.09.2024.

Ostwald, D., Henke, K.-D., & Kim, Z.-G. (2014). *Vom Satellitenkonto zur gesundheitswirtschaftlichen Gesamtrechnung.* TU Berlin, Roland Berger Strategy Consultants & Wirtschaftsforschung (WifOR). https://www.bmwk.de/Redaktion/DE/Downloads/I/Pr%C3%A4sentation%20Gesundheitswirtschaft%20WifOR.pdf?__blob=publicationFile&v=1. Zugegriffen am 06.09.2024.

Statista. (2024). Arzneimittelausgaben der gesetzlichen Krankenversicherung (GKV) in den Jahren 1999 bis 2022. https://de.statista.com/statistik/daten/studie/152841/umfrage/arzneimittelausgaben-der-gesetzlichen-krankenversicherung-seit-1999/. Zugegriffen am 06.09.2024.

Statistisches Bundesamt (Destatis). (2023). *Krankheitskosten, Krankheitskosten je Einwohner: Deutschland, Jahre, Geschlecht, Altersgruppen.* Genesis-online. https://www-genesis.destatis.de/genesis/online?sequenz=tabelleErgebnis&selectionname=23631-0002#abreadcrumb. Zugegriffen am 06.09.2024.

Statistisches Bundesamt (Destatis). (2024). *Gesundheitsausgaben 2022: Staatliche Transfers und Zuschüsse auf 100 Milliarden Euro gestiegen.* Pressemitteilung. https://www.destatis.de/DE/Themen/Gesellschaft-Umwelt/Gesundheit/Gesundheitsausgaben/_inhalt.html. Zugegriffen am 06.09.2024.

Verband der Ersatzkassen (VDEK). (2024). *Daten zum Gesundheitswesen: Arzneimittel.* https://www.vdek.com/presse/daten/d_ausgaben_arzneimittel.html. Zugegriffen am 06.09.2024.

Wille, E. (2020). Bestehende Hindernisse einer effizienten und effektiven sektorenübergreifenden Versorgung in Deutschland. In S. G. Spitzer & V. Ulrich (Hrsg.), *Intersektorale Versorgung im deutschen Gesundheitswesen* (S. 11–19). Kohlhammer.

Wissenschaftliches Institut der AOK (WIdO). (2024). *WIdOmonitor: Pflegende Angehörige wenden im Schnitt 49 Stunden pro Woche für häusliche Pflege auf – mit Folgen für die Erwerbsarbeit.* https://www.wido.de/. Zugegriffen am 05.09.2024.

# 7

# Ausblick in die Zukunft – sektorübergreifende bedarfs- und nutzenorientierte medizinische Versorgung

Die Idee, den Hausarzt in der medizinischen Versorgung zu stärken und ihm als „Gatekeeper" eine Steuerungsfunktion zuzuschreiben, ist alles andere als neu und international längst zum Standard geworden: In den Selektivverträgen der Hausarztzentrierten Versorgung ist diese Rolle der Hausarztpraxis ebenfalls schon lange zentraler Bestandteil. Im Jahr 2011 analysierte das Deutsche Ärzteblatt die Versorgungssituation wie folgt (Gerlach & Szecsenyi, 2011):

> „Während die Gesamtzahl der in Deutschland tätigen Ärzte im internationalen Vergleich hoch ist und kontinuierlich steigt, gibt es eine doppelte Fehlverteilung: Zunehmend mehr (kliniknahe) Fachspezialisten (1993 bis 2009 + 50,5 Prozent) stehen einer zu geringen und weiter sinkenden Zahl von Hausärzten (im selben Zeitraum - 7,8 Prozent) gegenüber, und die meisten Ärzte sind dort tätig, wo sie möglicherweise am wenigsten gebraucht werden: in überversorgten, wohlhabenden Bezirken der Ballungsräume. Regional unterschiedlich stark gefährdet ist daher die auf Kontinuität ausgerichtete, wohnortnahe Betreuung chronisch kranker, älterer Menschen durch qualifizierte Praxisteams. So verschieden wie die Ursachen (unter anderem Nachwuchsmangel, infrastrukturbedingte

‚Landflucht', unattraktive Arbeits- und Einkommenssituation) müssen auch die Gegenmaßnahmen sein.

International gibt es eine breite Übereinstimmung darüber, welchen Kriterien eine qualitativ hochwertige Primärversorgung der Bevölkerung entsprechen muss. Dazu gehören: Zugänglichkeit (accessibility), Gleichheit (equity), Angemessenheit (appropriateness), Qualität (quality), Effizienz (efficiency), Kontinuität (long-term continuity) und Bevölkerungsbezug (community/public health oriented),

Je komplexer die Probleme und je differenzierter die Leistungsangebote sind, umso notwendiger ist ein Koordinator und gesundheitlicher Begleiter. Wie in zahlreichen anderen Industriestaaten hat sich daher auch der deutsche Gesetzgeber dazu entschlossen, die hausärztliche Grundversorgung zu stärken. Das Fünfte Sozialgesetzbuch (SGB) sieht in § 73 b dafür eine speziell definierte ‚hausarztzentrierte Versorgung' (HzV) vor. Im Zentrum steht dabei ein Vertrauensarzt beziehungsweise eine feste Anlaufpraxis („medical home'). Das Gesetz sieht für die HzV zusätzliche Anforderungen vor: strukturierte Qualitätszirkel zur Arzneimitteltherapie, Behandlung nach evidenzbasierten und praxiserprobten hausärztlichen Leitlinien, Teilnahme an Fortbildungen zu hausarzttypischen Behandlungsproblemen und ein auf Hausarztpraxen zugeschnittenes, indikatorengestütztes und wissenschaftlich anerkanntes Qualitätsmanagement."

Die Einführung der Hausarztzentrierten Versorgung (HZV) geht auf verschiedene Entwicklungen in der Gesundheits- und Gesundheitspolitik in Deutschland zurück. Die HZV wurde eingeführt, um die Rolle des Hausarztes zu stärken, die Qualität der medizinischen Versorgung zu verbessern und die Effizienz im Gesundheitswesen zu erhöhen. Hier sind einige der wesentlichen Punkte, die zur Einführung der HZV führten:

- Hausärzte spielen eine zentrale Rolle in der medizinischen Grundversorgung. Sie sind oft die ersten Ansprechpartner für Patienten und koordinieren deren Behandlung.
- Studien haben gezeigt, dass eine konsistente Betreuung durch denselben Arzt zu besseren gesundheitlichen Ergebnissen führen kann. Die HZV soll dazu beitragen, die Kontinuität der Versorgung sicherzustellen.

# 7 Ausblick in die Zukunft – sektorübergreifende bedarfs- und ...

- Die Koordination durch den Hausarzt kann dazu beitragen, Doppeluntersuchungen zu vermeiden und unnötige Facharztbesuche zu reduzieren.
- Damit werden Gesundheitsressourcen effizienter genutzt und Kosten im Gesundheitssystem gesenkt.
- Durch die HZV soll die zentrale Rolle der Primärversorgung betont und sollen die Arbeitsbedingungen der Hausärzte verbessert werden.
- Diese Veränderungen sollen die Attraktivität des Berufsbilds erhöhen, insbesondere vor dem Hintergrund eines drohenden Hausärztemangels in vielen Regionen.

Die HZV ist ein Ergebnis diverser Gesundheitsreformen, die in Deutschland seit den 1990er-Jahren durchgeführt wurden. Ein wesentliches Element dieser Reformen waren die Stärkung der Primärversorgung und die Einführung von Qualitätsmanagement in der medizinischen Versorgung. Das Gesundheitsmodernisierungsgesetz (GMG) aus dem Jahr 2004 schuf die Grundlage für erste freiwillige Verträge zwischen Hausärzten und Krankenkassen. Es legte Regelungen fest, die es Ärzten ermöglichten, besondere Versorgungsverträge abzuschließen. Die Basis dafür bildeten sogenannte „integrierte Versorgungsmodelle":

Die Integrierte Versorgung (IV) im deutschen Gesundheitssystem wurde mit dem „Gesetz zur Reform der gesetzlichen Krankenversicherung" (GKV-Gesundheitsreformgesetz) im Jahr 2000 eingeführt. Mit diesem Gesetz wurde die Möglichkeit zur sektoren-übergreifenden (integrierten) Versorgung geschaffen. Sie machte den Weg erstmals frei für die bundesweite Einführung integrierter Versorgungsmodelle durch Vertragsabschlüsse zwischen Krankenkassen, Ärzten, Krankenhäusern und anderen Leistungserbringern.

Die integrierte Versorgung sollte die Zusammenarbeit zwischen verschiedenen Versorgungsbereichen wie ambulanter, stationärer und rehabilitativer Versorgung verbessern und somit die Versorgungskontinuität und -qualität für Patienten erhöhen.

Das GKV-Wettbewerbsstärkungsgesetz (GKV-WSG), das am 1. April 2007 in Kraft trat, war ein entscheidender Meilenstein für die Hausarztzentrierte Versorgung in Deutschland. Es verpflichtete die gesetzlichen Krankenkassen, ihren Versicherten ab dem 1. Juli 2008 eine Hausarztzentrierte Versorgung anzubieten. Hierdurch wurde die HZV erstmals verpflichtend und verbindlich gesetzlich verankert. Hausärzte konnten nun Verträge mit den Krankenkassen abschließen, welche die koordinierte Versorgung der Patienten sicherstellten. Die Patienten konnten sich in HZV-Programme einschreiben und verpflichteten sich, zunächst den Hausarzt aufzusuchen. Der Autor hat als Leiter der Vertragsabteilung bei der Signal Iduna IKK mit dem zuständigen Vorstand, Herrn Werner Terlohr, die ersten bundesweit geltenden HZV-Verträge verhandelt und eingeführt. Dabei gab es massive Widerstände der anderen Kassenverbände und Krankenkassen in Westfalen-Lippe, die in maximaler Kostenfokussierung entgegen dem gesetzlichen Auftrag die Einführung der HZV verzögerten, um damit Mehrausgaben für die HZV zu verhindern. Die Einführung der HZV führte für die Signal Iduna IKK zu einem deutlichen Mitgliedergewinn, sodass durch die Techniker Krankenkasse schon bald der zweite bundesweite HZV-Vertrag angeboten wurde. Andere Krankenkassen folgten.

Das zum 1. Januar 2012 in Kraft getretene Versorgungsstrukturgesetz (VStG) stärkte die Hausarztzentrierte Versorgung weiter, indem es die gesetzlichen Rahmenbedingungen präzisierte und erweiterte. Es festigte die Verpflichtung der Krankenkassen zur HZV und unterstützte die Verbesserung von Qualitätsstandards in der Versorgung. Durch das VStG wurden unter anderem Anreize für die Teilnahme an HZV-Programmen geschaffen, und es wurden Maßnahmen zur Qualitätssicherung implementiert. Eberhard Wille schrieb 2020 zur sektorübergreifenden Versorgung:

„Schon der Gesetzentwurf zum Gesundheitsmodernisierungsgesetz (GKV-GMG) vom 08.09.2003 bezeichnete „die Überwindung sektoraler Grenzen bei der medizinischen Versorgung (als) ein weiteres wesentliches Ziel der Reform" (Fraktionen der SPD, CDU/CSU und BÜNDNIS 90/DIE GRÜNEN, 2003, S. 74).

Über ein Jahrzehnt später, d. h. seit dem Jahre 2016, sieht der Innovationsfonds nach § 92a Abs. 1 SGBV die Förderung neuer Versorgungsformen vor und dabei „insbesondere Vorhaben, die eine Verbesserung der sektorenübergreifenden Versorgung zum Ziel haben". Die Maßnahme, sektorenübergreifende Versorgungsprojekte über einen

# 7 Ausblick in die Zukunft – sektorübergreifende bedarfs- und ...

Innovationsfonds speziell zu fördern, deutet schon darauf hin, dass die Entwicklung der sektorenübergreifenden Versorgung bis dahin hinter den Erwartungen zurückblieb.

Fast 15 Jahre nach Inkrafttreten des GKV-GMG fordert der GKV-Spitzenverband in seinem Positionspapier vom 28.06.2017 (S. 12) eine Reform des ambulant-stationären Grenzbereichs als zentralen „Baustein der Gesundheitspolitik in der kommenden Legislaturperiode". Entsprechend beschäftigt sich die im Sommer 2018 eingesetzte Bund-Länder-Arbeitsgruppe „sektorenübergreifende Versorgung" mit dieser Problematik und legte am 08.05.2019 einen Arbeitsentwurf für ein Eckpunktepapier vor. Zwischenzeitlich unterbreiteten auch die Barmer Ersatzkasse Vorschläge für eine „Weiterentwicklung der sektorenübergreifenden Versorgung" und der Spitzenverband Fachärzte Deutschlands e. V. (2019) „ein Konzept für eine Struktur und Vergütung ärztlich intersektoraler Leistungen". Die Notwendigkeit einer Reform der sektorenübergreifenden Versorgung steht somit seit vielen Jahren und derzeit wieder besonders im Mittelpunkt gesundheitspolitischer Diskussionen und entsprechender Vorschläge, es mangelt aber bisher offensichtlich an einer erfolgreichen bzw. zufriedenstellenden Umsetzung."

Wir möchten festhalten: Auch im Jahr 2024 und damit 20 Jahre nach dem Gesundheitsmodernisierungsgesetz sind wir bzw. ist man ehrlicherweise nicht einen Schritt weiter! Politik hat in diesen 20 Jahren bewiesen, dass sie „Gesundheitsversorgung" nicht per Gesetzgebungsverfahren reformieren kann. Wir meinen, dass es nun vielleicht endlich an der Zeit ist, andere Wege zu gehen: Mit Einführung der Sicherstellungsbörse sind diese Wege digital und basieren auf validen Daten! Mit der Förderung einer Pilotregion erfolgt die Umsetzung sofort, in kontinuierlicher Verbesserung und in Erprobung vor einer bundesweiten Einführung.

Damit sich der Mehrwert einer am Nutzen orientierten medizinischen Versorgung in der Gesellschaft durchsetzen kann, sind Innovationen außerhalb der ärztlichen Leistungserbringung nötig. Die Autoren wollen daher mit den nachfolgenden Fällen einige „Zukunftsszenarien" in etwas zugespitzter Form darstellen. Vielleicht ergeben sich aus der Leserschaft und dem Kreis der zur Reform willigen Unterstützer Mitstreiter und wirksame Zukunftsgestalter. Die Initiatoren würden sich darüber sehr freuen!

# Fall 17: Die Zukunftsstrategie der „Meine-Gesundheit-Versicherung"

In diesem Buch wollen die Autoren die Chance nutzen, Ideen für die Weiterentwicklung des Gesundheitssystems darzustellen. Wünschenswert ist die Zusammenarbeit mit einer oder mehreren gesetzlichen Krankenversicherungen, die mit ihnen gemeinsam die konsequente Umsetzung der geschilderten Zielsetzungen vorantreibt.

## Das Zukunftsszenario der Autorin

Wir haben in den vorherigen Kapiteln bereits die durch die Sicherstellungsbörse generierte Transparenz als Alleinstellungsmerkmal formuliert. Hausarzt und Facharzt bewerten gegenseitig ihre Leistung; diese Daten sollen den Versicherten der kooperierenden gesetzlichen Krankenversicherungen über eine eigene App zur Verfügung gestellt werden. Der Anspruch auf Leistungen wird nicht mehr schriftlich in Papierform mit einer mehrwöchigen Bearbeitungszeit beantragt, sondern in Echtzeit genehmigt und ist am nächsten Tag zur Zahlung fällig. Die Vergütung der Ärzte durch die Kasse soll selektivvertraglich über Smart Contracts abgebildet und mittelfristig schnellstmöglich und direkt ausgezahlt werden.

Sämtliche Daten, die die Krankenkasse für die Genehmigung einer Leistung benötigt, werden in validierter Form und digital zur Verfügung gestellt. Gleichzeitig muss die Kasse transparent machen, nach welchen Kriterien Entscheidungen getroffen werden. Aktuell fordert eine Krankenkasse – nach den Grundsätzen des Datenschutzes jedoch wenig sparsam – auch nicht entscheidungsrelevante (überflüssige) Informationen beim Arzt mit der Aufforderung an, diese an den Medizinischen Dienst der Krankenkassen weiterzuleiten. Dies wollen wir ändern.

„Pay for Performance" ist in jeder Branche außerhalb des Gesundheitswesens selbstverständlich, wir wollen dies im Gesundheitswesen selektivvertraglich möglich werden lassen. Damit dies gelingt, können nicht sämtliche „Gesundheitsberatung und Gesundheitserziehung" auf die Ärzte „abgewälzt" werden. Die Krankenkasse sollte digitale Gesundheitsinformationen zur Verfügung stellen: Schulungen und Informationen für chronische Erkrankungen, Trainingsprogramme gegen Rückenschmerzen, Schmerzkalender und Ernährungsprotokolle – die Möglichkeiten der Maßnahmen sind groß.

Im aktuellen Rahmen des Morbi-RSAs (siehe oben) haben die gesetzlichen Krankenkassen ein Interesse an dokumentiert kranken Versicherten mit geringen Kosten. Wir wollen, dass ein Interesse für die Behandlung und Gesunderhaltung der Mitglieder entwickelt wird. Zentraler Baustein hierfür ist der Morbi-RSA, der als Grundlage für regionale Gesundheitsbudgets auch bei der Vergütung ärztlicher Leistung Anwendung finden sollte.

## Das Zukunftsszenario des Autors

Der Ansatz der „Meine-Gesundheit-Versicherung" ist radikal: Der Beitragssatz jedes Versicherten wird nach dem Prinzip der privaten Krankenversicherung für jedes Jahr des Lebens auf Basis der Daten in der elektronischen Patientenakte neu berechnet. Damit steigen die Beitragssätze für alle Versicherten mit einer oder mehreren Krankheiten relativ stärker als für jene, die sich gesundheitsbewusst verhalten. Dieser Anteil der krankheitslastbezogenen Beitragssatzsteigerung ist so reguliert, dass der Kranke maximal den doppelten Beitragssatz im Vergleich zur gesetzlichen Krankenversicherung in Deutschland zahlen muss. Über die Steuererklärung des Betroffenen wird diese Mehrbelastung mit einer von der Versicherung dem Kunden und seinem Finanzamt digital und automatisiert bereitgestellten Bescheinigung Berücksichtigung und Entlastung finden, sodass keine unangemessene Belastung möglich ist, aber eine Umsetzung des Solidaritäts- *und* Subsidiaritätsprinzips spürbar wird.

Der gesundheitsbewusste Versicherte erhält bei der „Meine-Gesundheit-Versicherung" ein sehr attraktives Leistungspaket bei im Vergleich der GKV sehr günstigem Preis.

Die Versicherung hat die Sicherstellungsbörse als Grundlage für die Terminvermittlung zum Facharzt erklärt und das Angebot sogar auf die stationäre Versorgung erweitert.

Ein Arzt muss vom Versicherten zum Primärarzt erklärt werden und nimmt mit seinem Praxisteam die Aufgabe des „Gesundheitsmanagers" wahr. Der gewählte „Hausapotheker" ist für die optimale Versorgung mit Arzneimitteln verantwortlich.

Die „MyDoctor"-App des Unternehmens hat alle staatlichen Präventionsangebote im „Gesundheitsshop" auswählbar hinterlegt. Sowohl das Ergebnis der bereits durchgeführten Untersuchungen ist verfügbar als auch die resultierenden Folgetermine und „offenen Aufgaben", die mit ihrem Fälligkeitsdatum aufgelistet sind.

Jeder Versicherte hat somit einen Überblick, wann welche Vorsorgeleistung oder ein Termin zur Diagnostik und/oder Behandlung vorgesehen ist. Alle Leistungen des Gesundheitsshops sind mit KI-Assistenz multilingual als Text- und Videobeitrag laienverständlich erklärt. Nutzen und Gefährdungspotenzial einer Maßnahme (Medikamente, Heil-/Hilfsmittel sowie ärztliche Diagnostik und Behandlung) sind unter Verwendung der patienteneigenen Daten berechnet. Das Ergebnis ist so visualisiert, dass auf den ersten Blick das Verhältnis von Chance und Risiko erkannt wird. Hierzu bedient sich die gesetzliche Krankenkasse an den frei über das Internet verfügbaren Materialien, deren Anbieter (BzgA, 2021) nach definierten Kriterien ausgewählt werden. In Nutzung des sehr leistungsfähigen unternehmenseigenen KI-Assistenten erstellt die Versicherung automatisiert und bedarfsgerecht neue Materialien.

Die Hausarztpraxis erbringt ausschließlich Leistungen in automatisierter „ex ante-Genehmigung" und rechnet die erbrachte Leistung zur Verbesserung der Gesundheitskompetenz nach Stundensatz ab. Der Hausapotheker wird mit einer jährlichen Betreuungspauschale und einer Beteiligung an unterdurchschnittlichen Arzneimittelkosten bezahlt. Wenn der Versicherte mit seinen Gesundheitskosten unter den Ausgaben bleibt, die gemäß Morbi-RSA (GKV-Spitzenverband, 2023a, b) der GKV für ihn verfügbar wären, erhält er jährlich eine Prämie von bis zu 20 % dieser Einsparungen; weitere 20 % erhält der Hausarzt. So ist es für den Hausarzt sehr attraktiv, auch Patienten mit chronischen Krankheiten möglichst lange „gesünder" zu halten als die Bezugsgruppe des Morbi-RSA. Für den „Meine-Gesundheit-Versicherten" sind Eigenverantwortung und Gesunderhaltung nun „geldwert".

Der auskömmlich kalkulierte Stundensatz der Versicherung für den Hausarzt ermöglicht diesem, auch sehr versorgungsaufwendige Patienten umfassend zu betreuen und zu beraten. Diese Planungsgrundlage hat dazu geführt, dass die Praxis des Autors mittlerweile aus einem hoch qualifizierten und multiprofessionellen Team besteht und der Anteil der „Gesunden" im Patientenstamm der Praxis für die „Meine-Gesundheit-Versicherung" besonders hoch ist.

Bisher bei anderen Kostenträgern versicherte Patienten wechseln immer häufiger in die „Meine-Gesundheit-Versicherung", denn die Versicherung zahlt auch einen „Bonus für Gesundheit" in ungedeckelter Höhe an seine Versicherten. Der Kurs der für diesen Zweck eingeführten HCM-Kryptowährung (HCM = HealthCareMoney) steigt seit Monaten, sodass sich Gesundheit doppelt lohnt. Auch der Hausarzt erhält seine Vergütung und den Bonus über das Smart-Contract-Abrechnungssystem der Versicherung. Die Einnahmen aus Kapitalerträgen durch den Kursgewinn übersteigt in einigen Zeitabschnitten sogar die Vergütung für die ärztliche Arbeit. Unglaublich, wie sehr es sich lohnen kann, wenn die im herkömmlichen System noch immer vorhandene Verschwendung und unkontrollierte Krankheitslast konsequent eliminiert, gemanagt und um „Blue-Ocean-Geschäftsfelder" erweitert wird!

Denn die Versicherung hat für die Finanzierung der Gesundheitsleistungen mit der „GesundheitDatenBank" eine attraktive Nebenerwerbsquelle entwickelt:

Die vom Patienten zu diesem Zweck freigegebenen Gesundheitsdaten werden gegen Bezahlung von Dritten in pseudonymisierter Form verwertet. Unternehmen und Wissenschaft können ihre Zielgruppe datenbasiert identifizieren und ihr ohne Streuverlust und damit sehr kostengünstige Angebote unterbreiten. Da die „Meine-Gesundheit-Versicherung" sehr stark darauf achtet, dass die Daten in der elektronischen Patientenakte valide sind und die DGSVO-Vorgaben befolgt werden, ist das zu diesem Zweck gegründete Tochterunternehmen der bevorzugte Partner vieler Anbieter innerhalb und außerhalb des Gesundheitswesens.

Die „Meine-Gesundheit-Versicherung" wächst seit Jahren überdurchschnittlich stark und hat als vollständig digitalisiertes Unternehmen durch weitere Tochtergesellschaften mittlerweile Versicherungsangebote in fast allen Ländern der Welt. In einigen Staaten versichert das Unternehmen bereits mehr als 20 % der Bürger. Nach dem Börsengang zwei Jahre nach der Gründung der ersten Tochtergesellschaft ist die Marktkapitalisierung in erstaunliche Höhen gestiegen. Als erfolgreichstes deutsche Unicorn (Bocksch, 2024) der letzten Jahre revolutioniert der KI-Spezialist die medizinische Versorgung weltweit.

## Fall 18: Das Leitbild des „Gesund-leben-Unternehmens"

Nach der Präsentation „unserer" Krankenkasse wollen die Autoren nun auch „ihr" Wunschunternehmen vorstellen. Schon heute geben viele Unternehmen viel Geld zum Beispiel im Rahmen eines betrieblichen Gesundheitsmanagements für ihre Mitarbeitenden aus. Nach Ansicht der Autoren wird dieses Geld häufig nicht zielgerichtet eingesetzt. Da ist der Unternehmer, der die gesamte Belegschaft auf seine Kosten gegen Grippe impfen lässt, obwohl dies eine selbstverständliche Leistung der gesetzlichen Krankenversicherung und aller Hausärzte ist. Da ist der Konzern, der seinen leitenden Angestellten fünf Tage stationären Aufenthalt im HELIOS Prevention Center finanziert. Aus Sicht der evidenzbasierten und leitliniengerechten Medizin werden hier medizinisch unsinnige Leistungen, wie eine Ganzkörper-MRT oder eine Schilddrüsenuntersuchung ohne Anlass, als „Incentive" bezahlt und damit „Überversorgung" systematisch induziert.

Echte Primärprävention im Sinne einer Verhältnisprävention scheitert aufgrund der Lobbygegebenheiten auf politischer Ebene seit Jahrzehnten. Darüber kann man sich zu Recht aufregen oder man sucht nach Partnern und alternativen Wegen, um Primärprävention für die gesamte Gesellschaft attraktiv zu machen. Letzteres erscheint den Autoren der einzig mögliche und gangbare Weg.

**Was heißt eigentlich Prävention?**
Die Prävention im Gesundheitswesen zielt darauf ab, Krankheiten zu verhindern, ihre Verbreitung zu verringern und ihr Fortschreiten zu bremsen. Dabei werden verschiedene Formen der Prävention unterschieden: Primärprävention, Sekundärprävention, Tertiärprävention sowie Verhaltensprävention und Verhältnisprävention.

**Primärprävention** umfasst alle Maßnahmen, die darauf abzielen, das Auftreten von Krankheiten zu verhindern, bevor sie entstehen. Das Hauptziel ist es, die Eintrittswahrscheinlichkeit einer Krankheit zu senken, indem Risikofaktoren minimiert oder eliminiert werden. Beispiele dafür sind:

- Impfungen zur Verhinderung von Infektionskrankheiten
- Förderung von gesundem Lebensstil (ausgewogene Ernährung, regelmäßige körperliche Aktivität, Nichtrauchen)
- Programme zur Aufklärung und Sensibilisierung über gesundheitsschädliches Verhalten (z. B. Alkohol- und Drogenmissbrauch)

**Sekundärprävention** zielt darauf ab, Krankheiten in einem frühen Stadium zu erkennen und frühzeitig zu behandeln, um ein Fortschreiten zu verhindern oder zu verlangsamen. Dies geschieht durch regelmäßige Vorsorgeuntersuchungen und Screening-Programme. Beispiele dafür sind:

- Krebsvorsorgeuntersuchungen (z. B. Hautkrebsscreening, Mammografie, Darmspiegelung)
- Blutdruckmessungen und Cholesterinwertebestimmungen zur Früherkennung von Herz-Kreislauf-Erkrankungen
- Screening-Programme für Diabetes oder andere chronische Krankheiten

**Tertiärprävention** bezieht sich auf Maßnahmen, die ergriffen werden, nachdem eine Krankheit diagnostiziert wurde, um Komplikationen zu vermeiden, das Fortschreiten der Krankheit zu verlangsamen und die Lebensqualität der Betroffenen zu verbessern. Beispiele dafür sind:

- Rehabilitation nach einem Herzinfarkt oder Schlaganfall
- Physiotherapie und langfristige Medikamentenversorgung bei chronischen Erkrankungen wie Asthma oder Diabetes
- Schulungen zur Selbsthilfe und Anpassungsmaßnahmen für Menschen mit chronischen Krankheiten

**Verhaltensprävention** zielt darauf ab, individuelles gesundheitsbezogenes Verhalten zu fördern. Dabei wird das Verhalten der Einzelperson direkt beeinflusst, um gesundheitsschädigende Verhaltensweisen zu reduzieren oder zu eliminieren.
Beispiele dafür sind:

- Raucherentwöhnungsprogramme
- Ernährungsberatung für eine gesunde Ernährung
- Bewegungsprogramme zur Förderung körperlicher Aktivität

**Verhältnisprävention** bezieht sich auf die Gestaltung und Veränderung der Umwelt und Lebensbedingungen, um gesundheitliche Risiken zu minimieren und gesundheitsfördernde Verhältnisse zu schaffen. Diese Maßnahmen zielen weniger auf das Verhalten einzelner Personen als auf die Bedingungen und Rahmenbedingungen, unter denen Menschen leben. Beispiele dafür sind:

- Verbesserungen der Luft- und Wasserqualität
- Gestaltung von arbeitsplatzspezifischen Gesundheits- und Sicherheitsstandards
- Einrichtung von Parks und Grünflächen zur Förderung körperlicher Aktivität der Bevölkerung
- Einführung einer „Zuckersteuer" oder die höhere Besteuerung von Rauchwaren, Alkohol oder anderen gesundheitsschädlichen Produkten

Nach Wahrnehmung der Autoren kommen verhältnispräventive Strategien zur Senkung der Gesundheitsausgaben in Deutschland bisher eindeutig zur kurz.
„Gesundheit" als Ziel einer echten Verhältnisprävention wird auf der Makroebene bisher nahezu ausnahmslos auf dem Boden sogenannter „normativ-regulatorischer Maßnahmen" verstanden, wie das Beispiel „Rauchverbot in öffentlichen Einrichtungen" zeigt. Dieses Vorgehen ruft jedoch reflexartig eine „Verbotspolitik" aus, die mit dieser negativen Konnotation kaum mehrheitsfähig sein wird. Daher verfolgen die Autoren Verhältnisprävention abseits einer normativ-regulatorischen Vorgehensweise.

# 7 Ausblick in die Zukunft – sektorübergreifende bedarfs- und …

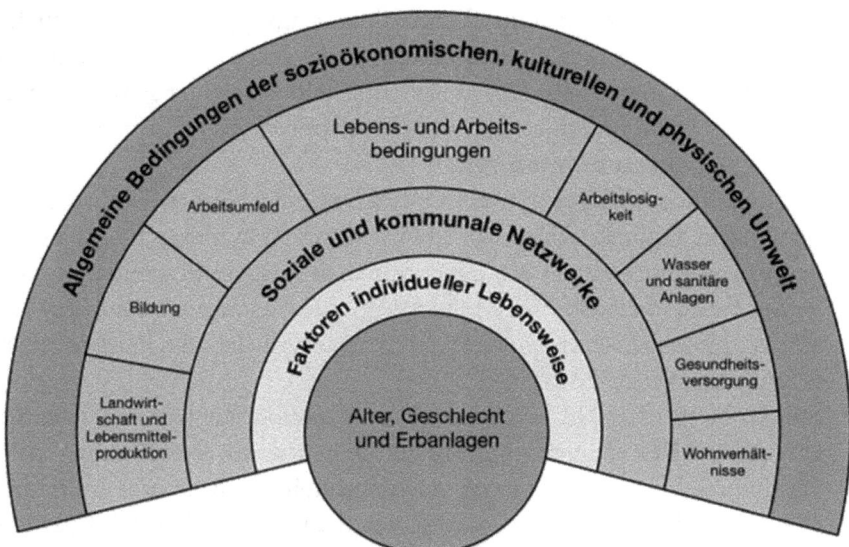

**Abb. 7.1** Allgemeine Bedingungen der sozioökonomischen, kulturellen und physischen Umwelt. (Dahlgren & Whitehead, 1991)

Determinanten von Gesundheit sind eben mehr als das individuelle Ernährungs- und Bewegungsverhalten, wie die nachfolgende Abb. 7.1 (Hurrelmann & Richter, 2022) zeigt:

Warum legen die Autoren den Schwerpunkt auf verhältnispräventive Maßnahmen? Aufgrund des in der Forschung gut bekannten Präventionsdilemmas! Das Präventionsdilemma bezieht sich auf die komplexen Herausforderungen und manchmal widersprüchlichen Aspekte, die in der Umsetzung und Förderung von Präventionsmaßnahmen im Gesundheitswesen auftreten. Diese Herausforderungen können auf verschiedenen Ebenen liegen, angefangen bei der Politik und Wirtschaft bis hin zur Gesellschaft und individuellen Verhaltensweisen. Hier sind einige der Kernpunkte, die das Präventionsdilemma verdeutlichen:

- Kosten der Prävention: Die Umsetzung präventiver Maßnahmen, wie Impfkampagnen, Aufklärung und Screening-Programme, verursacht zunächst Kosten, oftmals ohne sofortige sichtbare Ergebnisse.

- Langfristiger Nutzen: Die Einsparungen und der gesundheitliche Nutzen durch vermiedene Krankheiten zeigen sich oft erst nach Jahren oder Jahrzehnten. Dies kann es für Entscheidungsträger schwierig machen, die Notwendigkeit und den Wert präventiver Maßnahmen zu erkennen oder zu rechtfertigen.
- Wirtschaftliche Fragen: Präventive Maßnahmen können wirtschaftlich denjenigen zugutekommen, die überhaupt nicht an deren Finanzierung beteiligt waren, was zu wahrgenommenen Ungerechtigkeiten führen kann (z. B. Arbeitgeber investieren in Gesundheit von Arbeitnehmern, aber die Kosteneinsparungen realisieren später vielleicht das Rentensystem oder andere Versicherungen).
- Solidaritätsprinzip: In Systemen, die auf Solidarität basieren, wie die gesetzliche Krankenversicherung in Deutschland, ermöglichen präventive Maßnahmen allgemeine Gesundheitsgewinne, der individuelle Beitrag ist jedoch gleichmäßig verteilt. Das kann bei systemischen Finanziers zu Akzeptanzproblemen führen.
- Politische Zyklen: Präventionsmaßnahmen erfordern häufig politisches Engagement und Unterstützung, aber die Ergebnisse solcher Maßnahmen überschreiten oft politische Amtszeiten, was es für Politiker schwieriger macht, in ihrer Amtszeit die Vorteile nachzuweisen.
- Politisches Kapital: Gesundheitsprävention muss mit anderen dringlich erscheinenden politischen Prioritäten konkurrieren, wodurch diese Maßnahmen weniger Priorität erhalten.
- Unsichtbare Ergebnisse: Erfolgreiche Prävention führt dazu, dass bestimmte Krankheiten oder Probleme gar nicht erst auftreten. Dieser Erfolg ist oft unsichtbar und schwer zu kommunizieren.
- Wissenschaftliche Unsicherheiten: Präventionsstrategien basieren häufig auf wissenschaftlichen Prognosen und epidemiologischen Modellen, die mit Unsicherheiten behaftet sind. Unterschiede in der Interpretation oder Bewertung der Wirksamkeit solcher Maßnahmen können zu Kontroversen führen.

Auf individueller Ebene kommen weitere, hemmende Faktoren hinzu:

- Zeit und Energie: Präventionsmaßnahmen, wie regelmäßige körperliche Aktivität, gesunde Ernährung oder Vorsorgeuntersuchungen, er-

## 7 Ausblick in die Zukunft – sektorübergreifende bedarfs- und …

fordern Zeit und Mühe. Der Nutzen dieser Maßnahmen ist jedoch oft erst nach längerer Zeit erkennbar.
- Sofortige Belohnung: Menschen neigen dazu, Tätigkeiten zu bevorzugen, die sofortige Belohnungen bieten (z. B. der Genuss von Fast Food oder das Ausbleiben körperlicher Anstrengung), statt solcher, die langfristige gesundheitliche Vorteile versprechen.
- Unterschätzung von Risiken: Menschen neigen dazu, Gesundheitsrisiken zu unterschätzen oder als irrelevant für sich selbst einzustufen („Das wird mir schon nicht passieren").
- Optimismus-Bias: Viele Menschen glauben, dass sie weniger anfällig für Gesundheitsprobleme sind als andere, was ihre Bereitschaft zur Teilnahme an Präventionsmaßnahmen mindern kann.
- Bildungsmangel: Ein Mangel an Wissen oder Bildung über die Wichtigkeit und Wirksamkeit präventiver Maßnahmen kann dazu führen, dass diese nicht wahrgenommen werden.
- In einer Zeit der Informationsüberflutung kann es schwierig sein, die richtige und wichtigste Information aus der Flut von Gesundheitsinformationen herauszufiltern.
- Gewohnheiten: Bestehende ungesunde Gewohnheiten sind oft tief verwurzelt und schwer zu ändern.
- Selbstkontrolle: Die Umsetzung von Präventionsmaßnahmen erfordert oft eine hohe Selbstkontrolle und Disziplin, was für viele eine erhebliche Herausforderung darstellt.
- Motivation: Langfristige Motivation zur Aufrechterhaltung gesunder Verhaltensweisen kann schwierig sein, besonders wenn der unmittelbare Nutzen nicht spürbar ist.
- Sozialer Einfluss: Soziale Umfelder und Peergroups können einen großen Einfluss auf individuelle Präventionsentscheidungen haben. Wenn das soziale Umfeld gesundheitsunbewusst ist, fällt es schwer, persönliche gesunde Entscheidungen zutreffen.
- Ökonomische Barrieren: Finanzielle Einschränkungen können den Zugang zu präventiven Maßnahmen erschweren, wie z. B. Mitgliedschaften in Fitnessstudios, gesunde Ernährung oder Teilnahme an Vorsorgeuntersuchungen. Und nicht zuletzt ist bekannt, dass sich ausgerechnet die Menschen für Prävention interessieren, die ein eher

günstiges Krankheitsrisiko haben, während diejenigen, für die diese Maßnahmen besonders relevant sind, leider besonders schwer zu erreichen sind.

Daher schätzen die Autoren den verhältnispräventiven Ansatz über die Rollen als Arbeitnehmer und Arbeitgeber als besonders vielversprechend ein.

## Das Zukunftsszenario der Autorin

Das Unternehmen hat ein natürliches Interesse an einer schnellen Gesundung der Mitarbeitenden. Dadurch, dass schnellere Termine (wie oben bereits mehrfach geschildert) beim Facharzt finanziert werden, entsteht nutzenorientierte Medizin, die sich durch die Zusatzvergütung der Sicherstellungsbörse auch endlich aufseiten der Leistungserbringer lohnt. Natürlich kann man sich auf den Standpunkt stellen, dass dies ausschließlich Aufgabe des Staates sei – jedoch hat der Staat ehrlicherweise über Jahrzehnte bewiesen, dass er es nicht kann. Und die Rahmenbedingungen in Großbritannien zeigen ebenfalls, dass eine ausschließlich staatlich finanzierte Gesundheitsversorgung nicht gelingt. Wenn Unternehmen nun doch ohnehin schon im Bereich des betrieblichen Gesundheitsmanagements buchstäblich und im echten Wortsinn Geld in die Hand nehmen, dann wäre doch der Effekt umso größer, je sinnvoller und nutzenorientierter dieses Geld eingesetzt würde. Schon heute kennen wir Aktionen, bei denen sich Firmenmitarbeitende bei gelaufenen oder geradelten Kilometern gegenseitig überbieten. Diese Motivationsprogramme im Wettstreit mit anderen funktionieren sehr gut. Denken wir derartige Programme weiter, kommen wir unweigerlich zu einem umfassenden Bonusprogramm für gesundheitsbewusstes Verhalten. Wir stellen uns vor: Mitarbeitende sammeln für gelaufene, geschwommene und geradelte Kilometer Bonuspunkte. Ebenso könnte Nichtrauchen, Yogastunden oder Athletikkurse Bonuspunkte auslösen. Diese Bonuspunkte können als virtuelle Währung (HCM – HealthCareMoney, vgl. Fall 17), die im „echten Gesundheitssektor" eingelöst werden, wieder in Gesundheit investiert werden, z. B. für Massage, Sauna, Ernährungsberatung, Sportkurse usw. Damit würden die Unternehmen einen Weg in eine echte Primärprävention bis hin zur Verhältnisprävention schaffen. Die wäre aus Sicht der gesamtgesellschaftlichen Gesundheit ein echter Gamechanger. Vor allem ist die Nutzung der Sicherstellungsbörse weniger angreifbar als der berühmte „Veggie-Day" der Grünen aus dem Bundestagswahlkampf im Jahr 2013. Der überzeugte übergewichtige, rauchende, Bier trinkende und Schweinshaxe essende CSU-Wähler muss ja nicht mitmachen. Mit dem Angebot der Sicherstellungsbörse handelt es sich eben gerade nicht um eine staatlich oder ideologisch verordnete Gesundheitsreligion, sondern schlicht und ergreifend um ein sinnvolles Angebot, das der Einzelne eben wahrnehmen kann oder nicht.

## Das Zukunftsszenario des Autors

**Leitbild** Im „Gesund-leben-Unternehmen" respektieren wir die Bedeutung der Selbstbestimmung und Entscheidungsfreiheit des Individuums. Wir wollen, dass unsere Mitarbeitende informierte Entscheidungen hinsichtlich ihrer eigenen Gesundheit treffen, und unterstützen diese mit einem umfassenden Angebot nachgewiesenermaßen Schäden vermeidender und Wohlergehen erzeugender medizinischer Maßnahmen. Dabei achten wir besonders darauf, dass der gesetzlich verankerte Anspruch auf faire Behandlung und Nichtdiskriminierung bei der Gesundheitsversorgung eingehalten wird. Jährlich fördern wir die Gesundheit unserer Mitarbeitenden mit 25 % unserer Investitionsausgaben, mindestens aber dem steuerbefreiten Betrag von 600 € pro Mitarbeiter pro Jahr. Zur Umsetzung dieser Ziele bieten wir unseren Mitarbeitenden die folgenden Vorteile:

- Sie erhalten einen *Zugang zur Sicherstellungsbörse* mit einem Betrag *Guthaben* auf dem Bonuskonto *von 600 € pro Jahr* für medizinische Maßnahmen bei registrierten Leistungserbringern mit einer Mindestbewertung von 4,0/5 Sternen. Diese können für schnellere Termine im Fall einer Arbeitsunfähigkeit selbst eingesetzt oder mit einem Betrag von 500 € pro Jahr zur freien Nutzung von Präventionsmaßnahmen verwendet werden.

- *Persönliche Investitionen* in das eigene Humankapital *werden gewürdigt*, indem für all jene, die weniger Krankheitstage pro Jahr als der Durchschnitt der Belegschaft, mindestens aber des Krankenstands der Region, aufweisen bzw. die die individuelle Anzahl der Tage mit Arbeitsunfähigkeit im Vergleich zum Vorjahr halbieren konnten, ein *Zusatzbeitrag auf das Bonuskonto von 1000 €* ausgezahlt wird.
- *Langfristige Tätigkeit* für das Unternehmen wird *belohnt* mit einer *Steigerung um jeweils 100 € pro Jahr der Beschäftigung im Unternehmen* auf das Konto der Sicherstellungsbörse. Nicht verbrauchte Guthaben werden in das Folgejahr übertragen, verfallen allerdings mit dem Austritt aus dem Unternehmen. Bei Tätigkeit bis zum Beginn der Rente verfällt das bestehende Guthaben nicht.
- Sofern ein *Versicherungsschutz bei der „Meine-Gesundheit-Versicherung"* besteht, werden zusätzlich zum geschuldeten Arbeitgeberanteil von 50 % weitere 10 % und damit *60 % des Beitrags zur Krankenversicherung als Arbeitgeberanteil* gezahlt.

Im „Gesund-leben-Unternehmen" zu arbeiten, fördert die eigene Gesundheit. Fragen Sie Ihren Arzt oder Apotheker!

## Fall 19: Nachhaltige Verwaltung in der „Einfach-Bürger-sein-Region"

Unser Sozialsystem ist geprägt von bürokratischen Strukturen. Obwohl diverse Sozialgesetzbücher für ein und denselben Patienten zuständig sind, gelingt das Ineinandergreifen und Zusammenarbeiten der behördlichen Strukturen selten.

Die Deutsche Rentenversicherung benötigt, als diese Zeilen entstehen, acht Monate Bearbeitungszeit für das sogenannte *Übergangsgeld*.

### Was ist Übergangsgeld?

Das Übergangsgeld ist eine Sozialleistung in Deutschland, die Personen gewährt wird, um ihren Lebensunterhalt während bestimmter beruflicher Eingliederungsmaßnahmen oder medizinischer Rehabilitation sicherzustellen. Es handelt sich dabei um eine Lohnersatzleistung, die beispielsweise während einer Umschulung, Weiterbildung oder eines Aufenthalts in einer Rehaklinik gezahlt wird. Das Übergangsgeld dient dazu, den Lebensunterhalt während einer Phase zu sichern, in der eine Person aufgrund einer beruflichen Eingliederungsmaßnahme oder medizinischen Rehabilitation keinen regulären Lohn oder kein Gehalt erhält. Es soll den Betroffenen ermöglichen, sich voll auf die Teilnahme an diesen Maßnahmen zu konzentrieren, ohne sich um ihren Lebensunterhalt sorgen zu müssen. Übergangsgeld erhalten in der Regel Versicherte der deutschen Sozialversicherung (z. B. Rentenversicherung, Unfallversicherung, Krankenversicherung). Die Leistung wird gewährt, wenn eine Person an einer von den Sozialversicherungen getragenen Maßnahme zur beruflichen Eingliederung oder medizinischen Rehabilitation teilnimmt. Übergangsgeld wird grundsätzlich für die Dauer der Maßnahme zur beruflichen Eingliederung oder medizinischen Rehabilitation gezahlt.

**Verlängerungsmöglichkeiten** In bestimmten Fällen kann die Zahlung des Übergangsgeldes verlängert werden, etwa wenn eine Maßnahme länger dauert als ursprünglich geplant. Die Regelungen zum Übergangsgeld sind in verschiedenen Teilen des Sozialgesetzbuches (SGB) zu finden, insbesondere im SGB IX (Rehabilitation und Teilhabe von Menschen mit Behinderungen) und im SGB VI (gesetzliche Rentenversicherung). Entscheidend ist hier der Hinweis, dass die Zahlung *während* der rehabilitativen Maßnahme gezahlt werden soll. Bei acht Monaten Bearbeitungszeit gelingt dies erwartungsgemäß nicht. Menschen können ihre Miete nicht bezahlen, und die Rentenversicherung antwortet in einem aktuellen Fall der Praxis der Autorin mit dem Hinweis, „dass man dann halt mal mit dem Vermieter sprechen" solle …. Dies bedarf keines weiteren Kommentars! Das ist die Realität chronisch und schwer kranker Menschen in unserem Land.

## Das Zukunftsszenario der Autorin

An dieser Stelle möchte ich die Geschichte von Frau Galinka erzählen: Frau Galinka hat ein Berufsleben lang im Einzelhandel gearbeitet – besser gesagt: geschuftet. Nach 45 Berufsjahren steht eine hochgradige

Spinalkanalstenose der Halswirbelsäule im Raum, d. h., das Rückenmark der Halswirbelsäule hat zu wenig Platz. Hinzu kommen Bandscheibenvorfälle in diesem Bereich und ein Sehnenabriss in der Schulter. Man kann sich vorstellen, dass das Einräumen von Regalen mit dieser Krankengeschichte nicht mehr möglich ist. Doch dies gutachterlich vor dem Erreichen des Renteneintrittsalters bestätigt zu bekommen, ist gar nicht leicht und ein bürokratischer Marathon. Krankenkasse, Medizinischer Dienst, Rentenversicherung, Gutachter einer Krankentagegeldversicherung und Gutachter einer Berufsunfähigkeitsversicherung haben so ihre eigenen Vorstellungen, die manchmal nur sehr wenig mit der Realität gemein haben. Der Schriftverkehr zwischen Frau Galinka und den genannten Stellen umfasst mittlerweile sechs dicke Ordner.

Und obwohl der Abschlussbericht der letzten stationären Rehamaßnahme eindeutig formuliert, dass Frau Galinka als berufsunfähig einzuschätzen sei, wird dies von diversen Seiten angezweifelt. An dieser Stelle wäre durchaus ein Exkurs zum Gutachterwesen in Deutschland angebracht, denn was als Auftragsgutachten zum Teil erstellt wird, ist an Frechheit und Ignoranz den Patienten gegenüber manchmal wirklich kaum zu ertragen. Nun ist Frau Galinka eine sehr taffe, organisierte und selbstbewusste Frau, die sehr wohl in der Lage ist, schriftlich ihrem Gegenüber entgegenzutreten. Doch was ist mit den vielen Menschen, die das nicht können? Ist es nicht vielleicht auch Aufgabe des Sozialstaates, Menschen bei dem bürokratischen Wahnsinn, den er selbst produziert, zu unterstützen? Also *behält Karl* Lauterbach doch Recht? Benötigen wir 1000 Gesundheitskioske? Oder wollen wir in anderen Kategorien denken: Vielleicht wäre es auch sinnvoll, wenn eine Fachkraft für Soziale Arbeit in einer Hausarztpraxis unterstützen würde. Aber haben wir dafür genug Personal? Wird dadurch der Verwaltungsaufwand wirklich besser? Vielleicht wäre es auch eine Option, die Verwaltungsprozesse zu entschlacken und bestmöglich zu automatisieren? Ist es dann nicht auch im Jahr 2025 Pflicht, für diese Prozesse digitale Plattformen zur Verfügung zu stellen? Die Deutsche Rentenversicherung würde wahrscheinlich mit der Hälfte ihres Personals auskommen, wenn die oben genannten Prozesse endlich auf einer digitalen Plattform bearbeitet und abgeschlossen werden könnten! Anträge und Leistungsanfragen müssen transparent und digital bearbeitet werden und die Ablehnung überprüfbar und nachvollziehbar sein. Das ist aktuell mitnichten der Fall. Wir fordern Transparenz nicht nur auf der Seite der Leistungserbringer und der Betroffenen, sondern auch für Entscheidungen der Kostenträger: keine gutachterliche Willkür, sondern datenbasierte und über die Genehmigungsregeln nachvollziehbare Entscheidungen mit objektiven und diskriminierungsfreien Standards. Das sollte im Interesse aller Bürger liegen! Besteht kein Konsens darin, dass wir die Komplexität behördlicher Verwaltungsstrukturen reduzieren müssen und das Aufgabenmanagement der verschiedenen Behörden koordinieren könnten? Neu an unserem Vorschlag ist, dass wir dies nach gleichem Muster für alle Verwaltungsprozesse in Nutzung der elektronischen Patientenakte machen wollen. Denn es ist doch kaum sinnvoll, dass aus digital vorliegenden Informationen in elektronischer Patientenakte und Praxisverwaltungssystem ein Arzt willkürlich Angaben zusammenstellt, diese per Post an den Gutachter/die Behörde schickt und diese dann eine Entscheidung ohne Transparenz der Entscheidungsgrundlage trifft. Im Fall eines Widerspruchs wird der ganze Wahnsinn dann wiederholt. Welch eine Verschwendung von Ressourcen und Lebenszeit!

Als Konsequenz kommt es bedauerlicherweise zu unglaublichen Schicksalen und Versäumnissen, insbesondere im Bereich des Jugendamtes und der Jugendfürsorge. Bei einem digitalen Informationsfluss wäre das größte Hemmnis wohl aus dem Weg geräumt. Zwar ist es nicht Aufgabe der Sicherstellungsbörse, den Staat zu digitalisieren. Aber wenn der Staat Entscheidungskriterien und die Projektfinanzierung liefert, dann sorgen die hausärztlichen Teampraxen mit einer kontinuierlich verbesserten Sicherstellungsbörse für einen erfolgreichen Weg durch die Sozialgesetzbücher.

**Armut macht krank, und Krankheit macht arm**
Es sollte Anspruch des Sozialstaates sein, diesem Grundsatz etwas entgegenzusetzen. Wir schlagen Folgendes vor: Die Teampraxis macht den Bedarf an (medizinischer) Versorgung des Patienten/Anspruchsberechtigten transparent und formuliert in Gesamtverantwortung mit Unterstützung im Team vor Ort eingesetzter Staatsdiener den sozialstaatlichen Handlungsbedarf. Die aktuell mit der Prüfung der Anträge beauftragten Mitarbeitenden werden zum virtuellen und tatsächlich vor Ort

arbeitenden Teammitglied. Wir wünschen uns, die hausärztliche Versorgung und sozialstaatliche Fürsorge in regionalen Primärarztzentren zu bündeln. Wir möchten die hausärztlichen Praxen weiterentwickeln, ohne dass die freiberufliche Tätigkeit auch an kleinen Standorten unmöglich wird. Dies setzt voraus, dass die Sicherstellungsbörse Realität wird, wir ausschließlich digital arbeiten können und, basierend auf validen Daten, die Antrags- und Genehmigungsprozesse automatisieren dürfen. Wir wünschen uns, dass die elektronische Patientenakte (ePA) um die Daten erweitert wird, die für die weiteren Verwaltungsprozesse der Sozialgesetzbücher benötigt werden. Im Ergebnis würden wir eine deutliche Verschlankung staatlicher Verwaltungsstrukturen erzielen, in Zeiten knapper Staatshaushalte Verwaltungskosten reduzieren und dem Bürger diskriminierungsfreie Entscheidungen über die Gesundheitsversorgung hinaus gewährleisten.

## Das Zukunftsszenario des Autors

Der Berufspolitiker der „Einfach-Bürger-sein-Region", Hans Zahn, hat einen Entschluss gefasst: Nach seiner Zeit als Entscheidungsträger in verantwortungsvoller Position der vorherigen Regierung will er nun die Gesundheitsversorgung auf dem Land nachhaltig sichern und die Region seiner Heimat attraktiver für Familien und innovative Start-ups werden lassen. Um dies zu erreichen, will Hans Zahn ganz neue Wege gehen. Alle Prozesse der öffentlichen Verwaltung mit Schnittstelle zum Gesundheitswesen sollen über die Sicherstellungsbörse entbürokratisiert werden.

Zur Finanzierung wird er im ersten Schritt durch sein Team Mittel aus dem Förderprogramm des MAGS NRW für Gesundheitsregionen (MAGS, 2024) beantragen lassen. Mit der Förderung über drei Jahre will er drei Hausarztpraxen zu Primärversorgungszentren entwickeln, Termine beim Facharzt nach Dringlichkeit über die Sicherstellungsbörse vermitteln lassen und ein Gesamtregister aller Leistungserbringer im Gesundheitswesen der Region erstellen. Das gesamte Leistungsspektrum der Gesundheitswirtschaft soll mit seinen Leistungen digital abgebildet werden.

Im zweiten Schritt plant er die Realisierung einer ganz besonderen Idee: die Einführung des „Bureaucracy Reduction Coins" (BCM). Als ehemaliger Bankmitarbeiter ist er seit Langem fasziniert von den Möglichkeiten der Kryptowährungen. Nun hat er endlich die richtigen Partner und eine Idee mit viel Potenzial. Über die Technologiepartner der Sicherstellungsbörse ist ein Kontakt zu Experten in der Schweiz entstanden. Das Land in den Alpen ist genauso wie sein Nachbar Liechtenstein offen für den Einsatz von Kryptowährungen als neue Finanzierungsform von Innovationen. Seine Idee ist so simpel wie genial: Es werden 100 Mio. BCMs entstehen, die zum Preis von mindestens 1 € pro Coin gekauft und gehandelt werden können. Mit einem Coin verknüpft ist das Gewinnbezugsrecht für einen über das Investment dieser Coins digitalisierten Verwaltungsprozess, den seine Mitarbeitenden und die Verwaltungsexperten zusammen mit dem Datasign Thinking-Experten der Sicherstellungsbörse entwickeln.

Beginnend mit den Prozessen, die das größte Wertschöpfungspotenzial haben, werden automatisierte Antrags- und Genehmigungsprozesse entstehen, deren Daten in Erweiterung der elektronischen Patientenakte gespeichert werden.

Die Hausarztpraxis spielt bei der Umsetzung eine zentrale Rolle. Die registrierten Bürger müssen ihre Personendaten mit einem Foto des Personalausweises objektivieren, um dann von einem berechtigten Praxismitglied validiert zu werden. Gleiches gilt für die Mitarbeitenden der unterschiedlichen Behörden. Als Nutzer im System angelegt, erhalten sie entsprechend ihren Kompetenzen die Entscheidungsbefugnis zur Definition des Regelwerks, der Validierung von Daten und der Anpassung einzelner digitalisierter Verwaltungsvorgänge. Dabei ist der Ablauf für alle der zehn parallel arbeitenden Teams gleich. Sie nehmen einen Fall, der aktuell zur Bearbeitung in der regionalen Behörde ansteht, und benennen alle Daten, die für die Entscheidung benötigt werden. Die IT-Experten im Datasign Thinking-Team erweitern die Datenbank der Sicherstellungsbörse um diese Datenspeichermöglichkeiten und bilden das Antragsformular als digitale Eingabemaske ab. Dabei sehen die Datenbank und die dynamisch arbeitende Anwendungssoftware vor, dass nur die Informationen erfragt werden, die nicht schon in der Akte vorliegen oder deren definiertes Verfallsdatum abgelaufen ist.

Wie bei der Sicherstellungsbörse üblich, sind Daten, die im Antrag manuell eingegeben werden, nur eingeschränkt valide. Ohne belegendes Dokument gelten sie als „anamnestisch". Mit Verknüpfung eines Belegs (Foto oder Upload eines PDF), aus dem die Angabe nachvollzogen werden kann, gilt der Datensatz im Antrag als „objektiviert". Wenn der Sachbearbeiter diese Verknüpfung auf ihre Richtigkeit geprüft hat, wird der Datensatz als valide freigegeben, und die automatisierte Genehmigungsprüfung startet. Das hierfür nötige Regelwerk wird gemeinsam im Datasign Thinking-Team für die automatisierte Prüfung und Genehmigung des Vorgangs entwickelt und in das Backend der Sicherstellungsbörse implementiert.

Nachdem nun (gemäß Parteto-Prinzip) schnell die ersten 50 Anträge bearbeitet wurden, und das Verbesserungspotenzial erhoben sowie realisiert wurde, beginnt der Echtbetrieb der automatisierten Datenverarbeitung. Eine für manche Vorgänge anfallende Gebühr für das Antragsverfahren wird vor Beginn der Bearbeitung zur Zahlung fällig und vom angegebenen Konto des Beantragenden automatisch abgebucht.

Für alle behördlichen Vorgänge müssen die Gesamtkosten des Prozesses unter Berücksichtigung des Zeitaufwands aller Beteiligten (inkl. Zeiten des Bürgers, seiner Helfer oder Beauftragten) abgeschätzt und dokumentiert werden. Die Kosten aufseiten der Behörde werden vor und nach Einführung der Digitalisierung über die Sicherstellungsbörse abgeschätzt. Alle bei der Kreis- und Stadtverwaltung generierten Einsparungen werden in BRC angelegt und sind über das BRC-Sparbuch öffentlich einsehbar.

Die angesparten Gelder finanzieren als Investitionsfonds Projekte der zur Region gehörigen Gemeinden. Nach drei Jahren ist die Idee von Hans Zahn mehr als erfolgreich. Angespornt vom Guthaben der Region auf dem BRC-Sparbuch und den daraus getätigten Investitionen, sind mittlerweile über 100 Regionen dem Projekt beigetreten. Alle 100 Mio. BRC sind mittlerweile verkauft. Der BRC-Kurswert ist aufgrund des Erfolgs mittlerweile auf 3,25 € angestiegen. Aus den Spekulationsgewinnen, die die „Einfach-Bürger-sein-Region" mit ihrem BRC-Guthaben erzielt hat, wurden ein mobiler Kinderhort, der die erkrankten Kinder von Eltern mit selbstständiger und unselbstständiger Tätigkeit versorgt und an jedem Tag des Jahres zu jeder Zeit (24/7/365) Mitarbeitende in die Wohnung/das Haus der Familie schicken kann, und ein E-Mobil-Service eingeführt.

Der E-Mobil-Service übernimmt unkompliziert notwendige Fahrten für Bürger der Region, die auf Hilfe angewiesen sind. Das Verfahren der (Kranken-)Transportgenehmigung der unterschiedlichen Kostenträger des Sozialgesetzbuches wurde als Echtzeitantrags- und Genehmigungsverfahren mit automatisierter Abrechnung entwickelt. Eine weitere „Killerapplikation", deren Gewinnbezugsrechte für üppige Zahlungen auf das Konto der „Einfach-Bürger-sein-Region" führen, ist entstanden.

Mittlerweile ist die Anzahl der Verwaltungsmitarbeitenden in herkömmlicher Tätigkeit stark gesunken. Die frei gewordenen Büros der ehemaligen Verwaltungsmitarbeitenden, die nun im Heimarbeitsplatz bequem von zu Hause „telebürokratisch" arbeiten oder vor Ort in den Hausarztpraxen sind, wurden zu Sozialwohnungen mit sehr günstiger Miete – finanziert aus den erzielten Gewinnen des Projekts – umgebaut.

Die gewonnene Autonomie der Region durch ihren eigenen Innovationsfonds hat für viele Mitarbeitende eine von alten Denkstrukturen befreiende Wirkung. Neue Ideen zur Entbürokratisierung gibt es genug, sodass eigene System Thinking-Experten ausgebildet wurden. Bald schon sind die Prozesse in der Region so bürgerfreundlich, dass nun Zufriedenheitsniveaus gemessen werden, wie sie sonst nur in den skandinavischen Ländern erhoben werden können.

Hans Zahn ist bei all dem noch immer überrascht. Hat er noch vor Kurzem gedacht, seine Zukunft läge ausschließlich in Berlin als ranghoher Politiker des Landes, ist er nun als privater Investor in seine eigene Idee nicht nur finanziell vollkommen unabhängig, sondern sogar ein Idol für die Menschen seiner Heimat und darüber hinaus.

## Fall 20: Immer besser werden in einer alternden Gesellschaft

Obwohl die Autorin als Enkelin mit einer eigenen Hausarztpraxis quasi an der Quelle zur medizinischen Versorgung steht, hat es zwei Wochen gedauert, bis ihre demente Oma im Pflegeheim endlich einen Dauerkatheter erhielt. Zwei Wochen lag diese in ihrem eigenen Urin, den sie im Rahmen der Demenz nicht mehr halten konnte. „Mit der Krankenkasse Ihrer Oma haben wir keinen Vertrag", lautete die Antwort aller (!) örtlichen Apotheken und Sanitätshäuser. Nach einem unglaublichen bürokratischen Akt brachte schließlich ein Sanitätshaus mit 50 km Anfahrt (!) die notwendigen Materialien. Liebe Barmer, das ist menschenunwürdig! Und die Rede ist hier von etwas so Simplem wie einem Dauerkatheter und nicht von einem KI-gesteuerten Herzschrittmacher! Kommen wir also nun zu dem „Kontinuierlichen Verbesserungsprozess" (KVP), den wir über die Sicherstellungsbörse organisieren wollen: Notwendige Voraussetzung dieses Falles und in der Regel jedes anderen Falles, in dem unser aktuelles Gesundheitssystem versagt, ist die Finanzierungszusage an die Leistungserbringer für die Leistung selbst (hier: Lieferung eines Dauerkatheters zur kontinuierlichen Abführung von Urin aus der Blase in einen Urin-Auffangbeutel). Eine weitere Voraussetzung ist, dass eine qualifizierte Kraft verfügbar ist, um die Leistung zu erbringen. In Fall 4 wurde erläutert, dass 25 % der Gesamtvergütung pro Fall in den Strukturfonds der Sicherstellungsbörse fließt, mit dem Hilfe nach festen Versorgungspfaden organisiert wird. Nachdem die Basisfunktionen der Sicherstellungsbörse in Pilotregionen etabliert und von den Teilnehmenden als für den Regelbetrieb geeignet bewertet wurden, soll der überregionale Roll-out des Angebots erfolgen. In den Pilotregionen starten die Autoren zu diesem Zeitpunkt gleichzeitig die nächste Phase, den kontinuierlichen Verbesserungsprozess.

Im KVP werden kritische Fälle der Versorgung von den registrierten Nutzern der Sicherstellungsbörse mit einem Lösungsvorschlag beschrieben, der Finanzbedarf wird im System je Leistungserbringer eingetragen und automatisch für die angegebenen Leistungserbringer freigegeben. Für die am KVP beteiligten Leistungserbringer gibt es also einen Vertrauensvorschuss, ohne dass sie das Risiko tragen müssen, dass gegenüber der aktuellen Situation sogar Mehrkosten entstehen können, die nicht aus Einsparungen an anderer Stelle finanziert sind.

Das KVP-Team der Sicherstellungsbörse organisiert nachfolgend die Digitalisierung der Versorgungsprozesse und regelt die Kostenerstattung durch den zuständigen Kostenträger retrospektiv für den Fall und prospektiv für alle vergleichbaren Fälle.

Durch das KVP-Team der Pilotregionen wird also eine Art „Frühjahrsputz der unkoordinierten medizinischen Versorgung der Region" eingeleitet und durchgeführt. In dessen Folge wird die Lieferung des Dauerkatheters über eine Apotheke zum marktüblichen Preis erfolgen. Die qualifizierte Pflegekraft, ein verfügbarer Physician Assistant oder eine andere geeignete Person wird die Leistung (Einbringen eines Dauerkatheters) zu einem üblichen, gegebenenfalls niedrigeren (kostenfrei durch die Enkelin) oder aufgrund der Kurzfristigkeit höheren Preis erbringen. Die für die Erfüllung des Versorgungsanspruchs notwendigen Leistungen werden Diagnose-bezogen (hier Harninkontinenz) in einem eigenen Health Plan abgebildet und in ihrer Genehmigung und Abrechnung vollständig automatisiert.

\* \* \*

## Nun zurück zu unserem Beispiel

Nach Beseitigung der nicht mehr gewährleisteten Sicherstellung einer medizinisch notwendigen Behandlung werden der Barmer Krankenkasse die Mehrkosten als Privatleistung für die versicherte Oma in Rechnung gestellt werden. Gleichzeitig erhält der Kostenträger die Möglichkeit, den für Fälle dieser Art definierten digitalen Versorgungspfad (Health Plan) für die eigenen Versicherten zu autorisieren und die entsprechenden Lizenzgebühren für die Nutzung der Anwendung zu zahlen.

Durch die Einzelfallprüfung von Privatleistungen, die bei nicht mehr gewährter Sicherstellung zu erstatten sind und juristisch durchgesetzt werden, entstehen auch der Krankenkasse Verwaltungskosten, die den Einsparungen durch günstigeren Einkauf entgegenstehen. Die Finanzierungszusage für die Ausarbeitung eines neuen Versorgungspfads mit automatisiertem Antrags- und Genehmigungsverfahren wird zu einer einfachen betriebswirtschaftlichen Erwägung. Da bisher die Unterversorgung, die durch Ausschreibungen von Arznei- und Hilfsmitteln entsteht, für die Krankenkasse keine Kosten verursachte (und damit die höheren Folgekosten einer Mangelversorgung nicht spürbar wurden), ist der bisherige Kostenfokus der Kostenträger nachvollziehbar. Es ist jedoch ökonomisch allgemein bekannt, dass in der Optimierung der Prozesse ein viel höherer Nutzen liegt als in der Kostenreduktion beim Einkauf von Materialien der Produktionskette.[1] Mit der Sicherstellungsbörse werden Fall für Fall die Mehrkosten von Unter-, Fehl- und Überversorgung messbar gemacht. Die Versorgungsprozesse sollen digitalisiert, ihre Qualität gesichert und kontinuierlich verbessert werden. Bürokratische Prozesse zwischen Kostenträger und Leistungserbringer werden konsequent und mit Darstellung einer betriebswirtschaftlichen Entscheidungsgrundlage zuerst in den Pilotregionen und dann im Echtbetrieb des Systems eliminiert. Die Autoren sind davon überzeugt, dass sie damit ein nachhaltiges Gesundheitssystem schaffen können.

Im Beispiel der Autorin hätte das Sanitätshaus vor Ort mit einer Anfahrtsstrecke von einem statt 50 km die Leistung der Dauerkatheterversorgung übernommen. Das ist ökologisch eine deutlich smartere Lösung und hätte sich in 24 h umsetzen lassen. Die medizinische Leistung wäre kostenfrei erbracht worden (in dem Fall durch eine glückliche Enkelin, die ihrer Oma 13 Tage im eigenen Urin erspart hätte). Im digitalen Versorgungspfad wäre für zukünftige Situationen dieser Art bei Barmer-Versicherten ein Preis für das Einbringen eines Dauerkatheters innerhalb von 24 h von 12 € dokumentiert worden (finanziert aus den Einsparungen der Verwaltungskosten und den vermiedenen Kosten für im Einzelfall genehmigte Privatleistungen bei nachgewiesenem Systemversagen), sodass knapp 3 € Mehrkosten für den höheren Preis des Apothekers/des Sanitätshauses vor Ort ebenfalls finanziert worden wären. Durch die Auswertbarkeit der Versorgungssituation einer Region können sowohl der Kostenträger als auch Politik und Leistungserbringer zukünftig datenbasiert Entscheidungen treffen, wo welche Versorgungsdefizite zu beseitigen sind. Die Autoren glauben daran, dass mit dem Betrieb der Sicherstellungsbörse die Zahl der Versorgungspfade mehr und der Finanzierungsbedarf geringer werden wird. Warum? Die Aufgreifkriterien für die Versorgungspfade, d. h. die Daten, die vorhersagen, dass ein bestimmter Versorgungspfad zu begehen ist, werden immer besser

---

[1] Siehe Beispiel der Spritze in Malik, 2019.

# 7 Ausblick in die Zukunft – sektorübergreifende bedarfs- und ...

werden. KI-Anwendungen werden den Beteiligten helfen, die Versorgungspfade immer passgenauer und individueller zu organisieren. Die Barmer oder eine andere Krankenkasse, die die Entwicklung des Health Plans finanziert, wird über den zu allen urheberrechtlich schutzfähigen Entwicklungsleistungen hinterlegten Verteilungsschlüssel zwischen den beteiligten Urhebern an den zukünftigen Einnahmen der Automatisierung beteiligt. Innovation wird sich somit auch für Kostenträger, den Staat oder private Investoren rechnen. Die Autoren sind über den Hausärzteverband berufspolitisch tätig und über ihre Tätigkeit in den Verhandlungsteams der Hausarztzentrierten Versorgung in Kontakt mit den Vertragsverantwortlichen der Krankenkassen. Über die Sicherstellungsbörse wollen sie auf Basis von Selektivverträgen, die die primärärztliche Versorgung in der HZV mit der ambulanten und stationären gebietsärztlichen oder sonstigen Versorgung verknüpfen, die intersektorale Zusammenarbeit streng nutzenbasiert und Wiederherstellung der Grundprinzipien medizinethischen Handelns organisieren. Die bedarfsgerechte Versorgung mit Arznei-, Heil- und Hilfsmitteln kann ebenso organisiert werden wie die SGB-V- oder SGB-X-Pflege. Das Ziel der Autoren ist es, die nutzenorientierte, datengestützte, über neue Technologien bedarfsgerechte und bürokratiearme medizinische Versorgung in Anbindung an ein primärärztliches System zu etablieren. Ganz egoistisch wollen sie aber auch erreichen, dass die Dauerkatheter, die sie selbst am Ende ihres Lebens vielleicht benötigen, bereits neben ihrem Pflegebett liegen, bevor sie gebraucht werden. Sie würden sich freuen, wenn durch die Sicherstellungsbörse zukünftig statt der aktuell kostenfokussierten die nutzenorientierte und organisierte medizinische Versorgung in Deutschland verfügbar wäre. Helfen Sie als Verantwortlicher bei einem Kostenträger, als Arbeitgeber, als Politiker, Stiftungsrat, Wissenschaftler oder Bessergestellter in einem der reichsten Staaten dieser Welt mit, dass die Idee Realität wird.

Danke hierfür vorab!

Ihre Laura Dalhaus und Heinz Giesen

## Literatur

Bocksch, R. (2024). Deutsche Einhörner und wo sie zu finden sind. *Statista*. https://de.statista.com/infografik/18725/deutsche-einhoerner/. Zugegriffen am 06.09.2024.

Bundeszentrale für gesundheitliche Aufklärung (BzgA). (2021). Diphtherie-Impfung bei Erwachsenen. *Impfen-info.de*. https://www.impfen-info.de/impfempfehlungen/fuer-erwachsene/diphtherie/. Zugegriffen am 06.09.2024.

Dahlgren, G., & Whitehead, M. (1991). Policies and strategies to promote social equity in health. Stockholm: Institute for future studies, 27(1), 4–41.

Gerlach, F. M., & Szecsenyi, J. (2011). Inhalte und Qualität sind entscheidend. Dtsch Arztebl, 108, 996–998.

GKV-Spitzenverband. (2023a). *Finanzierung*. https://www.gkv-spitzenverband.de/krankenversicherung/kv_grundprinzipien/finanzierung/finanzierung.jsp. Zugegriffen am 06.09.2024.

GKV-Spitzenverband. (2023b). *Gesundheitsfonds und Risikostrukturausgleich (RSA)*. https://www.gkv-spitzenverband.de/krankenversicherung/kv_grundprinzipien/finanzierung/gesundheitsfonds_und_rsa/gesundheitsfonds_und_rsa.jsp. Zugegriffen am 06.09.2024.

Hurrelmann, K., & Richter, M. (2022). Determinanten der Gesundheit. *Bundeszentrale für gesundheitliche Aufklärung (BzgA)*. https://leitbegriffe.bzga.de/alphabetisches-verzeichnis/determinanten-der-gesundheit/. Zugegriffen am 06.09.2024.

Malik, F. (2019). *Führen. Leisten. Leben. Wirksames Management für eine neue Welt*. Campus.

Ministerium für Arbeit, Gesundheit und Soziales des Landes Nordrhein-Westfalen (MAGS). (2024). *Gesundheitsregionen zur Verbesserung der ambulanten Versorgung: Gesundheitsministerium startet Interessenbekundungsverfahren*. https://www.mags.nrw/gesundheitsregionen-zur-verbesserung-der-ambulanten-versorgung-gesundheitsministerium-startet. Zugegriffen am 06.09.2024.

# 8

# Epilog: Ein Pilotprojekt zur Einführung der Nutzenorientierung in das deutsche Sozialsystem – Kongruenz von Ethik und Profit

Das hier vorgestellte Konzept für die Einführung der nutzenorientierten Versorgung soll mit einer Projektgruppe von drei Hausarztpraxen, die zusammen etwa 25.000 Versicherte pro Quartal versorgen, im Westmünsterland (Kreise Borken, Coesfeld, Steinfurt und Stadt Münster) gestartet werden. Für den Aufbau eines Projektteams inkl. Ausbildung eigener Datasign Thinking-Experten und der nötigen IT-Ressourcen sowie den Betrieb der Pilotregion sollen über vier Jahre je 2,5 Mio. € pro Jahr in das Projekt investiert werden. Zur Testung und Evaluation der ersten 25 automatisierten Genehmigungsprozesse werden weitere 500.000 € Einmalkosten, die über die Stakeholder finanziert werden, veranschlagt.

Der anschließende Pilotbetrieb in zehn Hausarztpraxen der Region in Kooperation mit 100 Fachärzten wird mit 3 Mio. € pro Jahr finanziert. Pro Jahr sollen 5000 Überweisungen über die Sicherstellungsbörse mit einem mittleren Nutzenbeitrag von 600 € pro Fall verarbeitet werden. Die Mittel des Strukturfonds finanzieren den größten Teil der Weiterentwicklung.

Nach zwei Jahren des Pilotbetriebs soll auf Basis der Ergebnisse der wissenschaftlichen Evaluation der Roll-out in Westfalen-Lippe, anschließend in anderen Bundesländern erfolgen.

In der Region, die den kontinuierlichen Verbesserungsprozess realisiert, sollen 250 € pro bei der Sicherstellungsbörse registrierten HZV-Teilnehmer als Zuschuss zum Strukturfonds jährlich gezahlt werden. Als Gesamtfinanzierungsvolumen wird ein Betrag von 10 Mio. € pro Jahr über die nächsten zehn Jahre veranschlagt. In Summe ergeben sich Investitionskosten in Höhe von maximal 100 Mio. € für die nächsten zehn Jahre, die sich im Vergleich zu den Kosten für die Einführung der Telematik-Infrastruktur als „überschaubar" bezeichnen lassen.

Die erzielten Ergebnisse und entwickelten oder erworbenen Rechte sollen nach zehn Jahren der gemeinnützigen „Stiftung Patientenwohl" übereignet werden, sodass der Betrieb eines nutzen-orientierten Versorgungssystems auch langfristig frei von Profit-orientierten Entscheidungen bleiben kann. Als Vorstufe zu dieser Stiftung gründen die Autoren den Förderverein „Patientenwohl Westmünsterland e.V.", nach dessen Vorbild das Konzept auch in andere interessierte Regionen übertragen werden kann.

GPSR Compliance

The European Union's (EU) General Product Safety Regulation (GPSR) is a set of rules that requires consumer products to be safe and our obligations to ensure this.

If you have any concerns about our products, you can contact us on

ProductSafety@springernature.com

In case Publisher is established outside the EU, the EU authorized representative is:

Springer Nature Customer Service Center GmbH
Europaplatz 3
69115 Heidelberg, Germany